Verbum ✳ ENSAYO

CIEN AÑOS DE HISTORIA DE CUBA
(1898-1998)

Cien años de historia de Cuba
(1898-1998)

Manuel Moreno Fraginals • José Varela Ortega •
Rafael Rojas • Javier Rubio •
José Luis Prieto Benavent • Leonel A. de la Cuesta •
Leopoldo Fornés • Ricardo Bofill •
Adolfo Rivero Caro • Pío E. Serrano

EDITORIAL Verbum

Esta obra ha sido publicada con la ayuda de la
Fundacion Hispano Cubana

© Manuel Moreno Fraginals, José Varela Ortega, Rafael Rojas,
Javier Rubio, José Luis Prieto Benavent, Leonel A. de la Cuesta,
Leopoldo Fornés, Ricardo Boffil, Adolfo Rivero Caro, Pío E. Serrano
© Editorial Verbum, S.L., 2000
Eguilaz, 6, 2.º Dcha. 28010 MADRID
Apartado Postal 10.084, 28080 MADRID
Teléfono: 91-446 88 41 - Fax: 91-594 45 59
E-mail: verbum@globalnet.es
I.S.B.N.: 84-7962-171-0
Depósito Legal: M - 44792 - 2000
Diseño de cubierta: Pérez Fabo
Fotocomposición: Origen Gráfico, S.L.
Printed in Spain /Impreso en España por
TG Tecnología Gráfica

ÍNDICE

PRESENTACIÓN, *Guillermo Gortázar y Orlando Fondevila* 9

La guerra larga y las consecuencias de la Paz del Zanjón,
José Luis Prieto Benavent 11

El anexionismo, *Manuel Moreno Fraginals* 35

De la provincia a la nación. Ensayo sobre el nacionalismo
anexionista, *Rafael Rojas* 47

La diplomacia triangular España-Cuba-Estados Unidos
(1895-1898), *Javier Rubio* 59

¡Otra vez el 98!... Cien años después: significado y
consecuencias, *José Varela Ortega* 99

Patriotas y constituciones cubanas del siglo XIX,
Leonel A. de la Cuesta 153

La primera república cubana (1899-1921),
Leopoldo Fornes Bonavía 167

El período republicano intermedio y la crisis de la
democracia (1920-1933), *Adolfo Rivero Caro* 187

Apuntes sobre la sociedad civil (1933-1958),
Ricardo Bofill 207

De la República al modelo totalitario (1959-1998),
Pío E. Serrano 221

AUTORES 249

PRESENTACIÓN

El Centenario del 98 no podía pasar sin que una Institución como la Fundación Hispano Cubana, realizara una serena reflexión sobre los hechos y consecuencias del proceso de independencia de Cuba. En efecto, a lo largo de los meses de junio y julio de 1998, un nutrido público tuvo la oportunidad de escuchar las conferencias que hoy componen este libro y debatir con los ponentes sobre los más diversos aspectos de los cien últimos años de la Historia de Cuba. La edición de las ponencias que aquí presentamos tiene el objetivo de posibilitar el contenido de las mismas a los lectores españoles y a los cubanos dentro y fuera de la Isla.

Esta edición es un esfuerzo conjunto de la Editorial Verbum y de la Fundación Hispano Cubana. Queremos agradecer en primer lugar a los ponentes su aportación para la realización de este libro y a las Instituciones que han financiado el conjunto del proyecto, desde el ciclo de conferencias de la Historia de Cuba 1898-1998, a esta edición.

Este libro explica, singularmente en las ponencias de los historiadores españoles Prieto Benavent y Varela Ortega, el especial significado de Cuba para España en la segunda mitad del siglo XIX. Como Varela Ortega señaló en su ponencia: "Cuba siempre había sido una colonia muy especial. En muchos aspectos más rica que la metrópoli, atestada de inmigrantes peninsulares, representaba una oportunidad y por tanto, era también un problema desprenderse de ella sin provocar sacudidas mayores en la opinión españolista dentro y fuera de la isla".

En total son diez conferencias que abordan la vida política de Cuba de los últimos cien años. La idea inicial era facilitar información veraz sobre hechos a un amplio público tanto español como cubano que no tiene fácil acceso a un relato pormenorizado de la Historia de Cuba. Los autores de las conferencias tienen distintas procedencias profesionales y nacionales que pesan notablemente, como no podía ser de otro modo, a la hora de abordar sus respectivos relatos y puntos de vista. Don Javier Rubio, embajador de España y especialista en relaciones internacionales, nos ofrece un ensayo que tiene como eje las relaciones trianguales entre España, los Estados Unidos y Cuba; historiadores profesionales como Fornés, Moreno Fraginals, Prieto Benavent y Varela Ortega se atienen a los precisos mimbres de la historiografía; el profesor De la Cuesta subraya aspectos del patriotismo cubano, así como el desarrollo constitucionalista de los cubanos en armas; el ensayista y poeta cubano Pío E. Serrano realiza un relato pormenorizado de los últimos cuarenta años, al tiempo que deposita una visión esperanzada en el futuro; por su parte el investigador y ensayista cubano Rafael Rojas hace una reflexión sobre la construcción del nacionalismo cubano y, en muchas de sus apreciaciones, coincide con Prieto Benavent en la valoración patriótica de los autonomistas y reformistas cubanos del siglo XIX que continuaron influyendo en la primera mitad del siglo XX.

El peso del relato y opiniones sobre el siglo XX, además de lo señalado, recae en escritores cubanos. Ricardo Bofill, reconocido pionero en la lucha por el respeto de los Derechos Humanos en Cuba, se ocupa de destacar la pujante sociedad civil de la Isla entre 1933 y 1958. Por último, Adolfo Rivero Caro se ocupa en su conferencia, referida a las etapas centrales del siglo XX, en destacar diversos aspectos culturales, políticos y sindicales.

GUILLERMO GORTÁZAR
ORLANDO FONDEVILA

LA GUERRA LARGA Y LAS CONSECUENCIAS DE LA PAZ DEL ZANJÓN

JOSÉ LUIS PRIETO BENAVENT

Las guerras de Independencia en la tradición política española, han sido interpretadas envueltas en una aura romántica que las ha transformado en *epopeyas épicas nacionales*. El propio estado español contemporáneo basó sus orígenes en una Guerra de Independencia y para los liberales españoles del siglo XIX fue siempre una evidencia que primero surgió el grito de "Independencia" y después el de "Libertad".

Según esa "epopeya nacional", hombres de armas iluminados por los ideales de la libertad y la justicia, líderes arrolladores que contienen y movilizan todos los elementos del prototipo del héroe romántico alzaron sus pueblos contra la opresión del tiránico gobierno español. Surgió así la metáfora de la Emancipación: naciones que habían llegado a la mayoría de edad se liberaban heroicamente de la patria madrastra.

Sin embargo, la Independencia de las repúblicas americanas, como explicaba el gran historiador Guillermo Céspedes[1], fue un hecho global que debe ser contemplado en su contexto histórico mundial, muy especialmente en la historia europea. No podemos ignorar la historia del Viejo Mundo si queremos comprender la del Nuevo. La Independencia de las naciones iberoamericanas y la desintegración de la Monarquía española son las dos caras de una misma moneda. Si los primeros gritos independentistas se dieron en México y Venezuela en 1808, en medio de la crisis de soberanía más espectacular de nuestra historia, el penúltimo grito, el de Yara, se dio también en el justo momento en que se anunciaba la liquidación de la monarquía española. La Guerra larga se gestó en medio de un conflicto político que tuvo sus orígenes en España.

La epopeya nacional es siempre un relato bélico adornado de heroísmo, sin embargo el presente estudio intenta subrayar que la Independencia cubana fue, ante todo, un acontecimiento político cuya dimensión militar resultó mucho menos importante y definitiva de lo que se ha venido considerando. Los ejércitos combatientes, siempre mal equipa-

---

[1] Céspedes, Guillermo. *La Independencia de Iberoamérica: la lucha por la libertad de los pueblos*. Ed. Anaya. Biblio Iberoamericana. Madrid, 1988.

dos, siempre mal alimentados, haciendo gala de una tenacidad y un empecinamiento muy hispánico, nunca lograron un resultado concluyente. Ni los mambises pudieron levantar toda la Isla (únicamente las regiones más pobres y despobladas), ni los españoles pudieron acallar y neutralizar a los mambises con los muchos medios que pusieron para ello.

Los aspectos raciales y nacionales tampoco fueron determinantes: el número de criollos y de negros que lucharon a favor de la Corona española fue siempre igual o superior al de los que combatían con los mambises. La Guerra Larga se inició sin un proyecto nacional claro y sin un componente étnico definido: la iniciaron los blancos y la terminaron los negros.

El conflicto fue ante todo político: la incapacidad de la metrópoli de conceder instituciones de autogobierno a sus colonias, la incapacidad del régimen isabelino de abordar el problema de la descentralización administrativa. Pero esto era así porque en España prácticamente no existía aún un Estado. Durante la era isabelina fue precisamente cuando se creó, entre grandes dificultades (cuatro constituciones en menos de once años) una administración civil. ¿Cómo podía descentralizarse un organismo que se estaba creando? A mediados del siglo XIX, únicamente Inglaterra podía conceder instituciones de autogobierno a sus colonias porque el Estado inglés estaba plenamente consolidado y su estructura política era estable.

Una sociedad multirracial como la cubana ¿qué conciencia nacional podía tener a la altura de 1868? Antes que el desarrollo de una conciencia nacional abstracta, fue el fracaso concreto de la Junta de Información de 1865, atribuible a la parálisis de los últimos gobiernos moderados de la monarquía de Isabel II, el que puso en marcha el plan independentista. Si la crisis de 1868 arrastró al campo insurreccional a liberales y reformistas, habitualmente no revolucionarios, fue porque los últimos gobiernos moderados de Isabel II no permitían ninguna participación y la crisis posterior a la Gloriosa fue tal que resultaba imposible cualquier acción de gobierno coherente. Cuando la monarquía española se recuperó de semejante caos, cuando el liberalismo español encontró la vía de la alternancia pacífica entre los partidos, la paz del Zanjón (1879) ofreció unas coordenadas estables para la participación política y los liberales cubanos abandonaron la vía insurreccional para construir el primer partido político moderno de la historia de Cuba, el Partido

Autonomista, que supo sacar la acción política del viejo escenario de las logias masónicas y los cenáculos conspiradores, de las vías violentas, para proponer una acción política coherente y pacífica, es decir legítima. Los liberales habían aprendido la dura lección de la realidad: los movimientos insurreccionales sólo conducen a las dictaduras más feroces y a la destrucción moral y material de la sociedad.

Pero sin duda vamos demasiado deprisa, todo conflicto político es un fenómeno muy complejo y de larga gestación así que comenzaremos por estudiar los antecedentes.

EL AMARGO DON DE LA RIQUEZA

Las bases de la Cuba moderna hay que buscarlas en el momento en que la cesión de la parte española de la isla de Haití a Francia (1795), determinó la emigración de unas 12.000 familias y el traslado a Cuba de la naciente industria azucarera.

La audiencia de Santo Domingo se trasladó a Puerto Príncipe y el sepulcro de Colón se trasladó a La Habana (enero 1796). Cuba aumentaba su población, su peso político, su riqueza y se convertía en la auténtica joya (la perla, en este caso) de la Corona. Sus exportaciones se triplicaron. El brusco desarrollo del sector azucarero implicó el crecimiento masivo de la población esclava al tiempo que el terror que inspiró el levantamiento de los negros de la colonia francesa de Santo Domingo endureció las medidas represivas contra cualquier insurrección. El equilibrado mundo colonial del siglo XVIII del que habla Hugh Thomas[2], en el que las dos culturas de la isla se influían mutuamente, se había roto por completo. A partir de allí la disyuntiva era dramática: o una "Cuba española" o una "Cuba africana".

Este problema está ya explícito en la obra del gran ilustrado cubano Francisco de Arango y Parreño[3]: "La fuente de la riqueza sería en el futuro la gran amenaza de su seguridad".

---

[2] Thomas, Hugh. La Habana. Ed. Grijalbo, Barcelona, 1984.
[3] Arango y Parreño, F. "Discurso sobre la Agricultura de La Habana y medios de fomentarla" (1792). En *Cuba: Fundamentos de la Democracia, Antología del pensamiento liberal cubano desde fines del s. XVIII hasta fines del s. XX*. Compilación Beatriz Bernal, Fundación Liberal José Martí, Madrid, 1994.

Las luchas políticas comenzaron en Cuba, como en España, en 1808; concretamente con el asesinato en La Habana del intendente Luis Viguri acusado de ser partidario de Godoy. Los cubanos se mostraron entusiastas partidarios de Fernando VII y enviaron dinero a la causa española contra el francés. Las familias de los Betancourt, Agüero, Loynaz, etc., cuyos nietos figuraran entre los insurrectos de 1868, eran a la altura de 1808, encendidos patriotas españoles y realistas. Los instigadores favorables a la causa napoleónica que eran bien acogidos en ciertos sectores de México, Buenos Aires o Venezuela, eran ahorcados sin miramientos en La Habana.

Las tentativas independentistas que a principios del siglo XIX triunfaron en todo el continente americano, fracasaron en Cuba, fundamentalmente a causa de la prosperidad económica basada en el mantenimiento del sistema esclavista. La esclavitud y sobre todo, el miedo a la africanización, fue la cadena más sólida que unió las Antillas españolas a su metrópoli.

La Constitución de 1812 lo mismo se dictó para España que para las "provincias de Ultramar". Los diputados cubanos en las Cortes de Cádiz, como reacción al hecho de que el naciente liberalismo español discutiera la legitimidad del sistema esclavista, se inclinaron hacia el bando absolutista. Tras la reacción de 1814, esta fidelidad se vio recompensada con el reconocimiento de la libertad de comercio y el desestanco del tabaco que supuso los inicios de la industria tabaquera cubana. Mientras los estados sudamericanos se independizaban, Cuba y Puerto Rico aumentaban su población, su riqueza y su prosperidad, pero ese avance no se correspondía con un progreso político.

Este era el meollo del asunto, las reformas políticas (el paso de un régimen absolutista a un régimen liberal) debían paralizarse si ponían en peligro la prosperidad económica.

LOS PRIMEROS LIBERALES

Las ideas liberales fueron propagadas en Cuba por el presbítero Félix Varela, santiaguero, diputado a las Cortes españolas durante el Trienio Liberal, a través de la sociedad secreta "Soles y Rayos", inspirada en las ideas independentistas de Simón Bolívar. Varela creó un núcleo de jóvenes seguidores entre los que destacaron José Antonio Saco y José de la Luz y Caballero, héroes y semidioses de los independentistas de 1868. A la altura de la segunda década del siglo XIX se trataba de liberales que luchaban contra el absolutismo. Félix Valera tuvo que emigrar a los EE. UU. al abolirse el régimen constitucional en 1823, pero sus seguidores prepararon la conspiración de "Los Soles de Bolívar" que, descubierta con más de 600 detenidos complicados en ella, no derramó ni una sola gota de sangre. Precisamente estas conspiraciones, que eran entendidas por el gobierno español como amenazas de invasión méxico-colombiana, motivaron la Real Orden del 28 de Abril de 1825 por la que se concedía al Capitán General de Cuba las facultades que en las Reales Ordenanzas se confieren a los gobernadores de plazas sitiadas. Cuba, igual que España, se encontraba en estado de excepción permanente.

El tercer período constitucional (1834-1836) gobernado en Cuba por el general Tacón, inauguró una de la épocas de mayor prosperidad material. Se compusieron y alumbraron las calles de La Habana, se construyeron teatros, prisiones y el primer ferrocarril entre La Habana y Güines. Las rentas que la Isla aportaba a la Hacienda nacional subían a más de 10.000.000 de pesos, era como si España se resarciera en Cuba de las pérdidas de todo su imperio colonial. El crecimiento económico cubano sólo era comparable al de ciertas regiones de Inglaterra y de Estados Unidos. No podía ser, a los ojos de los gobernantes españoles, un gobierno estúpido o impresentable el que ofrecía tan espectaculares resultados económicos.

Cuando en España se produjo el alzamiento progresista del Motín de la Granja que supuso el restablecimiento de la Constitución de Cádiz, la Isla de Cuba vivió la conmoción política igual que su metrópoli. Una sublevación de progresistas en Santiago capitaneados por el general Manuel Lorenzo no encontró ningún apoyo en la población y tuvo que huir a Jamaica. El alzamiento de Lorenzo en Oriente no era más que un episodio de la lucha encarnizada entre moderados y progresistas. Los cubanos apoyaron decididamente a Tacón (moderado) contra Lorenzo (progresista).

Pero el desarrollo material y, sobre todo, cultural de la isla comenzaba a exigir su correspondiente adecuación política. Los cubanos comenzaron a exigir la administración de la riqueza que ellos mismos creaban, discutir el régimen de los impuestos y, sobre todo, tener acceso a los puestos administrativos reservados a los peninsulares, la "plaga infinita de empleados hambrientos que de España nos inunda" como afirmaba Céspedes en el manifiesto de Manzanillo en 1868.

Los últimos diputados liberales cubanos en las Cortes españolas de 1837, José Antonio Saco, Escobedo y Montalvo, pidieron inútilmente que se despojase a los Capitanes Generales de las inmensas facultades que el decreto de 1825 les confería. Restaurada la Constitución de 1812 en España, consideraban una burla en un gobierno liberal mantener aquella situación. No dejaron de hacer oír su protesta y su petición de que Cuba fuera tratada políticamente como la metrópoli, con instituciones de autogobierno, con las Diputaciones provinciales que preveía la Constitución de Cádiz. Saco[4] apelaba incluso a las viejas leyes de Indias para reclamar instituciones cubanas. Los diputados cubanos estaban todavía en un horizonte político de lucha contra el absolutismo. Pero los progresistas españoles (Argüelles, Olózaga, López Heros), los mismos que en 1812 dispusieron la entrada en las Cortes de los diputados americanos, les cerraron en 1837 las puertas argumentando que los elementos que constituían la población en Cuba eran diferentes a los de la Península, alegaron la lejanía de la metrópoli, pero sobre todo recordaron que la concesión de reformas durante el segundo período constitucional, había sido el camino a la Independencia de las repúblicas iberoamericanas. El incipiente y precario Estado Español no podía permitirse ninguna aventura en su posesión más preciada y rentable. Se prometía, no obstante, unas "leyes especiales" que no llegaron a formularse. Los diputados cubanos protestaron y fueron finalmente expulsados de las Cortes. Este hecho exacerbó la posición de los liberales cubanos que empezaron a publicar folletos atacando a los "godos que mantenían la esclavitud política de la Isla".

Desde ese momento (1837) Cuba se aleja de la historia política española. La arbitrariedad y el absolutismo, el cohecho, la inmoralidad administrativa y el despotismo se convierten en el rostro que España ofrece a Cuba. Una elegante y lucida escritora habanera, la condesa de Merlin[5], describía en 1842 la triple encrucijada de la sociedad cubana:

---

[4] Saco, J. A. "La política absolutista en las provincias de ultramar". En *Cuba: Fundamentos de la democracia. Antología del pensamiento liberal cubano...* c. XII.

[5] Merlin, condesa de. La Havane, París, 1842.

"La administración de la injusticia reemplaza aquí a la administración de la justicia... Los resultados de la emancipación de las repúblicas sudamericanas son demasiado tristes y demasiado sangrientos para que deseemos imitarlos. Tampoco resultaba deseable la idea de anexionarse con una sociedad de hábitos y costumbres tan diferentes como el mundo puritano de los EE. UU." Cuba se mantenía fiel a su nacionalidad española, eso era incuestionable, pero... "¿podían los cubanos seguir soportando un gobierno arbitrario que les excluía de cualquier cargo público?" No y mil veces no, contestaba Saco.

Existía un verdadero deseo de reformas, pero la distancia, la ignorancia política, el muy hispánico exceso de confianza, y sobre todo la efervescencia de los continuos cambios de gobierno en la península, la inestabilidad política, lo hacían imposible.

El hecho de que los funcionarios públicos fueran designados desde el gobierno central, sin atender las demandas locales, no era privativo de Cuba, era un fenómeno general en toda España. Recordemos que el debate sobre la Ley de Ayuntamientos fue el gran caballo de batalla, más que el debate constitucional, entre los dos grandes partidos españoles.

La opción anexionista

A partir de 1848, el nuevo impulso democrático del liberalismo europeo se deja sentir en el precario equilibrio hispano-cubano. Francia decretó la supresión definitiva de la esclavitud y los británicos desarrollan una importante campaña abolicionista que coincidió con el momento de más auge de la trata (ilegal desde 1817). A La Habana llegaban en ocasiones bergantines con más de 1130 negros, cuando lo que deseaban ardientemente las incipientes clases medias era una emigración blanca que contrapesara el miedo al negro.

Hay que distinguir la "oposición a la trata" del abolicionismo. Félix Valera, Saco, Luz, nunca llegaron a declararse abiertamente abolicionistas y calificaron como crímenes las sublevaciones de negros.[6] La oposición a la propaganda abolicionista en Cuba condujo a la expulsión del

---

[6] Cepero Bonilla. *Azúcar y abolición,* La Habana, 1948.

cónsul británico Turnbull. En 1843 se produjeron diversas rebeliones de los negros en Matanzas (José Dolores) de los ingenios y de las empresas constructoras del ferrocarril. El gobernador O'Donnell culpó a los maquinistas ingleses de los ingenios e implicó en la llamada "Conspiración de la Escalera", a negros libres de la clase media como el poeta Plácido que fue fusilado[7]. Plácido no conspiraba por la independencia de su país sino por la independencia de su raza. Su horizonte político no era otro que el ser el Taussaint Louverture cubano.

O'Donnell, que en la historiografía nacionalista cubana es presentado como el paradigma de la represión, fue en realidad un liberal conservador avanzado que impulsó en España la política unionista, la única que pudo ofrecer a la inestable monarquía española un lustro de paz y equilibrio. En Cuba intentó también una política media, logró que la importación de esclavos disminuyera sustancialmente y creo una milicia de negros y mulatos libres, lo que supuso un gran avance civil para estos últimos. O'Donnell, al reprimir la conspiración de la escalera, estaba muy lejos de pensar que se oponía a un movimiento nacionalista, creía enfrentarse a una conspiración inglesa, una prolongación del conflicto que se estaba librando en España y que culminó también con la expulsión del embajador inglés Bulwer, por Narváez. Recordemos que en la geopolítica del momento los ingleses patrocinaban a los progresistas y los franceses a los moderados.

Las duras campañas policiales de O'Donnell obligaron a los liberales progresistas cubanos a trasladar su centro a los EE. UU., donde se les acogía con simpatía y protección. (En Nueva Orleans se publicaba el periódico *La Verdad* que pedía ya abiertamente al gobierno de los EE. UU. que se comprara la Isla de Cuba). Adams en 1848 (tres años después de la anexión de Texas) formulaba en el Congreso de los EE. UU. lo que en adelante sería la política norteamericana: "se acerca la hora de que la manzana de Cuba caiga por virtud de la ley de la gravedad en el seno de la unión americana". Neutralidad oficial a la espera de que la fruta madure y simpatía oficiosa hacia los grupos disidentes cubanos.

El pacto entre los esclavistas cubanos y los esclavistas americanos, se encarnó en la figura del ex-general español Narciso López. Comienzan en esa época lo que va a ser en lo sucesivo el esquema insurreccional

---

[7] Plácido no conspiraba por la independencia de su país sino por la independencia de su raza, Márquez en *Plácido y los conspiradores de 1844*.

cubano. En los EE. UU. había hombres, armas, buques, cuanto se necesitara (menos dinero), para sublevar la Isla. En abril de 1850 el exbrigadier López, desembarcó en Cárdenas con 500 hombres, casi todos norteamericanos y la bandera de la estrella solitaria, sorprendió a la población, pero no tardó en ser rechazado debiendo reembarcarse. En un segundo intento en Bahía Honda, López fue apresado y fusilado. El episodio de López era un intento de prolongar en Cuba lo que acababa de suceder en Texas. Entre los elementos cubanos comprometidos con López encontramos a Céspedes, José Mª Valdés, los hermanos Betancourt, Manuel Arango, Francisco Quesada... los apellidos de los rebeldes de 1868. Se trataba de una élite política que jugaba sus distintas bazas.

Las fronteras entre anexionistas, independentistas y autonomistas eran muy difusa. No se trataba de partidos políticos organizados sino de tendencias que se dilucidaban en el seno de las logias secretas, ante cada coyuntura internacional.

Entre 1850 y 1857 varios complots, animados por los estados sudistas, intentaron separar Cuba de España. El gobierno español reaccionó duramente contra los anexionistas que a partir de 1857 fueron desapareciendo de la vida política cubana.

Los cubanos no podían ignorar tampoco lo que sería para la Isla su anexión a los EE. UU., no podían ignorar los ejemplos de lo que había sucedido en la Luisiana, La Florida y Tejas, ni lo que a partir de 1852 sucedió en California y Nuevo México. Los antiguos habitantes de estas regiones no sólo habían perdido sus propiedades legítimas, sino que habían sido literalmente barridos y liquidados por la imparable colonización angloamericana.

EL REFORMISMO

Frente al separatismo y el anexionismo que siempre fueron minoritarios, se desarrolló en Cuba una tercera fuerza política que fue sin duda la hegemónica: el "reformismo". El reformismo cubano que tuvo sus orígenes en Arango y Parreño, representaba a los negociantes no españoles (criollos) de los grandes puertos, a los intelectuales y a las clases medias urbanas que solicitaban, no la independencia, sino la igualdad de derechos con los españoles. En dos épocas: 1830-37 y 1859-68 los reformistas llevaron a cabo una oposición constructiva. Esta fuerza política contaba con muchas simpatías entre los liberales españoles más avanzados. Diputados como Andrés Borrego, los puritanos, y posteriormente los unionistas pedían en las Cortes españolas la supresión de la excepcionalidad política en que vivía la isla. Capitanes generales como Concha y Serrano (1859), próximos a estas ideas del liberalismo avanzado procuraron atraerlos y gobernar con ellos con gran disgusto de los ultraconservadores. Por ejemplo, el general Serrano autorizó en 1862 que el entierro de José de la Luz Caballero[8] (el ídolo de los enemigos de España en Cuba) se hiciera con las honras que merecían los grandes hombres. Los reformistas aplaudieron y los ultraconservadores se escandalizaron.

En la génesis de conciencia nacional entre los reformistas jugó un papel importante el fracaso de las distintas intervenciones españolas ensayadas por el gobierno de O'Donnell entre 1860 y 1865: primero en México (1860), luego en Valparaíso (Chile) y finalmente en El Callao (Perú) en 1866. La victoria de Juárez en México demostraba que los americanos eran capaces de derrotar a los europeos. El fusilamiento de Maximiliano (1867) quebrantó definitivamente la influencia de Europa en América y dio grandes bríos a los partidarios de la doctrina Monroe y a sus protegidos los separatistas cubanos. El americanismo romántico llegó a su máxima expresión con movimientos como el "siboneyismo", en el que se formaron jóvenes como José Martí y Manuel de Quesada, jefe militar de los mambises en Camagüey y mentor de Ignacio Agramonte, que había combatido junto a Benito Juárez.

Pero el fracaso más estrepitoso lo cosechó España en el intento de reanexionarse Santo Domingo. Entre 1862 y 1865 miles de soldados españoles murieron en aquella isla, más por dificultades de aclimatación que por acciones militares. Finalmente Narváez, al sustituir a O'Donnell, se desentendió del asunto y abandonó a los dominicanos que habían confiado en la protección española. Muchos de esos militares dominicanos exilados en Cuba se pusieron en 1868 al frente de los mambises. España había demostrado que no estaba en condiciones de mantener una guerra larga en el trópico. Esta convicción mantuvo las esperanzas de la resistencia mambí y les dio fuerzas para mantener una contienda que, a priori, no podían ganar.

---

[8] Rodríguez, José Ignacio. *Vida de José de la Luz y Caballero.*

LA JUNTA DE INFORMACIÓN

El gobierno español no estuvo preparado para abordar el cumplimiento del artículo 80 de la Constitución hasta 1865. La ocasión fue la convocatoria de una Junta de Información para las reformas de ultramar promovida por el general Serrano en el Senado y por el ministro de Ultramar Cánovas del Castillo. Aquello representaba las primeras elecciones políticas en la Isla desde 1837. Esta importantísima determinación fue mal acogida por los ultraconservadores que empezaron a organizarse en torno al Partido Español del célebre negrero Julián Zulueta, mucho menos numeroso y popular que los reformistas, pero mucho más compacto y operativo. Celebradas las elecciones la Junta cubana reunió a 16 representantes de los cuales 12 eran reformistas.

Era evidente que el reformismo, dirigido entonces por Morales Lemus y el periódico *El Siglo*, era la fuerza política hegemónica en la Isla. Su programa comprendía básicamente tres puntos: reforma de la ley arancelaria, fin de la trata de negros y representación política de Cuba en las Cortes. No se trataba de lograr la independencia (siempre problemática por el temor a la africanización) sino de lograr la igualdad de derechos con los peninsulares.

Pero la laberíntica historia política española del siglo XIX está toda hecha de avances y retrocesos, de acciones y reacciones. Los últimos gobiernos moderados no estaban dispuestos a continuar los avances descentralizadores de los unionistas y Cánovas ya había sido sustituido al reunirse la Junta en Madrid. El nuevo gobierno moderado dirigido por Narváez (el mismo que abandonó a los dominicanos), no estaba dispuesto a atender las reivindicaciones cubanas. En 1867 la Junta de Información fue disuelta sin haber obtenido más que un sólo resultado: la prohibición definitiva de la trata de negros. El general unionista Domingo Dulce fue sustituido en la capitanía general de Cuba, por el general moderado Lersundi que rechazó a los reformistas y volvió a apoyarse en los negreros.

Al increíble error de no atender a la Junta de Información se sumaba un abusivo aumento de impuestos. En 1866 el déficit era ya enorme. Los gastos creados por la guerra de México y de Santo Domingo durante el mandato del general De La Concha habían dejado exhausto las hasta entonces ricas arcas del tesoro cubano. La isla debía al fisco más de 400 millones de reales, el déficit llegaba a 355.000.000 y todavía el gobierno español giraba contra ella por valor de 50.000.000. No cabía mayor ceguera e ignorancia por parte del gobierno español de lo que estaba pasando en Cuba. Los nuevos impuestos habían sido aprobados sin consultar a los miembros de la Junta de Información que aún se encontraban en Madrid; el sentimiento de irritación, perturbación y desánimo fue inmediato. Tal cúmulo de errores favorecieron el hecho de que los reformistas vieran completamente bloqueadas sus expectativas políticas y se sumaran a los movimientos separatistas que sólo entonces adquirieron caracteres verdaderamente alarmantes.

El grito de Yara

La Gloriosa no promovió el grito de Yara, o dicho de otra manera: los trabajos preparatorios del alzamiento de Yara no hay que conectarlos con el movimiento revolucionario que se preparaba en España contra Isabel II por parte de progresistas y unionistas. La revolución estaba decidida desde el regreso de los representantes de la Isla en la Junta de Información. Sin embargo, La Gloriosa (septiembre) y Yara (octubre) están íntimamente unidos; los proyectos políticos (el liberalismo democrático, concretado en el sufragio universal) son los mismos. Se trataba de la liquidación de un régimen que ya no representaba a nadie y que había dejado bien patente su esterilidad y su incapacidad para gobernar. Podríamos decir que Yara fue independiente de la Gloriosa, pero sin la Gloriosa no hubiera existido Yara, que desde el primer momento se planteó como un "ahora o nunca".

El grito de Lares en Puerto Rico actúa de puente entre las dos. Los cubanos, unidos masónicamente, aún no habían llegado a un acuerdo acerca de la fecha en que debía verificarse el alzamiento. Tampoco existía unanimidad respecto a su alcance. Unos pretendían la independencia, otros la anexión con los EE. UU., y muchos (los reformistas) se contentaban con obtener las libertades políticas necesarias, sometiéndose a disfrutar de ellas al amparo de España. En lo único en que todos estaban de acuerdo era en dejar de pagar los impuestos.

Las noticias del levantamiento de Lares decidió la ruptura de hostilidades. El foco rebelde era nuevamente la provincia de Oriente, la más pobre, la más despoblada, la que no había participado del enrique-cimiento del azúcar y del tabaco, ni en el desarrollo de los ferrocarriles, la que contaba con menos esclavos negros y más negros-libres. Su princi-pal dirigente fue Francisco Vicente Aguilera, el hacendado más rico de la región. Estaban en contacto con Morales Lemus de quien obtuvieron la promesa de seis millones de pesos que llegarían junto con armas de los EE. UU.

Prematuramente, el 10 de octubre Carlos Manuel de Céspedes, je-fe del grupo de Manzanillo, lanzó en su finca de La Demajagua, cerca de la población de Yara, el grito de "Cuba libre, ahora o nunca". Aguile-ra y muchos cubanos acudieron a engrosar las filas de los insurrectos. El manifiesto de Yara se quejaba de "la opresión del tiránico gobierno es-pañol", de la inmoralidad de "la plaga infinita de empleados hambrien-tos, de la pesadez insoportable de los impuestos," y ofrecía "la emanci-pación gradual de los esclavos mediante indemnización" (lo mismo que se había propuesto en la Junta de Información), la "igualdad de dere-chos, respeto a las vidas y propiedades de todos, sufragio universal" y el librecambio. El mismo ideario político con el que se había realizado la revolución en España.

Es difícil precisar el alcance de la revolución de Yara en la opinión pública. La revolución nacía sin un programa político y sin una direc-ción clara. Inicialmente no parece un movimiento de independencia absoluta, se pidió tanto la incorporación de Cuba a los EE. UU., como el modelo autonomista implantado por los ingleses en Canadá en 1867. Tanto los orientales Céspedes y Aguilera, como los camagüeyanos (Agramonte y Cisneros Betancourt) hicieron gestiones anexionistas que se plantearon explícitamente en la asamblea de Guáimaro. La revolu-ción de 1868 no fue, en sus inicios, genuinamente nacionalista. Baste re-cordar como ejemplo que cuando en Guáimaro se debatió el tema de la bandera (Céspedes se había alzado con una bandera chilena y Agra-monte con una norteamericana), la decisión final recayó en la vieja en-seña de Narciso López: la estrella solitaria sobre el triángulo masónico de los anexionistas.

Tampoco fue radicalmente una revolución abolicionista, aunque a posteriori intentaron hacerla pasar por tal: inicialmente fue promovida por hacendados y ganaderos de la provincia de Oriente, precisamente la parte donde existía menos población esclava. Ni los pequeños campesinos blancos y de color libres fueron llamados a participar en los trabajos preparatorios. Y por supuesto tampoco a los esclavos, a éstos se los emancipaba para incorporarlos a la lucha. Era en Occidente donde se encontraban los centros de poder de la esclavitud en Cuba, y éstos no se movieron. La abolición decretada en Guáimaro era muy restringida (el patronazgo) y a los negros liberados se les siguió empleando para trabajos forzosos. Fueron las circunstancias posteriores de la guerra las que permitieron la ascensión militar de negros como Maceo, que nunca fueron bien vistos por sus jefes blancos.

El Manifiesto de Céspedes, más que un programa político era una proclama revolucionaria, no fue ni mucho menos aprobado por todos los centros insurreccionales. En realidad los mambises se organizaron en lo que casi podríamos denominar mesnadas feudales, cada hacendado dirigía sus propios esclavos y clientes; aceptaban de mala gana un jefe que no fuera de su propia región (como le pasó a Máximo Gómez en Las Villas).

La organización política que adoptan los insurrectos inicialmente fue una típica Junta revolucionaria, como tantas otras que se habían constituido en España en cada pronunciamiento. Céspedes, no sin resistencias, adopta el título de Capitán General de la Isla. Estamos pues ante un típico pronunciamiento contra el gobierno sobre el que se superpone una ruptura colonial no muy clarificada todavía (Independencia para lograr la anexión).

El alzamiento no triunfó tampoco en las ciudades. El esquema se repetirá una y otra vez: los insurgentes toman una ciudad o un pueblo, y se ven obligados a abandonarlo y a destruirlo cuando llegan las columnas españolas. Esta estrategia de bandas de saqueadores fue la que motivó que muy pronto se les conociera con el nombre de "mambises", derivado de la raíz de lengua conga "mbí", que como explica el antropólogo cubano Fernando Ortiz[9], viene a significar "malvado, cruel, salvaje, dañino, terrible, temible,... un nombre que los revolucionarios aceptaron y llevaron con orgullo porque lo suyo era inspirar terror".

Así pasó desde el primer momento: tropas enviadas desde Bayamo batieron en Yara a los insurrectos, pero éstos se dispersaron para volver a reunirse junto a Manzanillo, desde las que pasaron a las jurisdicciones

    [9] Ortiz, Fernando. *Los bailes y el teatro de los negros en el folklore de Cuba*. Letras Cubanas, La Habana, 1951.

de Jiguaní (Donato Mármol), Holguín, las Tunas (Vicente García), incrementando cada vez su número hasta llegar a 5000. Cayeron sobre Bayamo y la ocuparon (22 octubre). Sólo entonces comprendió Lersundi la gravedad del movimiento insurreccional. El departamento oriental fue declarado en estado de sitio y los delitos de sedición y rebelión confiados en toda la isla a las "comisiones militares".

El 4 de noviembre de 1868 se alzó en armas Camagüey, ocupando los mambises el pueblo de Guáimaro, pero no reconocieron la jefatura de Céspedes. La revolución pasó a tener dos centros de dirección política y militar: la capitanía general de Céspedes en Oriente y la Junta revolucionaria de Camagüey, posteriormente la Asamblea de Representantes del Centro. La Junta revolucionaria de Camagüey no lanzó ningún manifiesto, tal vez porque su dirección se encontraba a su vez dividida en las tres posturas: la representada por Napoleón Arango (reformista), partidario de negociar con España y la dirigida por Agramonte (separatista) y Cisneros Betancourt (anexionista).

Poseemos el relato de uno de los protagonistas directos de estos hechos, el coronel del ejercito mambí Enrique Collazo[10]: "Si el día que se proclamó la república (26 noviembre 1868) se hubieran oído en Guáimaro los disparos de los rifles y de los cañones enemigos, hubiéramos tenido una constitución menos republicana y un gobierno más adecuado a las necesidades. Ninguno de los que votaron la Constitución había sentido aún los efectos de la guerra... La mayoría de los que fueron a la revolución lo hicieron arrastrados por su patriotismo, pero con la errónea creencia de que duraría poco".

La Junta Central Republicana de Nueva York, dirigida por José Morales Lemus, apremiaba para el establecimiento de un solo gobierno como condición para el reconocimiento del gobierno cubano por el de los EE. UU., pero no hubo avenencia y la Cuba insurreccionada continuó con dos gobiernos en armas enfrentados entre sí: Camagüey y Oriente. Agramonte censuraba a Céspedes su actitud dictatorial, su resistencia a plegarse ante un gobierno civil, el haber adoptado una administración en la Cuba libre en todo semejante a la española, su actitud transigente con el clero y su ambigua postura respecto a la abolición de la esclavitud. La distancia entre ambos líderes era la que existía entre un progre-

---

[10] Collazo, Enrique. *Desde Yara hasta el Zanjón*, La Habana. 1990.

sista de viejo cuño devenido republicano, admirador de Prim y un demócrata avanzado admirador de Lincoln.

En La Habana, los reformistas que aún creían en un arreglo negociado, se presentaron ante Lersundi pidiendo los cambios políticos que la nueva situación de la metrópolis exigía. Lersundi no les hizo ningún caso y prefirió rodearse y apoyarse en el partido españolista del negrero Julián Zulueta que a través del casino Español de La Habana había logrado alistar un cuerpo de más de 30.000 voluntarios. Esta milicia armada y bien organizada impidió que la revolución se extendiera por los distritos occidentales, actuó como una policía eficaz pero marcó nítidamente la línea de separación entre los leales y los rebeldes (laborantes) contribuyendo a radicalizar el conflicto y a impedir cualquier tentativa de negociación.

Mientras tanto en España se vivían días de euforia por el triunfo de la Gloriosa y la entrada en el liberalismo democrático. Un editorial del *Diario Mercantil* de Valencia (8 noviembre 1868) puede ejemplificar este clima: "España es ya libre desde los Pirineos hasta el Mediterráneo; la voluntad de todos pudo más que la fuerza de unos pocos. El derecho pudo sobre la tradición. España es ya libre y el pueblo viste la túnica viril... que torne pues España sus ojos y sus brazos a los hijos de allende los mares, que les haga ver que los opresores eran comunes tiranos y que España es una madre amorosa y no una madrastra... Las colonias españolas ¿Qué deben esperar de la Madre Patria? Todo. ¿Qué han recibido hasta ahora? Nada..."

El encargado de llevar la libertad y la democracia a Cuba era el general Domingo Dulce, compañero de Serrano y activo conspirador en La Gloriosa. Dulce traía nuevas propuestas del gobierno progresista del general Prim, ofreció olvido de lo pasado y amnistía, derechos de reunión y de imprenta, elección de diputados y reformas administrativas. Suprimió las "comisiones militares", pero este brusco giro político sólo causó una gran irritación entre los voluntarios. Por su parte los insurrectos de Céspedes, envalentonados por sus éxitos en la toma de Bayamo, no quisieron tratar sino partiendo de la base de la independencia de la Isla. El misterioso asesinato de Arango acabó con toda esperanza de avenencia.

En la misma Habana se produjeron motines favorables a los independentistas lo que provocó respuestas violentas por parte de los Voluntarios (el hecho más significativo, que causó un gran revuelo en la prensa española, fue el tiroteo en el teatro Villanueva y en café del Louvre, así como el asalto a la casa de Aldama...)

Dulce no retrocedió en su política, la nueva ley electoral fue publicada en la *Gaceta de la Habana*. El partido de los negreros hizo todo lo posible por bloquear las reformas liberales y democráticas tanto en Cuba como en España porque sabía que los días de la esclavitud estaban contados en el nuevo régimen. Son varios los historiadores que han apuntado incluso su intervención en el asesinato de Prim[11]. En aquellos momentos más que una guerra colonial de emancipación, que sin duda lo era, lo que estaba sucediendo era una auténtica guerra civil entre cubanos con una geopolítica muy marcada: occidentales contra orientales, voluntarios contra mambises... y en medio de ellos un gobierno español desbordado por sus propios problemas y contradicciones que ofrecía por igual reformas políticas y represión armada.

Los titulares esperanzados de Diciembre se trocaron pronto en un grito de alarma: "Cuba se pierde".

EL DESARROLLO DE LA GUERRA

Los pormenores bélicos de la guerra están magnifica y prolijamente descritos y documentados en la monumental obra de Antonio Pirala: *Anales de la Guerra de Cuba*[12], fuente imprescindible de todos los trabajos historiográficos sobre el tema. Aquí trataremos de ofrecer tan sólo un mímino esquema.

El general segundo cabo, el conde de Valmaseda, con escasas fuerzas, tras lentas y penosas marchas por la manigua, entró en las Tunas el 1 de enero de 1869, posteriormente derroto al cabecilla Mármol y forzó el paso del río Salado, en el único encuentro que se pareció a una batalla en regla. Valmaseda marchó sobre Bayamo, obligando a Céspedes a huir dejando tras de sí la ciudad convertida en un montón de ruinas (12 enero 1869). Bayamo era una de las ciudades más antiguas y más hermosas de Cuba, y durante tres meses había sido la capital de la insurrección. Los mambises nunca más volvieron a disponer de una ciudad de su im-

---

[11] Piqueras, J. A. *La Revolución democrática (1868-1874). Cuestión colonial, colonialismo y grupos de presión*. Minist. de Trabajo y SS. Madrid, 1992.

[12] Pirala, Antonio. *Anales de la Guerra de Cuba*. Madrid, 1895.

portancia y significación, quedando dispersos en partidas que sobrevivían en montes y espesuras impracticables para los españoles. Valmaseda creía haber terminado con la guerra en los distritos Centro y Oriente, pero sus fuerzas eran insuficientes para perseguir las partidas mambises y el movimiento independentista volvió a resurgir en Las Villas.

Al tiempo que Valmaseda entraba en Bayamo, Dulce, literalmente expulsado por los Voluntarios, era sustituido por Caballero de Rodas. De nuevo la inestabilidad política, el mal endémico de toda la historia de España, actúa en contra de sus intereses. Esta inestabilidad tuvo consecuencias trágicas en casos como el del poeta separatista Juan Clemente Zenea, que fue detenido por los Voluntarios al tratar de pasarse al bando mambí. Zenea llevaba órdenes del gobierno de Prim y del ministro Segismundo Moret para establecer una negociación de paz con los rebeldes. El nuevo gobierno español, para aplacar los ánimos de los Voluntarios se desentendió de Zenea, que finalmente fue fusilado.

El nuevo gobernador militar dio a su política un carácter represivo; para contentar a los voluntarios decretó el embargo de bienes de los insurrectos, derogó los decretos de enero y publicando otros nuevos encaminados a reprimir severamente la menor muestra de simpatía hacia la insurrección, aunque mantuvo la promesa de perdón para los que depusieran las armas. Cerró los puertos para evitar el contrabando de armas.

Mientras tanto en España, a instancias del diputado cubano Ramón María de Labra se decretaba la Ley Moret de vientres libres (1870), primer paso efectivo para la liquidación definitiva de la esclavitud. Los Voluntarios pidieron entonces un estatuto de autonomía para que no se aplicase la ley en Cuba.

La intransigencia de los voluntarios y la de los rebeldes hizo que la guerra tomara un carácter sanguinario. En Jiguaní, Mayarí y otros puntos se cometieron terribles asesinatos en las personas de españoles y de cubanos afectos a España. Céspedes y el grupo de hacendados blancos, se vio pronto desbordado por la radicalidad de la lucha. En Tacajó se vio contestado por un grupo de mambises que proponían el liderazgo de Donato Mármol. Era una segunda línea de dirigentes de origen popular bien distinta a los cultos hacendados progresistas que habían iniciado la revolución; eran Máximo Gómez, Calixto García, Francisco Maceo; ellos radicalizaron la lucha y lanzaron la Campaña de la Tea. Los ingenios fueron saqueados y destruidos, quemados los trapiches e inutilizada la maquinaria. Más semejantes a bandas de saqueadores que a un ejército, llevaron en todo momento el peso del conflicto y la dirección de la revolución. Su única política era "dar candela". Mantenían la lucha confiando en la ayuda norteamericana, en la debilidad del gobierno español y sobre todo, excitados por la crueldad de los Voluntarios, como los fusilamientos de estudiantes de Medicina.

Si la inestabilidad era la característica de la política española, no lo era menos en el bando de los mambises. La marcha de la guerra motivaba fuertes tensiones en el bando insurrecto. Céspedes era finalmente depuesto de su cargo y sustituido por Salvador Cisneros Betancourt, marqués de Santa Lucía, al tiempo que Tomás Estrada Palma era nombrado presidente de la Cámara de representantes. La muerte de Agramonte en Jimaguayú (11 de mayo de 1873) dejó a los mambises sin su más cualificado líder.

La guerra había perdido importancia, convirtiéndose en una especie de cacería o persecución permanente de los soldados españoles a los mambises que invariablemente se guarecían en las selvas. Las autoridades militares españolas con gran irritación de los Voluntarios, que eran partidarios de perseguir sin tregua a los mambises, cambiaron de estrategia y pensaron en contener la propagación de las partidas mambisas mediante una línea fortificada de costa a costa. Era la "trocha" o camino militar protegido, un muro que cruzaba la isla de costa a costa (62 km) entre Júcaro y Morón. Otra segunda trocha que no llegó a completarse, se contruyó en Bagá. Esta concentración de tropas permitió a los mambises reponerse de sus fatigas. Formaron dos campamentos, uno en Yara desde donde amenazaban Holguín, Santiago de Cuba y Bayamo y otro en la Mariposa, amenazando a Manzanillo. Contenía cada uno unos 2000 hombres y además de multitud de mujeres, chiquillos, con mercados, paseos, glorietas para bailes, calles anchas y espaciosas, etc... Tan seguros se consideraban en ellos que las transacciones mercantiles se realizaban con regularidad. Rehechos moral y materialmente tomaron de nuevo la ofensiva, batiendo varios destacamentos españoles y tomaron algunos puntos fortificados.

Los soldados enviados desde la Península ascendían ya a 65.000. El capitán médico Santiago Ramón y Cajal[13] dejó una escalofriante des-

---

[13] Ramón y Cajal, S. *Mi infancia y juventud*. Buenos Aires, 1952.

cripción de las condiciones de vida en la trocha de Bagá. El paludismo, el alcoholismo y la inacción devoraban a las tropas españolas. Las trochas, además de una trampa mortal para los soldados, eran ineficaces, pues fueron cruzadas por los mambises en varias ocasiones (la más señalada por Máximo Gómez en la campaña de 1874). Finalmente se vio que eran una medida escasamente operativa como habían augurado los Voluntarios.

Los generales españoles daban una y otra vez por pacificado los distritos. Los mambises, cuando se les daban garantías, se presentaban y entregaban sus armas, pero al poco tiempo aparecían tenazmente por otra parte. El historiador Luis Navarro[14] ha comparado esta guerra con la mantenida por los indios seminolas contra el ejército de los EE. UU. en la Florida. Durante treinta años el poderoso y bien equipado ejército norteamericano fue incapaz de neutralizarlos.

A partir de 1872 la insurrección cobró nuevas fuerzas, debido en parte a la mayor ayuda norteamericana (el incidente del *Virginius* vino a poner de manifiesto este intervencionismo norteamericano), y a la debilidad creciente de España que empezaba a enfrentarse a una doble guerra civil en la Península, el alzamiento carlista en el norte y la insurrección anarquista en el Levante. Al amparo de esta debilidad, los mambises continuaron sus incursiones. A finales de 1873 fue necesario abandonar a los insurrectos casi todos los territorios por ellos perdidos anteriormente y concentrar a las tropas españolas en batallones numerosos. La acción de La Sacra fue ya una verdadera batalla en que los españoles se vieron obligados a retirarse. Máximo Gómez reunió fuerzas en Napra y Jimagüayú mejorando la caballería de que disponían. Tras numerosos enfrentamientos se presento ante Puerto Príncipe. La causa independentista resurgía con fuerza. Volvieron muchos presentados al monte y se perdieron todos los poblados de las provincias centrales y orientales. La miseria más espantosa, fruto de la política de la tea, se extendía por todas partes. Con el descalabro de Las Guásimas, una auténtica batalla que duro cinco días, había llegado la guerra a su grado máximo de gravedad.

La Trocha fue reforzada bajo el nuevo mando de Valmaseda, que ordenó pasar por las armas a los prisioneros y ofreció recompensas por las cabezas de los insurrectos.

---

[14] Navarro, Luis. *Las guerras de España en Cuba.* Madrid, 1998.

LA PAZ DEL ZANJÓN

La terminación de la guerra civil peninsular permitió al gobierno español disponer de los recursos necesarios para terminar la guerra en Cuba. Con 20.000 refuerzos llegó a Cuba el general Martínez Campos, que ya conocía bien el país y la índole de la lucha. El ejército español ascendía en esos momentos a 60.000 hombres. El 24 de marzo de 1877 Martínez Campos comenzaba una nueva campaña con el objetivo de ocupar el Oriente y Camagüey sin dejar un lugar vacío al enemigo. El despliegue militar no encontró resistencia. La causa era la descomposición total de las fuerzas insurgentes. Vicente García se enfrento a Estrada Palma y comenzaron las deserciones masivas.

Martínez Campos adoptó de nuevo una política de benignidad: "Yo –escribió– más que en las armas he confiado siempre en la política". Varona, Bello, Santiesteban y Ribero, jefes influyentes se avinieron a la paz aunque Máximo Gómez los condenó a muerte (por contra, Calixto García fue indultado por los españoles). Fue necesario negociar la rendición (pagada) de cada uno de los jefes locales. En diciembre de 1877, todos excepto Antonio Maceo tuvieron que deponer la armas y se firmó la paz del Zanjón (10 de febrero 1878) con los últimos representantes de la cámara cubana.

El texto del convenio del Zanjón es muy sencillo, consta de ocho artículos en los que se reconocía a Cuba las libertades que ya disfrutaba Puerto Rico, olvido del pasado de los delitos políticos desde 1868, libertad para los esclavos y colonos asiáticos que se encontraban en las filas insurrectas, facilidades para abandonar la Isla a los que lo deseen. La Isla quedaba formalmente pacificada. Maceo, tras la Protesta de Baraguá, abandonó la isla el 3 de mayo en un barco de guerra español; el 6 de junio lo hacía el último jefe mambí: Pedro Martínez Freire.

La guerra había resultado finalmente desastrosa para los dos bandos. Las bajas eran incontables entre la población civil, las del ejército español y los voluntarios ascendían a 95.000 hombres y se calcula que otros tantos entre los mambises.

En el Congreso de los Diputados el general Salamanca atacó duramente al gobierno por haber pactado con los rebeldes. El ministro de Ultramar, José Elduayen, replicó que en España las guerras civiles siempre se habían solucionado por convenios, abrazos, por el olvido del pasado. Cánovas se compromertía al reconocimiento de la personalidad política de Cuba dentro de la Monarquía. Era la misma situación que antes de comenzar la guerra. Martínez Campos criticó la vieja política de los gobiernos anteriores que habían creído que no había más medio que el terror y ser cuestión de dignidad no plantear reformas hasta que no sonase un tiro. La fuerza no constituye nada estable, la razón y la justicia se abren paso tarde o temprano.

PARTIDO AUTONOMISTA

En Cuba se procedió a una normalización política concediendo las libertades de prensa, reunión y asociación y celebrando elecciones. Entre 1878 y 1895 prevaleció en la Isla un régimen de libertades públicas y respeto a los derechos individuales que transformó la vida de la colonia. Se establecieron nuevos ayuntamientos y diputaciones en las seis provincias que entonces quedaron demarcadas.

Pero el fenómeno político más relevante de la paz del Zanjón, fue el surgimiento del Partido Liberal Autonomista, en el que se integraron los antiguos reformistas, los insurrectos y las nuevas generaciones de cubanos que desconfiaban de las estrategias radicales y que vislumbraban un horizonte de independencia logrado por métodos pacíficos: primero la autonomía, después la independencia. La vía insurreccional conducía directamente a la dictadura y a la destrucción moral y material de la sociedad, la vía de la legalidad debía ser la del auténtico progreso.

Antonio Govín[15] miembro fundador y secretario del Partido Autonomista explicaba así su significación: "–Significa en primer lugar el sentimiento de patria Cubana. y en segundo lugar, el amor a la libertad. Es un partido evolucionista –añadía–, un partido de orden y no revolucionario, un partido que fía el éxito en la acción de la propaganda legal y la eficacia de los procedimientos pacíficos, esperando del tiempo y no de la fuerza la conquista de la opinión y la victoria en los comicios".

Por el lado español el horizonte de independencia se contemplaba igualmente. El general Polavieja (gobernador de Camagüey), en carta al general Blanco escribía: "Debemos, en vez de impedir a todo trance la

---

[15] Govín, Antonio. *Sobre el Partido Liberal Autonomista*. Antología... c XVII.

independencia de Cuba, que empeño vano sería, prepararnos para ella, permanecer en la Isla sólo el tiempo que podamos permanecer razonablemente y tomar las medidas convenientes para no ser arrojados violentamente con perjuicio de nuestros intereses y mengua de nuestra honra".

En las elecciones el Partido Liberal Autonomista, que preconizaba la abolición inmediata de la esclavitud, triunfó en Oriente y Camagüey, mientras que la Unión Constitucional, el partido de los antiguos voluntarios, ganó en Occidente. Al amparo de las nuevas libertades se habían creados sociedades de recreo, Clubs– constituidos por gentes de color, pardos y mujeres (las Hijas de la Libertad), que conspiraban de día de y de noche (José Martí era el secretario del Club Central de La Habana). No todas las armas habían sido recogidas. La reconstrucción no avanzaba, las reformas políticas, como siempre, se demoraban más de lo conveniente, la emigración cubana en los EE. UU. estaba más efervescente que nunca por la llegada de los nuevos emigrados, entre ellos Calixto García. El 24 de agosto estallaba la Guerra Chiquita.

Pero esta vez el Partido Liberal Autonomista no se sumó a la insurrección; la condenó sin vacilaciones. El capitán general Blanco confesó posteriormente que el concurso de los autonomistas fue más eficaz que cincuenta mil hombres armados y disciplinados. Esta vez, aunque había sido preparada con más cuidado que en el 68, la insurrección dirigida por Calixto García no encontró ningún apoyo popular. Los autonomistas contribuyeron lealmente a restablecer la autoridad moral de España.

En 1880, las Cortes españolas decretaron la Ley del Patronato, primer paso hacia la ley de abolición definitiva de la esclavitud que se logró finalmente en 1886.

La política comercial (el viejo tema del librecambio) era otro de los caballos de batalla. España protegiendo la industria azucarera granadina y la industria tabaquera canaria, cerraba sus puertos a los productos cubanos y concedía derechos preferenciales a las exportaciones de textiles catalanes y harinas castellanas en perjuicio del comercio con los EE. UU., que desde hacía décadas era el principal comprador de los azúcares cubanos. Cuando los norteamericanos exigieron reciprocidad con la enmienda Aldrich(1890), unionistas y autonomistas se pusieron de acuerdo para obligar al gobierno español a firmar el Convenio Foster-Cánovas (1891) que modificaba las leyes arancelarias.

Las reivindicaciones sociales y las económicas se lograron en buena medida, pero fue, de nuevo, el fracaso de las reivindicaciones políticas el que motivó el nuevo alzamiento de 1895. Ninguno de los grandes partidos españoles estaba todavía preparado para un régimen autonómico. El fracaso del proyecto de Antonio Maura de 1893 y su sustitución por su pálida versión en el proyecto Abarzuza (1895), jugaron el mismo papel que en el 67 había jugado el fracaso de la Junta de Información. En 1895 José Martí lanzaba de nuevo el grito de Cuba libre, esta vez mucho mejor preparado, con una dirección civil organizada del movimiento (P.C.R.) y con una conciencia nacional clara y explícita.

EPÍLOGO

La experiencia del Partido Liberal Autonomista fue la última esperanza de que el nacionalismo cubano se desarrollara por unas vías legítimas y pacíficas. La vía insurreccional violenta condujo a una sucesión ininterrumpida de dictaduras que con el tiempo no fue capaz de lograr una auténtica independencia. Dejó, eso sí, una amarga herencia: la idea de la revolución inconclusa. En las culturas agresivas –como lo es la nuestra– se pretigian las proezas bélicas y se denigran las soluciones políticas. Se pretende que los pueblos se sientan orgullosos de sus estallidos de violencia y se sigue mirando con desprecio a los que tratan de solucionar los conflictos con la razón. Todos lo cubanos conocen a Céspedes, Agramonte, Máximo Gómez, Maceo... pero muy pocos a Labra, el gran diputado cubano que logro la abolición de la esclavitud, a Govín, a Montoro o a Giberga el primer presidente de un estado autonómico español, en definitiva a los liberales autonomistas, aquéllos para los que enfrentarse a un enemigo político no implicaba el afán de destruirlo.

EL ANEXIONISMO

MANUEL MORENO FRAGINALS

En el caso cubano es habitual hacer referencia a la anexión, sin explicar nada más, sin preguntarse, ¿anexarse a quién? En Cuba, cuando se menciona el tema anexionista, se supone que lo sea necesariamente a los Estados Unidos. Sin embargo, éste no es el único movimiento anexionista que hemos tenido. Hubo un momento en el que se pensaba en la anexión a Inglaterra, por suerte fueron muy pocos los que lo alentaron y pronto esta idea fue olvidada. Todavía a finales del siglo XIX algunos pensaron como solución al conflicto cubano, que si no se le podía ganar la guerra a España lo mejor era anexarse a México. Tampoco esta opción prosperó, aunque por los pocos documentos que han quedado se sabe de las conversaciones que a este respecto sostuvo José Martí con el tristemente célebre dictador mexicano Porfirio Díaz hacia fines de aquel siglo.

¿Por qué el movimiento anexionista a los Estados Unidos ha sido el que ha permanecido en la memoria histórica de la nación cubana como emblemático de tal tendencia? Para responder a esta pregunta habría que explicar el problema fundamental desde el punto de vista económico existente entonces entre España y Cuba.

Una de las razones de este problema fundamental es que Estados Unidos queda al alcance de la mano de Cuba o dicho de otra manera, Cuba queda al alcance de la mano de Estados Unidos. Ya hacia fines de siglo, más o menos por los años ochenta, se establecen los primeros viajes diarios desde Cuba hasta el punto más al sur de los Estado Unidos, Cayo Hueso, Key West, palabra que inventaron los cubanos como resultado de una mala pronunciación del inglés: oyeron Key West y lo más cercano que les sonaba era Cayo Hueso y así quedó bautizado por los cubanos este pequeño cayo del oeste de la Florida. Gracias a estos primeros viajes diarios desde La Habana hasta Cayo Hueso se establece una gran colonia cubana en Estados Unidos. Estos viajes estrecharon notablemente el punto de convergencia entre Cuba y los Estados Unidos, y sin que esta circunstancia sea lo importante, sí revela una convergencia con Estados Unidos que venía de antiguo.

El conflicto económico entre España y Cuba al que me he referido parte del hecho de que Cuba no era una colonia cualquiera. En 1820 Cuba es el primer productor de café en el mundo, y el café era un producto de enorme venta. Después el café se arruina, pero en 1820 Cuba era el primer productor de café y era también el primer productor de azúcar en el mundo y mantiene esta primacía hasta, aproximadamente, la década de los treinta del siglo XX.

Durante poco más de sesenta años Cuba fue el primer país exportador de bananos en el mundo. Esta gran producción bananera, casi nunca se menciona cuando se habla de Cuba. Entre los años veinte y comienzos de los cuarenta Cuba fue el primer país exportador de cobre en el mundo y durante ochenta años lo fue exportador de la miel de abejas. Cabe preguntarse, cómo esta islita mínima pudo llegar a convertirse en este emporio productor.

Entonces España poseía este territorio generador de tanta riqueza, pero también tenía un problema tremendo: Cuba no era una colonia española y no lo era en ninguno de los sentidos en que entendemos el término colonia. Una colonia no es más que un territorio fuera del país colonizador, donde con mano de obra indígena se explota una producción generalmente de materia prima que es reprocesada en la metrópoli y que, además, es reexportada a los mercados mundiales por esa propia metrópoli. Pensemos en el siglo pasado, por ejemplo en Jamaica. El azúcar producido en Jamaica, se exporta en barcos ingleses, se refina en Inglaterra y se reexporta desde aquí al mercado mundial. Entre Cuba y España no sucedía esto. Desde finales del siglo XVIII, Cuba reexporta libremente a donde quiere, reexporta en los barcos que quiere, no en barcos españoles. El azúcar cubana no se refina en España y no es reexportada desde España. Pero, además, hay algo más interesante aún, el azúcar no es español. El análisis estadístico de toda la riqueza azucarera cubana a finales del siglo XVIII y finales del XIX muestra claramente que casi el 90% de los centrales azucareros están en manos de criollos, no en manos de españoles.

Todavía hay algo más. Estos criollos no son los clásicos indígenas explotados de otras colonias. Estos criollos cubanos dueños de ingenio, además de ricos, tienen en 1870 cuarenta títulos nobiliarios españoles. En 1895 tienen exactamente cuarenta y cinco títulos nobiliarios españoles y ya desde 1810 están aspirando a dos ducados, el punto más alto de

la nobleza española. Bajo el reinado de Carlos III hay tres ministros nacidos en Cuba, criollos de familias criollas, dueños azucareros.
Por algo fue en Cuba y no en España donde a Fernando VII le pusieron "el deseado". Con Fernando VII, "el deseado", llegó a haber cinco ministros criollos. Esto no sucede con una colonia. Uno de los ministros de Fernando VII es el célebre Gonzalo O'Farrill, que después estuvo a punto de ser ajusticiado por afrancesado; otro de los ministros es
una de las personalidades más grandes de la historia de Cuba, para mí
uno de los hombres más geniales que jamás nació en la isla, Francisco
de Arango y Parreño.
   ¿Cuál era, pues, el problema esencial de Cuba? La respuesta tiene
que ver mucho con el problema de la anexión.
   El problema clave de la vida cubana en el siglo XIX es la esclavitud.
Cuba vivió una primera etapa de esclavitud de carácter casi patriarcal,
en el sentido en que es conocida durante buena parte del siglo XVIII;
después viene la etapa plantacional con el enorme auge azucarero y ca-
fetalero. Es entonces cuando comienza a importar esclavos en grandes
cantidades. Coincide esto con el momento en que los ingleses inician la
persecución de la trata con la misma eficiencia y furor empleados por
ellos cuando fueron los mayores traficantes de esclavos en el mundo. Se
genera entonces un problema entre la enorme producción cubana
–una producción esclavista en un régimen de plantación– y la exigencia
continua de una mayor fuerza de trabajo esclava. Esta circunstancia en-
gendra una cantidad enorme de contradicciones económicas que dará
lugar a problemas políticos de una gravedad considerable. Es en esta segunda etapa, después de la muerte de Fernando VII, cuando comienza
la etapa liberal en España, el momento en que el poder que tenían los
criollos comienza lentamente a pasar a los peninsulares.
   Como la historia de Cuba la han escrito al revés, se habla de los "reaccionarios" españoles gobernando Cuba, y se olvida que lo que llaman
"reaccionarios" españoles es precisamente el ala más liberal de los grandes liberales españoles. Liberales españoles entre los que se encuentran
el general Miguel Tacón, preso en España por liberal y enviado a Cuba
desde las Cortes de Cádiz porque es el liberal de confianza de los liberales españoles. Si entendemos que el concepto de liberal es un concepto
económico, no un concepto político solamente, se comprenderá el conflicto entre el grupo liberal cubano y el grupo liberal español. Obvia-

mente al grupo liberal español le interesa la riqueza cubana pero como usufructo de lo que ellos quieren hacer con España, sobre todo después de las guerras de independencia de Latinoamérica.

Una frase dicha con claridad por los liberales españoles en las cortes de Cádiz resume el conflicto: "Las colonias, nacen para servir a las metrópolis, no las metrópolis a las colonias ". Sólo que en el caso cubano la contradicción se hace más evidente si consideramos que la llamada "colonia" movía un presupuesto cercano al de su metrópoli española. Es oportuno recordar que Cuba pagó la conquista y colonización española de Fernando Po, la guerra española del Pacífico, al igual que la guerra de restauración por la cual España trata de conquistar a Santo Domingo. Esas aventuras y muchos otros gastos más fueron saliendo del presupuesto cubano. Añádase que al producirse la famosa Gloriosa española, con sus grandes liberales, como Topete –por cierto, nacido en Cuba–, como Prim y Prats, se encuentran en un momento de crisis española que hay un "sobrante" o superávit en el presupuesto cubano de sesenta y tres millones de pesos, y esos sesenta y tres millones de pesos de Cuba pasan a España. Lógicamente frente a esta política hay una oposición criolla cada vez más fuerte y nos encontramos con un problema sumamente complejo donde es muy difícil verificar cómo esta situación se asimila y resuelve dentro de Cuba. Un pleito que es casi de una oligarquía española enriquecida en la explotación de Cuba y que además es una oligarquía que se enriqueció en las colonias españolas en la América continental y que cuando viene la guerra de independencia de toda América continental esta riqueza, este dinero español, pasa a Cuba y se invierte en Cuba y se hace fuerte en Cuba. Es decir, una riqueza apoyada en un conocimiento tecnológico y en un saber moderno de primer orden.

Para que se comprenda a esta oligarquía cubano–española es bueno que se tengan en cuenta varias cosas. El primer instituto de investigaciones químicas para llevar adelante una producción industrial en el mundo es el Instituto de Investigaciones Químicas de La Habana, fundado en 1800. Las primeras bombas de vapor de doble efecto de Watt que se instalaron en el mundo fueron veinte bombas de vapor de doble efecto de Watt que se llevaron a La Habana entre los años 1796 a 1798. El cuarto ferrocarril del mundo, construido al mismo tiempo que el ferrocarril de Francia, un año después que el ferrocarril de Bélgica y seis

años después que el ferrocarril de Londres, ese ferrocarril se construye
en Cuba y va desde La Habana hasta el valle azucarero de los Güines. El
primer teléfono de que se conoce que funcionara en forma efectiva se
estableció en el Teatro Tacón, que hoy es el Centro Gallego de La Habana. El primer país que llena desde un extremo al otro la isla de telégrafo
y tira la primera línea telegráfica del mundo es la línea de La Habana a
Cayo Hueso, terminado en el año de1869. Exactamente en ese mismo
año, por primera vez, los azucareros cubanos están jugando a la bolsa
del azúcar en Nueva York desde La Habana con el telégrafo. Estos son
sólo algunos de los puntos que quería mencionar.

Estamos hablando, pues, de una oligarquía sumamente avanzada.
Pero hay más. A veces los españoles se olvidan, al hablar de Antonio Cánovas del Castillo y de la Restauración, una Restauración que costó millones de pesos, de dónde salió ese dinero. Olvidan que Antonio Cánovas del Castillo es hermano de José Cánovas del Castillo, quien fuera
fundador y durante veintiséis años casi el dueño del Banco Español en
la isla de Cuba. El hombre que maneja todas las finanzas cubanas, que
organiza todos los pagos de la Guerra de los Diez Años y hace que los
gastos de esta guerra se le paguen a España por triplicado.

Paralelo a todo esto hay un monstruo que se mueve detrás, pero
que su fortaleza se está viendo crecer día a día, que se llama los Estados
Unidos de Norteamérica. Una nación que está amenazando con comer-
se el mundo entero; la frase no es mía, la frase fue pronunciada en una
fecha tan lejana como 1812. Es increíble que se pudiera decir esto en
1812, por Francisco de Arango y Parreño. Esta nación que crece, a medida que lo hace va entrando en conflicto con España, negociando con
Cuba, que la tiene al alcance de la mano, e imponiéndole condiciones a
España cada vez más cerradas. Entonces aparecen dos intereses hacia
Cuba en los Estados Unidos. Uno, el del gobierno norteamericano, con
una política completamente clara, en la que Cuba es esencial para ellos
por ser ese enorme emporio de riqueza internacional. Pero Cuba es algo más para Estados Unidos. Esta nación debe en parte su grandeza a
un fenómeno colonizador extraordinario que realiza hacia el Oeste. Para comunicar el Oeste lejano –todavía desde el siglo XIX le dicen Far
West, el lejano Oeste– ellos tienen que ir por algún lugar y esto requiere
un transporte enorme. Estados Unidos, ante una necesidad ineludible,
decide hacerse de una ruta por Panamá, obviamente entonces el canal

no existía. Para ello se construye el ferrocarril de Panamá hasta un sitio poco conocido, que después los colombianos obligan a llamar Colón. Entonces el mundo fabuloso de riquezas que se está construyendo en el Oeste americano se lleva en barcos hasta Panamá, se traslada por ferrocarril hasta Colón y desde aquí hasta la costa Atlántica norteamericana. Pero para llegar a esta costa atlántica norteamericana hay una isla que está metida justamente en medio del camino. Esta isla es Cuba, con una extensión de aproximadamente 1200 kilómetros de largo. Ante esa situación de Cuba, esencial para los Estados Unidos, se genera una mentalidad por la cual Cuba puede seguir siendo española pero no puede ser independiente, y si lo es deberá serlo bajo la influencia norteamericana y nunca bajo la europea.

Cuba cobra una importancia extraordinaria como vía de comunicación. Y es curioso que los historiadores no hayan subrayado la relación que tiene Cuba, que está en el Atlántico, con la carrera norteamericana hacia el Pacífico. Una relación que viene a aliviar un poco el ferrocarril norteamericano al Pacífico, que no funcionará de forma eficiente hasta los años de 1880. Por lo tanto, el tránsito, a veces por Nicaragua que no es bueno y casi siempre por Panamá, con barcos que tienen bordear o ir hasta Cuba es la segunda importancia cubana para los norteamericanos, precisamente por su posición geográfica. La otra es su enorme producción.

Como resultado de esta relación comercial y económica entre Cuba y los Estados Unidos, se estrecha también una relación de tipo social, y comienza una vieja costumbre cubano-norteamericana: los hijos se mandan a estudiar a los Estados Unidos. Llama la atención que algunos consideren que esta tendencia migratoria cubana de irse a los Estados Unidos es algo reciente. Lo que ignoran es que el exilio cubano en Estados Unidos es uno de los hábitos más antiguos en la historia de Cuba, empezando por el primer gran hombre de la indepencia cubana, Felix Varela y Morales, aquel cura maravilloso, excelente escritor, patriota intachable que en los años 20 se exilia en la Florida y sube después a Nueva York, donde se convertirá en el gran cura de los irlandeses, hasta el punto de que, cuando muere, hay un grupo de irlandeses que quiere hacerle santo. A Varela habría que añadir al novelista cubano más importante del siglo pasado, Cirilo Villaverde. *Cecilia Valdés*, la extraordinaria novela de Villaverde –que por cierto a mí no me gusta- un fresco extraordinario de la sociedad cubana del siglo XIX cubano, fue escrita en Nueva York de memoria entre los años 76 y 80, por alguien que llevaba 40 años sin ver su patria. Otro importante novelista, Ramón Mesa, comenzó a escribir en Estados Unidos su obra más importante, *Mi tío el empleado*. Y después de eso tenemos exiliados en Estados Unidos, hasta José Martí, y el presente en que hay en la ciudad de Miami más de un millón cubanos.

Vemos, pues, un entramado social que se va armando entre Estados Unidos y Cuba, y hay este otro mundo que está ya armado de tipo económico, al que nos hemos referido. En este contexto era lógico que hubiera sectores que pensasen que la solución cubana era anexarse a los Estados Unidos. Esto es algo que se discute tremendamente, sobre todo en la década de 1840. Se llega a fundar un partido anexionista en Cuba, creado por gentes de las más ricas, dueños de esclavos, etc. Así, la idea de la anexión aparece como una ideología de los azucareros cubanos que están buscando dos cosas: buscan primero el no perder a los esclavos –si pierden a los esclavos pierden el azúcar y todo el capital cubano– y segundo, el no privarse de poder llevar su azúcar a los Estado Unidos, un mercado totalmente libre.

Aparece, pues, el anexionismo con este estigma que lo vincula a gentes que están interesadas únicamente en el lucro personal ¿Por qué? Inglaterra, por entonces, ya está al borde de exigir la liberación de los esclavos y acabar con la trata. Mientras esto pasa se trata de resolver el problema de la mano de obra trayendo chinos, se habla de traer polinesios e indios de Colombia y de otras regiones de América Latina, etc. Esa es una faceta del anexionismo, mientras que la otra es la que vimos anteriormente, es la faceta del interés pecuniario y de conservar los esclavos.

Pero hay dos hechos muy interesantes que quisiera destacar. En esta época hay dos grandes expediciones a Cuba, que, según un gran historiador cubano, no son anexionistas, me refiero a Herminio Portell-Vilá, y según otros –entre los que me encuentro– sí lo son. La anexión, entonces, se convierte en un problema casi de guerra. Y España se da cuenta de que tiene que combatir profundamente ese foco de anexión cubano. Al mismo tiempo, en los años 60, hay dos guerras en América: una conocida como la Guerra de Restauración Dominicana, una guerra española por recobrar Santo Domingo, en un momento en que los Estados Unidos está tratando de introducirse allí y apoderarse de la bahía de Samaná; la otra es la guerra civil norte-sur de los Estados Unidos, que tiene un carácter antiesclavista, contra los esclavistas del sur. Y cuando estas dos guerras terminan en 1865, los Estados Unidos presentan ya un frente total contra la esclavitud. Ahora bien, si la anexión estaba motivada, como se suele afirmar, únicamente por defender los intereses de los esclavistas y de los productores azucareros, por qué cuando Estados Unidos se vuelve antiesclavista, llega el momento más alto del anexionismo cubano en los Estados Unidos. Incluso se publican dos periódicos en cuyos editoriales se pueden leer ideas como las siguientes: "nosotros no venimos a pedir la anexión para defender a los esclavos, para defender nuestros esclavos, porque no somos esclavistas; nosotros no venimos a hablar de la anexión para proteger los altos precios del azúcar porque no somos productores; somos gente trabajadora, somos hombre que luchamos por una Cuba distinta y por esto proclamamos la anexión". Aparece así un anexionismo antiesclavista y antiazucarero, pero de una fuerza enorme.

Finalmente hay un momento extraordinario en esta historia de América y España, que en diecisiete días cambia el análisis político de este país. Se produce la revolución de Lares en Puerto Rico, la revolución de La Demajagua en Cuba –ambas con un cierto trasfondo anexionista–, y la Gloriosa en España. Ante las revoluciones de Cuba y Puerto Rico, una de las prioridades que enfrenta con toda seriedad Juan Prim y Prat, como primer problema de La Gloriosa, será el definir con Estados Unidos la situación de Cuba, y de Puerto Rico. Mientras, los cubanos, decididos a institucionalizar la gran rebeldía de La Demajagua, se reúnen en Guáimaro en asamblea constitucional y dan a conocer el texto de la primera constitución de la República de Cuba en Armas. Hubo otra antes pero no la de Cuba en armas. En esta reunión de Guáimaro se decide enviar una carta al presidente de los Estados Unidos y se le pide la anexión de Cuba. De ese grupo saldrán antianexionistas a la larga y saldrán otros que llevaron siempre el anexionismo en el alma. A uno de los hombres más ilustres de la historia de Cuba, Ignacio Agramonte, según el estudio de sus restos que hicieron los españoles cuando rescataron su cadáver vestido con una camisa blanca, se le encontró la bandera norteamericana bordada sobre el pecho. Agramonte nunca ocultó su anexionismo y creo que fue un anexionismo de una gran pureza, de una gran fuerza y de un gran patriotismo. Pertenecía al sector de los que no querían que Cuba corriese el mismo ejemplo de lo que estaba pasando en otros países latinoamericanos: guerras civiles continuas, golpes de estado, etc.

Por otra parte, ahí están las cartas de esa época, a veces de una fuerza tremenda, de grandes patriotas. Una de ellas, de un valioso personaje cubano, el Lugareño, Gaspar de Betancourt Cisneros, quien le dice a José Antonio Saco, que ha escrito el gran documento contra el anexionismo, "convéncete Saquete, españoles somos y españolitos seremos, engendrados y cagaditos por ellos", y después le envía unos versos que dicen: "De la leche sale el queso, del queso sale el quesito, de los españoles grandes somos los españolitos". Es decir, este hombre tiene una cierta falta de fe en el destino cubano. Piensan los anexionistas con escepticismo ante esa masa de españoles y de negros que era la isla –y cuando se piensa en negros no se piensa en el hombre digno de hoy en día, sino en el hombre que han sumido en la esclavitud, el hombre que ha retrocedido por la esclavitud no por la cuestión racial.– y frente a eso ven a los Estados Unidos, quizás como una forma de buscar un mundo nuevo. Este sentimiento anexionista no se borró.

Dos de los hombres fundamentales para la independencia de Cuba, Antonio Maceo y José Martí, eran profundamente antianexionistas. Martí cuando habla de la bandera cubana tiene una de las frases más dramáticas de su vida. El sabía que la bandera cubana, ese triángulo con la estrella solitaria, era una copia de la bandera de Texas y que esa bandera de Texas había sido una bandera anexionista; sin embargo, comenta simplemente: "La bandera cubana, lavada de la mancha anexionista, con la sangre de los héroes de los diez años". Diez años de guerra, ya no somos anexionistas, aunque la bandera lo haya sido originalmente en un tiempo.

Y el anexionismo no se borró. Después vino la etapa del autonomismo, ya una etapa totalmente distinta, y finalmente, la guerra de independencia 1895-1898. Guerra de independencia que se organiza en los Estados Unidos, que la organiza el Partido Revolucionario Cubano fundado en Estados Unidos –y no por eso anexionista.

Sin embargo, es importante comprender que el anexionismo no es solamente una idea o una ideología de unos cuantos traidores o como quieran llamarlos, sino algo que es el resultado de la unión de Cuba y de Estados Unidos, porque hay otros pequeños detalles, que no dicen las historias. Durante casi todo el siglo XIX y hasta 1895 Cuba es el segundo o tercero, varían los años, y muy pocas veces el cuarto comprador de productos norteamericanos; y se encuentra entre los primeros países vendedores de sus productos a ese mercado. Es decir que hay una unión tremenda que no se puede liquidar con cuatro frases patrióticas.

Para entonces la política norteamericana, que no ha seguido una política anexionista desde el punto de vista activo, sí se muestra dispuesta a devorar a Cuba. Entre 1891-1892 dicta una ley que es una ley fundamentalmente dirigida contra España, el conocido históricamente como *bill* McKinley. No es la primera, ya en 1834 se había dictado la *Navigation Act*, a la que siguió una segunda ley contra España en 1853. Dos opiniones de la época, tomadas de dos de las primeras revistas económicas del momento, –la *Revista Económica Francesa* y la *Revista Económica Inglesa*– coinciden en afirmar en 1891: "Se ha consumado la anexión de Cuba a los Estados Unidos". La Ley McKinley es exactamente eso: la forma legal de apoderarse de Cuba. Y es precisamente esta ley la que fuerza a José Martí a apresurar el inicio de la guerra de independencia de Cuba y evitar así que los Estados Unidos se adelanten. En este contexto se producen las conversaciones de José Martí en México para que se apresuren y que si la intervención norteamericana es tan inminente que interviniese México, y que Cuba pasara a ser mexicana antes que norteamericana. Los documentos se encuentran en los archivos mexicanos, cuidadosamente guardados, y pronto los publicaremos con todo detalle.

Entonces la anexión no se consumó. Y llego el año 1895. ¿Cuál era la situación en este año? Hacia 1895 hay una serie de datos que son sumamente curiosos. El 91% de las exportaciones cubanas se hacen a los Estados Unidos, aproximadamente el 87%, de acuerdo con los datos de National City Bank –fundado por cierto con dinero del mayor comerciante norteamericano en Cuba, Moses Taylor– de esa negociación se hacia en moneda norteamericana. Piénsese que una de las primeras exigencias que una metrópoli impone a sus colonias es que las transacciones mercantiles se hagan en la moneda de la metrópoli. El hecho de que Cuba quebrase esa norma demuestra hasta qué punto Cuba no era una colonia normal de España. No les faltaba razón a las revistas económicas mencionadas, al afirmar que se estaba consumando la anexión. Cuba vende a Estados Unidos su producción principal, casi toda la zafra azucarera, además de casi toda su producción bananera. Compra fundamentalmente a los Estados Unidos. Cuba está entregada a los Estados Unidos. Sin embargo, para esta fecha, el azúcar en Cuba es propiedad española, en un 42%.

Como ven, esto es mucho más complejo de lo que parece a primera vista. Y así se explica también que en estos momentos aparezca un grupo muy interesante de españoles peninsulares, miembros del gobierno, miembros de grande publicaciones, por ejemplo el director del *El Diario de la Marina*, que estén haciendo labores anexionistas en los Estados Unidos.

Así empieza la guerra, guerra larga, sangrienta, en la que no vamos a entrar. Durante esta guerra se produjo el inhumano proceso de reconcentración impuesto por el general Weyler, se vieron numerosos actos heroicos y terminó con la intervención norteamericana. Este es uno de los momentos más trágicos de la historia de España con elementos de una gran belleza al mismo tiempo. Termina la guerra y se ha consumado la anexión, pero hay un último punto que deseo destacar. Cuando Estados Unidos interviene, Cuba ha sostenido previamente una larga guerra por su independencia de diez años, y después ha mantenido una guerra de cuatro años. En total, contando los meses, ha mantenido quince años de guerra constante. La situación es difícil para Estados Unidos. La gran campaña belicista que se realiza en Estados Unidos y que fomenta sobre todo la prensa de Hearst, y en cierta forma la que no era suya, justifica la guerra para evitar la muerte de miles de personas por la tiranía española –entonces no se empleaba el término genocidio. Finalizada la guerra hay que dar la independencia a Cuba. Pero los cubanos acceden a una independencia mediatizada por un apéndice constitucional, la Enmienda Platt, derogado en 1934 durante el mandato de Franklin Delano Roosevelt.

Desde entonces, ya no se volverá a hacer mención al anexionismo hasta estos momentos, en que se trata de acusar de anexionistas a todos los cubanos que viven en Estados Unidos, como si fuera la primera vez que este forzado flujo migratorio se produjera en nuestra historia.

Siempre recordaré la frase extraordinaria de El Lugareño, en una discusión con José Antonio Saco: "Querido Saquete, no discutas de ideas, no discutas tus sentimientos; el anexionismo no es un sentimiento, el anexionismo es un cáncer". Y yo creo que eso fue exactamente.

DE LA PROVINCIA A LA NACIÓN
ENSAYO SOBRE EL NACIONALISMO AUTONOMISTA

RAFAEL ROJAS

En la historiografía postcolonial cubana, tanto de la República (1902-1959) como de la Revolución (1959-...), ha predominado la idea de que la nación y el nacionalismo surgieron, exclusivamente, dentro del movimiento independentista del siglo XIX. Amén de muy contadas excepciones (Herminio Portell Vilá, Leví Marrero, Manuel Moreno Fraginals y alguien más), casi todos los historiadores cubanos modernos, desde Ramiro Guerra hasta Jorge Ibarra, han partido del supuesto de que las guerras de independencia, entre 1868 y 1898, constituyeron el espacio de la nación, mientras que las otras opciones políticas (reformismo, autonomismo, anexionismo...) desembocaban en formas coloniales de la soberanía.[1] El importante historiador Julio Le Riverend, por ejemplo, sostenía en su *Breve historia de Cuba* que los reformistas y anexionistas alcanzaban, cuanto mucho, una imagen "débil e incompleta de la nación cubana" y que, en cambio, aquellos habitantes del país que "querían ser cubanos antes que norteamericanos o españoles eran los portadores del verdadero sentimiento nacional".[2]

Las páginas que siguen son un esfuerzo por responder a una pregunta que, desde hace un siglo, motiva el debate historiográfico en Cuba: ¿es posible hablar de un nacionalismo autonomista? Mi respuesta es que sí; que la autonomía dentro de España, al igual que la anexión a los Estados Unidos, fue una salida de ciertas élites criollas al dilema del *status* de la soberanía que aspiraba, por medios legales, pacíficos y evolutivos, al mismo fin del separatismo, esto es: construir en Cuba un Estado nacional, legitimado por una cultura nacionalista. Para argumentar este punto de vista haremos un breve recorrido por las tres fases del autonomismo cubano: la provincial, entre 1808 y 1834; la nacional, entre 1835

---

[1] Ver Ramiro Guerra, *Guerra de los Diez Años, 1868-1878*. La Habana: Cultural S. A, 1950, t. I; Jorge Ibarra, *Ideología Mambisa*. La Habana: Instituto del Libro, 1967 y *Nación y cultura nacional*. La Habana: Editorial de Letras Cubanas, 1981.

[2] Julio Le Riverend, *Breve historia de Cuba*. La Habana: Editorial de Ciencias Sociales, 1995, p. 55.

y 1877; y la estatal, entre 1878 y 1898. Este proceso político de 90 años verifica el tránsito, en la mentalidad de las élites, de la imagen de Cuba como provincia autónoma a la imagen de Cuba como Estado nacional. El desarrollo de la idea autonómica confirma, una vez más, que la historia política de Cuba no ha sido el enfrentamiento entre sujetos nacionales y sujetos antinacionales, sino, más bien, el enfrentamiento, no siempre binario, entre distintos tipos de nacionalismos: el revolucionario y el reformista, el democrático y el autoritario, el liberal y el comunista.[3]

LA SOBERANÍA PROVINCIAL

A pesar de que José Antonio Saco y otros reformistas cubanos de los años 30 asociaron el autonomismo al *status* de algunas colonias inglesas, como Canadá, Jamaica y las Bahamas, lo cierto es que la idea de autonomía que se introdujo en Cuba proviene de la tradición pactista del neotomismo español, fundada por Francisco de Vitoria, Domingo de Soto, Francisco Suárez y otros teólogos y juristas del siglo XVI. En 1808, con la invasión napoleónica a España y el cautiverio de Fernando VII, esa tradición tuvo su primera oportunidad moderna.[4] En ausencia del Rey, la soberanía era asumida por las juntas provinciales que debían convocar a unas Cortes nacionales. En Cuba, como en toda América Latina, la lealtad a Fernando VII produjo una revolución pacífica, en la que las provincias luchaban por la independencia nacional, es decir, de todas las Españas frente a Francia, a través del juntismo autonomista.[5]

En julio de 1808, Francisco de Arango y Parreño, José de Ilincheta, el Conde de O'Reilly, Tomás de la Cruz Muñoz, Agustín de Ibarra y otros notables del Ayuntamiento de la Habana, con el visto bueno del propio Capitán General de la Isla, Marqués de Someruelos, propusieron a los vecinos de la ciudad el "establecimiento de una Junta Superior de Gobierno que, revestida de igual autoridad a las demás de la penín-

[3] Julián B. Sorel, *Nacionalismo y revolución en Cuba. 1823-1998*. Madrid: Fundación Liberal José Martí, pp. 17-31.

[4] Fernando García de Cortázar y José Manuel González Vesga, *Breve historia de España*. Madrid: Alianza Editorial, 1994, p. 419.

[5] Manuel Moreno Fraginals, *Cuba/España. España/Cuba. Historia común*. Barcelona: Crítica, 1995, pp. 157-169.

sula de España, cuide y provea todo lo concerniente a nuestra existencia política y civil".[6] Años después, Arango rememoraría aquel intento como fruto de la adaptación de las élites a una coyuntura de vacío de poder, en la que el apoyo al Rey cautivo no estaba en contradicción con el reconocimiento de una soberanía provincial. Según Arango, las élites habaneras querían "organizar en la Isla un centro de gobierno que, al mismo tiempo que interinamente supliese la falta que nos hacía el supremo, consolidase el poder de las autoridades existentes".[7] Al igual que en México, donde un proyecto similar del Ayuntamiento y la Audiencia fue sofocado por el golpe de Gabriel de Yermo contra el virrey Iturrigaray, la Junta habanera desató la reacción de las élites militares y comerciales. Curiosamente fue otro criollo, el brigadier Francisco de Montalvo, quien encabezó la oposición al proyecto de Arango e Ilincheta por considerarlo como un primer paso hacia la independencia.[8]

En 1810 fueron electos dos diputados cubanos a las Cortes constituyentes de Cádiz: Andrés de Jáuregui por el Ayuntamiento de la Habana, y Juan Bernardo O'Gavan por el de Santiago de Cuba. La idea de un gobierno provincial, malograda en 1808, reaparece ahora en las instrucciones que redactan los corresponsales de Jáuregui, Francisco de Arango y Parreño y el padre José Agustín Caballero.[9] En la *Representación* del Ayuntamiento a las Cortes de Cádiz, de 1811, redactada por Arango, se solicitaba la igualdad de derechos entre los habitantes de la metrópoli y las colonias, de acuerdo con el *ius romanum in integrum* y con "la imagen del gobierno británico", que "se ve copiada, y se ha visto siempre sin inconveniente alguno, en sus más remotas y pequeñas posesiones".[10] Según Arango, la parálisis del régimen colonial era obra de la ausencia de "un gobierno provincial combinado por la prudencia conforme a las circunstancias".[11] La *Exposición a las Cortes* escrita por el padre Caballero, también en 1811, es más explícita aún. En ella se "suplica al Congreso Nacional" la constitución de

---

[6] Luis Navarro García, *La independencia de Cuba*. Madrid: Editorial Mapfre, 1992, pp. 21-23.

[7] Leví Marrero, *Cuba: economía y sociedad*. Madrid: Editorial Playor, 1992, t. XV, p. 11.

[8] Luis Navarro García, *op. cit.* pp. 26-33.

[9] Leví Marrero, *op. cit.* pp. 32-38.

[10] Luis Navarro García, *op. cit.* p. 46.

[11] *Ibid*, p. 45.

> Una Asamblea de Diputados del Pueblo con el nombre de Cortes Provinciales de la Isla de Cuba, que estén revestidas del poder de dictar las leyes locales de la provincia en todo lo que no sea prevenido por las leyes universales de la Nación, ya sean dictadas nuevamente por el Congreso nacional, ya sea por el antiguo establecimiento de la Legislación Española en todo aquello que no sea en ella derogado[12]

Y más adelante desarrollaba la noción de soberanía provincial, insistiendo en que dichas Cortes, aunque coexistieran con un Consejo Ejecutivo provincial, no sólo desempeñarían funciones parlamentarias o legislativas, ya que

> Constituidas las Cortes Provinciales serían soberanas en el recinto de la Isla y se refundirían en ellas todas las funciones gubernamentales de la Intendencia, de la Junta de la Real Hacienda y Tribunales de Cuentas, las de las Juntas de Derechos, las de Maderas, de la Temporalidad y demás gubernativas que hubiese en la Isla. Elegirán su presidente y demás miembros necesarios para la división y despacho de las tareas y respecto a que las Audiencias tienen el tratamiento de Alteza, debía ser el mismo el de las Cortes Provinciales, en consideración a sus altas y soberanas facultades.[13]

Entonces la Capitanía General estaba dividida en 8 jurisdicciones (La Habana, Santiago de Cuba, Puerto Príncipe, Trinidad, Villaclara, San Juan de los Remedios, Sancti Spíritus y Matanzas). El proyecto del padre Caballero recomendaba que las Cortes Provinciales estuvieran integradas por 30 diputados de La Habana, 9 de Santiago de Cuba, 6 de Puerto Príncipe y 3 de cada una de las restantes jurisdicciones. Esta desproporción viene a confirmar que para el primer autonomismo cubano la nación es España, la provincia es Cuba y el país es La Habana. Con el tránsito de la fase provincial a la fase nacional veremos cómo la representación del país, aunque sin dejar de estar centrada en La Habana, se distribuye mejor a lo largo y ancho de la isla.

Jáuregui nunca presentó el proyecto autonomista del padre Caballero en las Cortes y sí desempeñó, en cambio, un papel decisivo en la

---

[12] Leví Marrero, *op. cit.*, p. 32. Ver también Beatriz Bernal, *Cuba: fundamentos de la democracia. Antología del pensamiento liberal cubano.* Madrid: Fundación Liberal José Martí, 1994, pp. 72-76.

[13] *Ibid*, pp. 32-34.

reprobación de la propuesta de abolición gradual de la esclavitud, presentada por el novohispano Miguel Guridi Alcocer.[14] El regreso de Fernando VII y la restauración del absolutismo en 1814 deshicieron, entonces, aquella correspondencia entre la lealtad al Rey ausente y la retrocesión de la soberanía a las provincias. Sin embargo, con el levantamiento de Rafael de Riego en Cabezas de San Juan y el trienio liberal de 1820 a 1823 reaparece la demanda autonomista en las Cortes.[15] Esta vez será el diputado habanero Félix Varela y Morales quien, a principios de 1823, presentaría con otros seis diputados un *Proyecto de instrucción para el gobierno económico-político de las provincias de Ultramar* que buscaba "ampliar las facultades de las diputaciones provinciales de América, presentándolas como una barrera contra la arbitrariedad".[16] El padre Varela no sólo concebía dicha reforma como un medio de difundir los principios constitucionales de Cádiz en América y propiciar la adopción del modelo autonómico canadiense, sino como una medida que tal vez lograra el reingreso de las nuevas repúblicas hispanoamericanas al Imperio.[17]

LA NACIONALIDAD LATENTE

El segundo momento del autonomismo cubano, que en la historiografía se identifica con las campañas reformistas de mediados del siglo XIX, se inicia justo allí donde empieza la desilusión del padre Varela con la vía autonómica. Históricamente, esta fase podría enmarcarse entre la oposición criolla al régimen de facultades omnímodas de Miguel Tacón y la exclusión de los diputados cubanos de las Cortes, hacia 1837, y el fracaso de la Junta de Información de Madrid y estallido de la primera guerra separatista treinta años después.[18] Llama la atención que casi todos los reformistas criollos de esas décadas, José Antonio Saco, José de la Luz y Caballero, Domingo del Monte, Francisco de Frías y Ja-

---

[14] Leví Marrero, *op. cit.*, p. 62.
[15] Fernando García de Cortázar y José Manuel González Vesga, *op. cit.*, pp. 431-432.
[16] Leví Marrero, *op. cit*, p. 64.
[17] Luis Navarro García, *op. cit*, 84-86.
[18] Raimundo Menocal y Cueto, *Origen y desarrollo del pensamiento cubano*. La Habana: Editorial Lex, 1947, vol. II, pp. 140-193.

cott..., aunque le reprochaban a los gobiernos de Ultramar que trataran a Cuba como colonia y no como provincia, imaginaban a Cuba ya no como una provincia, sino como una nacionalidad y, en algunos casos, como una nación.[19]

Saco fue, tal vez, el primer intelectual que aplicó la noción de *nacionalidad* a la sociedad cubana. Es cierto que en los años 30 todavía hablaba de Cuba como la "patria" y de España como la "nación". Así, por ejemplo, en su "Carta de un patriota, o sea, clamor de los cubanos", dirigida a las Cortes en 1835, defiende el fin de la trata, la colonización blanca y el establecimiento de una Junta Provincial –reclamo básico del autonomismo– aunque ya habla de Cuba como "un hermoso país, que el solo vale un reino".[20] Pero apenas dos años después, en su "Paralelo entre la isla de Cuba y algunas colonias inglesas", insiste en que, a pesar de sus simpatías por el modelo colonial británico, "no sería tan criminal que propusiese uncir mi patria al carro de la Gran Bretaña", ya que los "esfuerzos de todo buen cubano deberían dirigirse a darle una existencia propia, independiente, y si posible fuera tan aislada en lo político como lo está en la naturaleza"; idea esta que está tomada, casi textualmente, de una página de *El Habanero* de Félix Varela.[21]

La idea de nacionalidad aparece con fuerza en la década siguiente, dentro de su campaña pública contra el anexionismo. Recordemos, a propósito, aquel pasaje tan citado de su valiente ensayo *Ideas sobre la incorporación de Cuba a los Estados Unidos:*

> Debo decir, francamente, que a pesar de que reconozco las ventajas que Cuba alcanzaría formando parte de aquellos Estados, me quedaría en el fondo del corazón un sentimiento secreto por la pérdida de la nacionalidad cubana.[22]

¿Qué entiende Saco por nacionalidad cubana? Ni más ni menos que esa población de 500.000 blancos criollos y españoles, que, "dada la superficie de la isla podría crecer hasta algunos millones de hombres", los cuales conforman, en sus palabras, una "humanidad blanca, muy su-

---

[19] Manuel Moreno Fraginals, *op.cit.* pp. 190-205.

[20] José Antonio Saco, *Obras.* Nueva York: Roe Lockwood e Hijo, 1853, t. I, pp. 98-104.

[21] *Ibid*, p. 170.

[22] *Ibid*, t. II, p. 8.

perior a la negra por muchos títulos sociales, y por lo mismo más digna de la vida y el bienestar".[23] Ese triple programa reformista de Saco, que combinaba la supresión de la trata, la autonomía y la inmigración blanca, con el fin de afianzar el biopoder nacional de esta raza, es, en esencia, el mismo que difundió Francisco de Frías y Jacott, Conde de Pozos Dulces, desde las páginas de *El Siglo*. En su polémica con Reynals y Rabassa, contenida en los folletos "La cuestión de Cuba" y "En defensa de Cuba", se expresa claramente el tránsito de la noción de *provincia* a la de *nacionalidad* dentro de la tradición autonomista. Ese tránsito, según el Conde, se verifica cuando las élites criollas comprenden que "el espíritu del provincialismo no es otra cosa que la primera manifestación de una nacionalidad latente".[24]

El nacionalismo del Conde de Pozos Dulces, aunque negrófobo como el de Saco, alcanzó una intensidad retórica hasta entonces desconocida en la cultura cubana. A las preguntas de Reynals: "¿qué páginas ha dado a la historia la nacionalidad cubana?... ¿qué artes, qué ciencias, qué sentimientos y costumbres propias posee?", Frías respondió indignado:

> Todos aquellos que vosotros no habéis querido o podido darnos o inspirarnos, y que nosotros por índole natural, por industria propia y por legítima ambición hemos adquirido y atesorado, poniendo a contribución los adelantos de todos los países donde nos llevaron la curiosidad o la expatriación ¿Os atrevéis a dudarlo, vosotros los de la metrópoli, a quien todos los viajeros pintan como rezagada de un siglo respecto de su colonia cubana? ¿Qué son vuestra agricultura, vuestras vías férreas, vuestros telégrafos y vuestros vapores comparados con los nuestros? ¿En qué ciencias físicas, naturales o morales tenéis vosotros representantes que desluzcan a los nuestros? ¿Tenéis vosotros un poeta que sobrepuje nuestro Heredia, inmortal autor de *El Niágara*? ¿Escritores más castizos que Del Monte y Saco? ¿Filósofo más profundo y enciclopédico que José de la Luz y Caballero? ¿Sacerdote que en ciencias, en caridad y virtudes se pueda comparar con el evangélico Varela? Mostrádnos, entre vosotros, físicos y naturalistas más alcanzados que los Poey, padre e hijo; facultativos más distinguidos que los Gutiérrez, Jorrín y Díaz; químicos más eminentes que Alvaro Reynoso; jurisperitos de la talla de Anacleto Bermúdez y del ciego Escobedo. Y por fin, ¿en cuál de vuestras ciudades, incluso la capital, se levanta hoy una generación

---

[23] *Ibid*, t. I, p. 225; t. II, p. 9.
[24] Francisco Frías y Jacott, *Reformismo agrario*. La Habana: Publicaciones de la Secretaría de Educación, Dirección de Cultura, 1937, p. 150.

tan aplicada, tan estudiosa y tan apta para todas las carreras y destinos de humana actividad, como la que hoy brilla en el suelo cubano y que tantos timbres de gloria promete a su patria y a la civilización? ¿Osarías poner en parangón vuestras costumbres corrompidas, vuestra empleomanía, vuestros hábitos de estafa y confusión, vuestro mentido liberalismo, con la proverbial pureza, la hospitalaria generosidad, los sentimientos desinteresados y la innata cultura y liberalismo que distinguen a la raza cubana, y que forman su fisonomía especial entre todas las que proceden del tronco español?[25]

Aquel ingenuo patriotismo criollo, a lo Arrate, que exaltaba las virtudes de los españoles nacidos en Cuba, se ha convertido ya en un nacionalismo étnico, de la raza cubana, que se define en violenta contraposición a la cultura española. De hecho, más que de un nacionalismo étnico, encaminado a la preservación de lo que Foucault llamaría el *biopoder* blanco, este discurso está cerca de un nativismo antigachupín, como el que se dio en México durante el Imperio de Iturbide y la primera República Federal, y que persuadía a Francisco Frías de la imposibilidad cultural de una absorción de Cuba por los Estados Unidos. Sin embargo, a pesar de su ingenua agresividad, ese nacionalismo étnico fue compartido por casi toda la intelectualidad criolla, incluyendo a reformistas como Antonio Bachiller y Morales o Raimundo Cabrera, anexionistas como Gaspar Betancourt Cisneros o Cirilo Villaverde y separatistas como Manuel de la Cruz y Manuel Sanguily. No es raro, entonces, que en sus momentos de mayor exaltación el Conde de Pozos Dulces, sin renunciar al autonomismo, llegara al mismo punto de los separatistas:

Y cuando todo tiende a caracterizarnos y a distinguirnos, cuando no hay una sola fibra de nuestra constitución que no proteste contra la dependencia de España cuando no sólo la geografía sino todos los sentimientos del alma cubana claman a gritos por la separación, nos habláis todavía de común nacionalidad, idéntica historia y recuerdos solidarios... Cuando suene en el reloj del tiempo la hora de vida para una nueva nacionalidad de nada sirven argumentos retrospectivos ni apelaciones a vínculos muy sagrados si se hubieran sabido respetar... Esa nacionalidad de Cuba, que resume todos sus agravios y todas sus esperanzas, es ya un hecho que podrá anonadarse por la fuerza, si Dios lo permite, pero que no se transforma ni modifica a impulsos de concesiones y de reformas que ya son tardías. La nacionalidad española en Cuba murió a manos de los legisladores de 1837. La nacionalidad cubana nacida en esa noche de demencia y de crimen, sólo aguarda, para proclamar su sucesión ante el mundo,

---

[25] *Ibid*, pp. 158-159.

que se lleven el cadáver de la madre todavía velado por un ejército de treinta mil bayonetas.[26]

No es por su evidente aproximación a la idea separatista que un partidario de la autonomía como el Conde de Pozos Dulces llega a levantar semejante monumento retórico al nacionalismo; es, sencillamente, porque la voluntad de construir una nación moderna también actuaba en la cultura política autonomista. El *status* de la soberanía insular era, a todas luces, secundario para aquellos reformistas, convencidos, como estaban, de que la isla poseía, a mediados del siglo XIX, una identidad nacional distintiva que evolucionaría lentamente hacia el modelo político más adecuado a sus tradiciones y costumbres. Al igual que Tocqueville, Stuart Mill y casi todos los liberales de la época, Saco y el Conde de Pozos Dulces creían que las formas de gobierno eran electivas y que lo determinante, para una sociedad, era el contenido moderno de sus valores, sus instituciones y sus prácticas.

¿Una vía autonomista hacia la República?

La última oportunidad política del autonomismo cubano, en su fase nacional, fue la Junta de Información de Madrid. Después de su fracaso en 1867 y el estallido de la insurrección de Yara, al año siguiente, algunos delegados cubanos, como Nicolás Azcárate, José Silverio Jorrín, José Antonio Echeverría y el propio conde de Pozos Dulces permanecieron fuera de Cuba, en un exilio muy cercano al de muchos separatistas. Ese exilio fue, en buena medida, la escuela política de una nueva generación de autonomistas que se formaría en Madrid y Barcelona en un ambiente cultural dominado por la difusión de la filosofía neokantiana y el espiritualismo nacionalista francés de Taine y Renan, activado por la guerra franco-prusiana de 1871. Rafael Montoro, Eliseo Giberga, José del Perojo y Miguel Figueroa, líderes intelectuales del autonomismo, vivieron de cerca la crisis política española que, tras el fracaso de la primera República y la agonía del cantonalismo, vino a confirmar la tradición liberal del monarquismo parlamentario, expresada en la Constitu-

---

[26] *Ibid*, pp. 160-162.

ción de 1876, cuya legislación colonial favorecería, en el corto plazo, la pacificación de la guerra de Cuba.[27]

La fundación del Partido Liberal Autonomista, en 1878, fue una de las consecuencias inmediatas del Pacto del Zanjón. En dicha organización se unieron los jóvenes intelectuales formados en España con otros que permanecieron en Cuba, como Ricardo del Monte y Antonio Govín, y con algunos separatistas que, como Antonio Zambrana, José María Gálvez y Raimundo Cabrera, no vieron mucha diferencia entre un enfrentamiento armado con el régimen colonial y la oposición legal al gobierno español en la isla. Durante veinte años el Partido Liberal Autonomista trabajó por la formación, en Cuba, de una Asamblea Provincial en tanto órgano representativo de la ciudadanía insular, que verificara la descentralización administrativa y fiscal que propugnaba la Constitución de 1876. Durante los años 80, la política autonomista logró muy poco de la regencia de María Cristina, abrumada, primero, por los vaivenes de liberales y conservadores que culminaron en el Pacto de El Pardo y, luego, por el establecimiento de una alternancia en el poder, favorable a Práxedes Mateo Sagasta, cuyo liberalismo, paradójicamente, se avenía muy mal con la propuesta autonómica.[28] En los 90, en cambio, la opción autonomista ganó terreno en la esfera política española, tanto bajo Cánovas como bajo Sagasta, cuyo Ministro de Ultramar Antonio Maura Montaner había intentado promoverla en 1894, aunque sólo llegó a materalizarse en el otoño de 1897, tras la muerte de Cánovas.[29]

A pesar de la evidente asimetría entre la cultura política española y la cubana, el Partido Liberal Autonomista de la isla intentó siempre enmarcarse dentro del perfil del liberalismo peninsular. Así, por ejemplo, Rafael Montoro definía la solución autonomista como una alternativa consustancial al principio descentralizador que propugnaban los liberales y afirmaba que la autonomía era un

> Régimen que nadie puede desconocer sin negar la evidencia, ya que da forma a la descentralización administrativa y económica, encomendando a instituciones propias el gobierno y dirección de los intereses comunes a las seis pro-

[27] Miguel Martínez Cuadrado, *Restauración y crisis de la monarquía. (1874-1931).* Madrid: Alianza Editorial, 1991, pp. 9-40.

[28] *Ibid*, pp. 55-61.

[29] *Ibid*, p. 70.

vincias cubanas, y que permite que el país tenga intervención directa y eficaz en lo que a sus asuntos atañe; y ofrece condiciones de orden, de acierto y de responsabilidad directa y efectiva, sin que sufran en lo más mínimo las instituciones fundamentales del Estado ni la soberanía de la Nación, bases de la unidad de la patria.[30]

Es interesante hacer notar que cuando Montoro describe la isla como un espacio compuesto por "seis provincias", con sus respectivas alcaldías, gobiernos y legislaturas provinciales, trasciende automáticamente la representación de Cuba en tanto provincia autónoma, al estilo de Arango o Caballero, y se coloca dentro de una plena representación nacional, similar a la de Saco o el Conde de Pozos Dulces. Sin embargo, al insistir en el aparato administrativo insular como un gobierno al interior de un Estado o, más claro aún, como un Estado dentro de una Nación, su perspectiva autonomista alcanza ya una nueva dimensión, hasta entonces desconocida: la dimensión estatal. En el texto *Nuestra Doctrina*, programa del Partido Liberal Autonomista emitido en 1881, a pesar de la retórica autocontrolada que se evidencia, emerge esa singular visión de Cuba como una nación estatal dentro de la Madre Patria:

> Entre Cuba y España, entre la Nación y la Isla de Cuba hay diferencias geográficas, de clima, latitud, de población y de economía. Si a todo esto añadimos la diferencia de instituciones, leyes, reglamentos administrativos, de todo lo que constituye la vida de relación, no podrá menos de reconocerse que el carácter local, y con éste un modo de ser distinto, propio, esencial e irreductible, existen en la colonia respecto de la metrópoli; y tienen que reflejarse en los programas de sus partidos, en la orientación de todas sus actividades. Son, pues, dos estados del espíritu, dos maneras de pensar y sentir. Se trata, entonces, de combinar la centralización política de la nación española con la descentralización económica y administrativa de sus provincias. Y alcanzar, así, en la isla de Cuba un régimen autonómico; esto es, un estado cubano dentro de la nación española[31]

La diferencia más visible entre el programa de *El Triunfo* y *El País*, órganos del autonomismo ya en su fase estatal, y su predecesor *El Siglo*, órgano del autonomismo en la fase nacional, es, precisamente, este énfasis en la construcción de un Estado insular. Miguel Figueroa, Eliseo Giberga y el propio Montoro, durante los períodos en que representa-

---

[30] Rafael Montoro, *Ideario Autonomista*. La Habana: Secretaría de Educación, 1938, p. 51.
[31] *Ibid*, p. 58.

ron a Cuba como diputados en las Cortes de Madrid, dejaron muy claro que una de las prioridades del Partido Liberal Autonomista era disponer en la isla de un sistema presupuestal de ingresos y egresos acorde con las necesidades del país. Y esta interpretación plenamente moderna de las funciones de un Estado y, sobre todo, de una Legislatura –la tan deseada Diputación Provincial–, a pesar de lo que ha establecido la historiografía nacionalista cubana, no estaba reñida, para ellos, con la abolición de la esclavitud. No debería olvidarse que Figueroa presentó en las Cortes un proyecto de ley para la supresión de esa oprobiosa institución en Cuba y Puerto Rico y que casi todos los miembros del Partido Liberal Autonomista aplaudieron, en 1886, la abolición definitiva del trabajo esclavo en las colonias españolas.[32]

Para los últimos autonomistas el Estado, y no la Nación, era lo prioritario. En cierto modo, ellos invertían la fórmula de Saco y el Conde de Pozos Dulces: Cuba era el Estado y España la Nación. Tal vez, esta mutación política explique el hecho de que, a pesar de seguir adscritos al liberalismo monárquico español, estos autonomistas hayan contribuido a sentar las bases culturales del orden republicano en la isla. Fue Rafael Montoro, el principal ideólogo del autonomismo, quien escribió los *Principios de moral e instrucción cívica,* un manual que, con prólogo de Enrique José Varona, fue leído y recitado de memoria por millones de niños y jóvenes cubanos a partir de 1902. Todavía, en 1937, en medio de la crisis postrevolucionaria que daría paso a la gestación de una segunda República, aquel manual de *Instrucción Moral y Cívica* de Montoro fue nuevamente adaptado a la enseñanza general de la isla.[33] Difícilmente podría encontrarse otro aporte más sustancial del legado autonomista a la formación, débil y accidentada, de un nacionalismo republicano en Cuba.

---

[32] Ver Eliseo Giberga, *El problema colonial contemporáneo.* Madrid: Estudio Tipográfico de A. Avrial, 1895, y Miguel Figueroa, *El presupuesto de Cuba de 1886-1887.* Madrid: Imprenta de los Hijos de J. A. García, 1886.

[33] Rafael Montoro, *Instrucción Moral y Cívica arreglada para las escuelas de Cuba.* La Habana: Cultural S. A., 1937.

LA DIPLOMACIA TRIANGULAR
ESPAÑA-CUBA-ESTADOS UNIDOS (1895-1898)

JAVIER RUBIO

Tomada la diplomacia en sentido restrictivo convencional, como los servicios oficiales que mantienen permanentemente los estados para canalizar sus relaciones, ha de reconocerse que durante el cuatrienio 1895-1898 del que me voy a ocupar no había más que una sola diplomacia lineal, la de Madrid-Washington. Una diplomacia que, por otra parte, tampoco existió durante todo el tiempo, ya que desaparecería en abril de 1898 con la ruptura de relaciones diplomáticas que precedió a la declaración de guerra entre ambos países. Pero si se contempla la diplomacia, como lo haremos en este trabajo, en su sentido amplio del conjunto de actitudes que adoptan las comunidades nacionales –sean o no sujetos de derecho internacional– en sus relaciones mutuas, si puede entonces hablarse de una diplomacia triangular España-Cuba-Estados Unidos; e incluso podría hablarse de una diplomacia cuadrangular, pues durante el referido cuatrienio había en realidad dos Cubas en su actitud respecto a España: la que concebía las relaciones sobre una base de evolución política pacífica, y la que no admitía sino el enfrentamiento armado hasta conseguir la total independencia.

Durante estos cuatro años, aunque las relaciones entre los tres vértices del triángulo tienen unas coordenadas políticas de fondo casi invariables, que van a llevar a un resultado final bastante previsible en su línea fundamental, la situación relacional entre ellos no deja sin embargo de evolucionar considerablemente en aspectos no irrelevantes. Y lo hace en función de distintos factores: sean éstos de carácter personal, me refiero principalmente al cambio de gobernantes en Washington y en Madrid, sean de carácter ambiental, sobre todo en la progresiva sensibilización de la opinión pública norteamericana, sean, en fin, de carácter bélico, toda vez que la marcha de las operaciones militares que enfrentaban a los independentistas de Baire al ejército español, era obviamente un factor primario de gran importancia.

El conjunto de estos factores forma un complejo entramado cuyo examen y análisis pormenorizado no es posible realizar en una intervención forzosamente limitada en el tiempo, como la que me corresponde en este interesante curso. Por otra parte, las vicisitudes políticas y militares en torno a la cuestión de Cuba durante el cuatrienio 1895-1898 han sido las que han recibido ayer y hoy una mayor atención en la historiografía, probablemente un tanto desproporcionada en relación con la que han recibido fases anteriores –muy interesantes y reveladoras sin embargo– de la larga marcha de Cuba hacia su independencia[1].

Me limitaré por lo tanto a resaltar los aspectos que me parecen más relevantes, para lo que articularé mi exposición en tres fases, o momentos históricos. La primera, la más larga, desde el grito de Baire a principios de 1895 hasta la muerte de Cánovas en el verano de 1897. La segunda desde el otoño de este último año, hasta el mensaje del presidente McKinley en abril de 1898. Y la última el lapso restante, es decir los meses de guerra hispano-norteamericana y de subsiguientes negociaciones de paz, hasta fines de 1898 y la firma del Tratado de París.

La determinación de estas fases responde, ciertamente, a un criterio subjetivo y por lo tanto discutible. Entiendo, sin embargo, que no carecen de justificación. La primera, por cuanto se extiende a los dos años largos del gobierno de Cánovas, cuya política cubana es de notable coherencia y continuidad. Por otra parte, la sustantivación de una distinta y segunda fase desde el otoño de 1897, no se corresponde sólo con el acceso en España de un nuevo gobierno cuya actitud ante el problema cubano es claramente distinta del de Cánovas, sino también con la política más activa y decidida respecto a Cuba del nuevo presidente de los Estados Unidos, McKinley, llegado unos meses antes al poder. En cuanto a la tercera y última fase no creo que necesite ninguna aclaración justificativa.

Las relaciones desde Baire a Santa Agueda

Consideraremos primeramente las relaciones España-Cuba, habida cuenta que en el esquema triangular que articula mi exposición la relación Península-Gran Antilla es la base fundamental inicial. Una base,

---

[1] Este desequilibrio, especialmente patente en la historiografía española, ya lo he destacado en la introducción de mi reciente obra *La cuestión de Cuba y las relaciones con los Estados Unidos durante el reinado de Alfonso XII. Los orígenes del «desastre» de 1898.* Biblioteca Diplomática Española, Madrid 1995.

que al recibir la profunda sacudida independentista del grito de Baire el 24 de febrero de 1895, va a incidir profundamente en los otros dos vectores relacionales que desde los Estados Unidos se dirigen a España y a Cuba.

Se ha repetido mil veces por historiadores españoles, cubanos y norteamericanos que el eje de la política cubana de Cánovas durante su último mandato, de 1895 a 1897, era el mantenimiento de una Cuba española empleando, si preciso fuere, "hasta el último hombre y el último peso". Con lo que se configura la actitud del famoso gobernante español como profundamente monolítica y extremosa[2].

No voy a negar que esa defensa a ultranza de la integridad territorial española fue un principio fundamental de la política cubana de Cánovas en el lapso que nos ocupa, ni tampoco intentaré justificar el error que supuso tal enfoque del problema cubano, pues precisamente quien escribe estas líneas es el historiador que ha hecho una crítica más severa y circunstanciada de la invidencia del referido gobernante ante las numerosas y graves implicaciones de tal problema. Sin embargo, creo conveniente recordar algunas puntualizaciones que nos permitan hacer comprender mejor la reacción general que en el último tercio del siglo XIX producía en España la "pavorosa cuestión de Cuba" –como entonces se la calificaba– así como la propia actitud de Cánovas ante el mismo; cuestiones que los historiadores suelen presentar en forma excesivamente circunscrita en el tiempo y simplista en el concepto.

La primera se refiere a que, como ya he mostrado en otra ocasión, esa política del "último hombre y el último peso" para la defensa de una Cuba española, no era ningún lema exclusivo del famoso gobernante conservador, sino un principio e incluso una terminología, que

---

[2] Así lo hacen, por citar sólo destacadas obras de los últimos decenios, la española Rosario de la Torre (*Inglaterra y España en 1898*, Eudema, Madrid 1988, p. 67), el cubano Manuel Moreno Fraginals (*Cuba/España, España/Cuba. Historia común*. Crítica, Barcelona 1995, pp. 274 y 287). y el norteamericano David F, Trask (*The war with Spain in 1898*, Macmillan Publishing Co., New York 1981, pp. 6 y 245). Es notable que este último autor, uno de los más respetados historiadores de la guerra hispano-norteamericana, afirme que Cánovas pronunció dicha frase en marzo de 1895, cuando quien la pronunció entonces fue Sagasta y no Cánovas, y que para justificarlo cite dos obras españolas –del marqués de Lema y de Leonor Meléndez– que sin embargo no ha debido consultar, pues ninguna de las dos dice lo que les atribuye, y una de ellas ni siquiera trata de esta cuestión en la página que Trask indica.

compartían entonces los dirigentes de prácticamente todos los partidos políticos españoles. Por otra parte, tampoco esa extremosa actitud respecto a Cuba era exclusiva de la España de la Restauración, régimen cuya pervivencia al considerarse amenazada con la pérdida de Cuba –se ha dicho con alguna frecuencia– la explicaría, ya que pueden encontrarse antecedentes de la misma en la España anterior a la monarquía de Alfonso XII[3].

La segunda precisión se refiere a que cuando se inicia en Baire la guerra final de independencia, no está Cánovas en el poder, sino Sagasta. Esto es, se halla al frente de los destinos de España un gobierno liberal que, como es sabido, no había tenido el valor de asumir la reforma que dos años antes representó el proyecto descentralizador presentado por Maura, lo que quizá supuso desperdiciar la última ocasión de solucionar pacíficamente el complejo problema cubano[4]. De todos modos el fracaso del proyecto de Maura no significó el abandono de toda reforma en las Antillas pues, cuando se produce el grito de Baire, el gobierno de Sagasta ya está promulgando una nueva ley a este respecto.

Me refiero ahora al proyecto presentado por Abárzuza, sucesor de Maura en el ministerio de Ultramar, que fue aprobado en el Congreso el 13 de febrero de 1895. Se trataba ciertamente de un plan descentralizador más tímido que el de Maura, en el que se inspiraba, y que no llegó a promulgarse como ley hasta el 15 de mayo, esto es cuando en Cuba se había ya producido la nueva insurrección, por lo que se le ha calificado habitualmente de reforma insuficiente y tardía; lo que, por otra parte, los hechos vinieron a ratificar finalmente. Ahora bien, este plan de Abárzuza no deja por ello de ser un paso significativo en la dirección que era entonces necesaria en la política cubana; un paso que fue acogido favorablemente por amplios sectores políticos de la Gran Antilla y que cabe, incluso, preguntarse si no fue un catalizador que contribuyó a adelantar el levantamiento de Baire, con el fin de evitar sus posibles efectos estabilizadores[5]. Por otro lado, de especial interés para la expli-

---

[3] En mi obra citada sobre la cuestión de Cuba (p. 154) ya he tratado esta cuestión.

[4] Así lo apunta Emilio de Diego en un reciente trabajo que titula precisamente "La reformas de Maura, ¿la última oportunidad política en las Antillas?" (En *1895: La guerra de Cuba y la España de la Restauración,* Editorial Complutense, Madrid 1996, pp. 98-117).

cación de la política de Cánovas, no conviene olvidar que para este gobernante el hecho de que poco después de aprobada la referida ley reformista de Abárzuza –que él había apoyado directamente desde la oposición– se produjera el levantamiento cubano, debió llevarle a la conclusión de que eran inútiles las fórmulas intermedias de carácter descentralizador y, por lo tanto, pudo confirmarle en su política inmovilista, dada su profunda oposición a la plena emancipación de la isla, o a las fórmulas de autogobierno que condujeran más o menos rápidamente a tal resultado.

En todo caso el inmovilismo de la política cubana de Cánovas no fue total en estos años. A lo menos en cuanto a la voluntad de promulgar reformas en el futuro. El primer anuncio público lo hizo en el discurso de la Corona de 11 de mayo de 1896 y, al fin, el 4 de febrero de 1897 firmaba el decreto por el que se remitía con carácter urgente al Consejo de Estado un proyecto de ampliación de reformas para Cuba y Puerto Rico. Su contenido, efectivamente, ampliaba las facultades de Ayuntamientos y Diputaciones que había previsto la reforma Abárzuza, y, en general, suponía una descentralización superior no sólo a dicha reforma sino, al parecer incluso, a la que había proyectado Maura en 1893[6]. Claro es que las circunstancias no eran entonces, después de dos años de sangrienta y vigorosa insurrección, las mismas que cuatro años antes. Además, este nuevo régimen descentralizador, cuya aplicación se aplazaba a cuando "llegue la oportunidad", no concedía propiamente la autonomía de la isla. Cánovas, como veremos muy pronto, había dado este paso tan sólo bajo la presión del Gobierno de los Estados Unidos y, en su concepción de la intangibilidad de la integridad territorial, se reservaba los resortes decisivos de poder en Cuba. Entre ellos la ley electoral allí aplicable, que no se abordaba en esta reforma de 1897.

Desde entonces, hasta la muerte de Cánovas el 8 de agosto de dicho año, no cambia la actitud del Gobierno español respecto a las medi-

---

[5] La votación del 13 de febrero en el Congreso, mostró que solamente algunos diputados antillanos del partido constitucional se habían abstenido. La prensa de Madrid se hizo eco de la gran acogida que había tenido en La Habana la aprobación de la Ley Abárzuza (Fernando Soldevila: *El año político (1895)*, Imprenta de Enrique Fernández Rojas, Madrid 1896, pp.55-56).

[6] El propio Maura así lo reconoció, según afirma Juan Ortega Rubio (*Historia de España T. VII*, Editorial Baily-Bailliere e hijos, Madrid 1909, p. 225).

das políticas aplicables al problema cubano. Puntualizo que me refiero a la actitud del gobierno entonces en el poder, no a la de todos los dirigentes políticos españoles y, más concretamente, a la de los principales de la oposición, o incluso de la disidencia del propio partido conservador, pues el 19 de junio de 1897 la prensa de Madrid dio a conocer el discurso-programa que el jefe del partido fusionista, Sagasta, había pronunciado ante los ex-ministros de su partido en el que manifestaba que era necesaria una nueva política respecto a Cuba, y apuntaba con claridad hacia la autonomía. Y un mes después, el 19 de julio, Moret pronunciaba en Zaragoza un discurso, que alcanzó notable repercusión en la época, en el que ya sin ambages proclamaba la necesidad, y la urgencia, de conceder un régimen auténticamente autonómico a Cuba, lo que constituyó desde entonces el eje del programa del partido fusionista[7]. Es decir, antes de que el revólver de Angiolillo pusiera a la Regente en la prácticamente inesquivable opción de dar el poder a Sagasta para afrontar el problema cubano, el partido político del viejo dirigente riojano lo estaba ya solicitando y precisamente para abordar tan acuciante problema con una nueva política.

Veamos ahora la situación de la diplomacia hispano-norteamericana. Una línea de relaciones que experimenta en este lapso una evolución aún más preocupante –para España– que la de las relaciones España-Cuba que se han examinado.

La aparición de una guerra insurreccional generalizada en la Gran Antilla no podía dejar indiferente a los Estados Unidos. En primer lugar por razones técnicas, digamos, por cuanto era inevitable que quedaran

---

[7] Así lo recogió la prensa madrileña de dichas fechas (Fernando Soldevila: *El año político (1897)*, Tipografía del Hospicio Provincial, Gerona 1898, pp. 225-229 y 258-260). Un año antes, en marzo de 1896, el destacado dirigente republicano español Nicolás Salmerón se había inclinado por la solución autonomista, pero no públicamente, sino en su correspondencia con Ramón Betances, representante en París de la República Cubana en armas, en uno de los raros contactos de esta época entre los dirigentes políticos españoles y los representantes de la insurrección cubana (carta de 30 de marzo de 1896 de Salmerón a Betances en *Correspondencia Diplomática de la Delegación Cubana en Nueva York durante la Guerra de Independencia de 1895 a 1898. Tomo tercero: Francia*. Publicaciones del Archivo Nacional de Cuba, La Habana 1945, pp. 23-24). Es en todo caso interesante recordar que en esta temprana sugerencia de resolución del problema cubano con la autonomía, Salmerón apuntaba lúcidamente que con ella podrían evitarse "ingerencias extrañas para una y otra parte depresivas".

afectados los cuantiosos intereses económicos, y la situación de los numerosos ciudadanos –sobre todo por los frecuentes casos de nacionalizaciones más o menos fraudulentas de dirigentes cubanos independentistas– que la gran República americana tenía en la isla. También era
previsible que se produjera algún incidente con barcos de bandera norteamericana, dada la gran sensibilidad de las autoridades españolas ante
las expediciones de ayuda que recibían los cubanos levantados en armas
desde los Estados Unidos. De hecho, desde muy pronto se presentaron
casos conflictivos de una y otra clase que perturbaron las relaciones entre Madrid y Washington. Pero esta línea de problemas era en el fondo
secundaria para el Gobierno español, o por decirlo más exactamente se
mantuvo en un discreto segundo plano dado el gran interés que el gobierno de Cánovas puso, desde el primer momento, en que ninguno de
los incidentes que se venían produciendo llegara a enconarse y pudiera
provocar una seria crisis bilateral con el poderoso gobierno de Washington[8]. Para el presidente del Gobierno español era fundamental el evitar-
lo y, con tal fin, mostraba una actitud tan flexible como las circunstancias lo requiriesen.

La línea principal de tensión, y de preocupación, para el gobierno
de Madrid era naturalmente la que se refería a cuestiones cuya resolución quedaba fuera de su alcance. Y entre ellas, muy en primer plano, la
creciente elevación de temperatura antiespañola en los Estados Unidos.

En los primeros tiempos de la insurrección, en la primavera de
1895, la opinión pública norteamericana se mostraba con una actitud
bastante moderada, y el gobierno de Washington, por su parte, también
mantenía una posición más bien despegada, de observador neutral;
concretamente el 12 de junio de dicho año el presidente Cleveland hace su primera proclama de neutralidad ante los "serios disturbios interiores acompañados de resistencia armada" a las autoridades españolas
de Cuba[9]. Pero a fines de 1895 la actitud de la opinión publica y de la

---

[8] Claro es que no por ser en general rápidamente solucionados estos incidentes
con los Estados Unidos, dejaban de incidir negativamente para España en la opinión
pública de dicho país. El temprano incidente, el 8 de marzo de 1895, del cañoneo del
barco norteamericano *Alliança*, dio lugar a la primera ola de agitación antiespañola en
los Estados Unidos, como recuerda Herminio Portell Vilá (*Historia de Cuba en sus relaciones con los Estados Unidos y España*. T. III (1878-1899), Jesús Montero, La Habana 1939,
p. 126).

clase política de los Estados Unidos cambia sustancialmente. La importante ofensiva mambí del otoño de este año para realizar la invasión de los departamentos occidentales, una victoriosa operación militar que habría de extender la insurrección a toda la isla, algo nunca conseguido en la Guerra de los Diez Años, produjo un serio impacto en la opinión de la gran República vecina. A primeros de diciembre de 1895, cuando todavía no se había llegado al extremo occidental de la isla, pero la imparable marcha de Máximo Gómez y de Maceo es ya bien conocida en todas partes, el presidente de los Estados Unidos envía su mensaje anual al Congreso. Es un mensaje en el que es cierto que no se habla aún de intervención, pero en el que Cleveland, además de hacer patente que la insurrección es más importante que la de 1868 a 1878, muestra su preocupación por la simpatía y el deseo de ayuda que despierta en el pueblo norteamericano[10]. Y es justo reconocer que el Presidente no se preocupaba sin motivo: desde el día siguiente, el 3 de diciembre de 1895, que era el primero del nuevo Congreso, el senador Call presentaba un proyecto de resolución para reconocer la beligerancia de los cubanos pronunciados en Baire.

En los primeros meses de 1896 aumenta notoriamente la presión del Congreso americano para que el presidente Cleveland interviniera más directa y decididamente en favor de los cubanos, como veremos al examinar las relaciones cubano-norteamericanas. Pero ahora lo que nos interesa destacar es que el gobierno de Washington, tratando de buscar una salida a esta cada vez más comprometedora situación, solicita la colaboración del de Madrid para poner en marcha un plan pacificador de la isla. Este es el origen de la llamada Nota de Olney, nombre del entonces Secretario de Estado norteamericano, de 4 de abril de 1896. Con ella se alcanza el momento históricamente más relevante de las relaciones España-Estados Unidos en la fase que ahora contemplamos. Y con ella se le plantea a Cánovas la más difícil y trascendente decisión política que ha de tomar en su último mandato presidencial.

No puedo ahora detenerme en el examen de esta importante iniciativa norteamericana que, curiosamente, ha pasado bastante desaper-

---

[9] *Papers relating to Foreign Relations of the Unites States with de annual message of the President transmitted to Congress. December 2, 1895 Part II.* Government Printing Office, Washington 1896, p. 1195.

[10] *Papers relating...* , citados en la nota anterior, *Part I,* pp. XXXII-XXXIII.

cibida en la historiografía, sobre todo en la española[11]. Pero sí voy a destacar los aspectos medulares de la misma, así como las principales razones, y consecuencias, de su rechace.

La Nota norteamericana que empieza por destacar la gran importancia de la guerra insurreccional de Cuba y que, por vez primera, alude a la posibilidad de que los Estados Unidos puedan intervenir para pacificar la isla, se centra en el ofrecimiento que hace el gobierno de Cleveland al de Cánovas de interponer sus buenos oficios para obtener una solución de autogobierno en dicha isla que, reservando a España la soberanía, pueda ser satisfactoria para ambas partes contendientes. Se trata de una iniciativa norteamericana que aunque, naturalmente, implicaba para el gobierno de Madrid no pocos riesgos e interrogantes no podía ser desestimada de modo automático. Todavía más, he llegado a la conclusión que dadas las circunstancias militares, económicas y de política internacional que entonces concurrían en el problema cubano –e insisto que a la luz de las circunstancia de la primavera de 1896, no de la que arrojan los posteriores acontecimientos conocidos por el historiador– ese ofrecimiento debió haber sido aceptado por el Gobierno español.

No lo entendió así, empero, el gobierno de Madrid que, el 22 de mayo siguiente, decidió contestar rehusando aceptar la mediación ofrecida, para lo que aducía una serie de motivaciones. Por una parte, a la sugerencia norteamericana de autogobierno para Cuba, se responde manifestando que en el Discurso de la Corona del 11 de mayo ya se habían anunciado reformas administrativas. Y en la cuestión específica de la mediación se esgrimía que el hecho de que España alternase con "sus súbditos rebeldes" de potencia a potencia, afectaba seriamente a su autoridad y dignidad[12]. Sin embargo hay motivos, ya expuestos en mi cita-

---

[11] El análisis crítico del alcance de esta Nota, así como el de los argumentos que se esgrimieron poco después para tratar de justificar su rechazo, lo he efectuado en *Dos cruciales iniciativas de los Estados Unidos en torno a Cuba: noviembre de 1875 y abril de 1896.* (En "Cuadernos Monográficos" del Instituto de Historia y Cultura Naval, nº 30, Madrid 1997, pp. 68-86).

[12] Despacho de 22 de mayo de 1896 del duque de Tetuán a Dupuy de Lôme (*Documentos presentados a las Cortes en la legislatura de 1898 por el Ministro de Estado. T. I Negociaciones con los Estados Unidos: desde 10 de abril de 1896 hasta la declaración de guerra.* Madrid 1998, pp 8-13). Además, para tratar de justificar el rechazo de la mediación, indicaba el Gobierno español en su respuesta que estaba condenada al fracaso, puesto que

do trabajo, para pensar que la negativa del presidente del Gobierno español se fundamentaba, en último término, no en este aspecto formal sino en su profundo temor –no infundado por otra parte– de que un efectivo autogobierno, una auténtica autonomía, y no otra cosa podía ser aceptada por Washington ni por los insurrectos, habría de llevar a Cuba en breve, o muy breve plazo, a la plena independencia. Y este resultado final era algo que de ninguna manera estaba Cánovas dispuesto a aceptar, como lo puso claramente de manifiesto en sus distintas intervenciones en las Cortes un par de meses más tarde.

Después de rechazada la oferta mediadora norteamericana de la primavera de 1896, verdadero momento crucial –como ya se ha dicho– para la política cubana de Cánovas en el lapso que nos ocupa, aun permanecerá el famoso político malagueño al frente del Gobierno español durante más de un año. Pero las relaciones con los Estados Unidos en dicho tiempo no ofrecerán ninguna ocasión comparable a la de la Nota

---

los propios insurrectos habían manifestado entonces que no admitían ninguna intervención de los Estados Unidos en los asuntos cubanos. Desde luego la presentación de este argumento era impertinente –pues correspondía al gobierno de Washington y no al de Madrid evaluar la actitud de los dirigentes de la insurrección en esta mediación– y no exonera a los gobernantes españoles de la época de su responsabilidad en el rechazo de la oferta norteamericana. Pero, en todo caso, tiene interés recordarlo en la medida en la que viene a plantear la cuestión de hasta qué punto fue razonable el claro rechazo que manifestó por entonces la Junta cubana de Nueva York (en la *República Cubana* de 14 de mayo de 1896) a toda posible solución de carácter autonómico que, como no ignoraban, patrocinaba entonces el gabinete de Cleveland. Pues la Junta pudo haber previsto, como lo hizo Cánovas, que el establecimiento de una auténtica autonomía llevaría en breve plazo a una plena independencia, en cuyo proceso –y esta puntualización era muy importante desde la óptica cubana– los Estados Unidos jugarían el papel de simples mediadores, quedando conjurado el riesgo de la anexión que tanto había preocupado a Martí. Es interesante recordar que Betances–director de la Agencia General en Francia de la República Cubana en armas– consideraba entonces, en la primavera de 1896, que la solución autonomista era digna de tenerse en cuenta (*Correspondencia Diplomática...*, citada en la nota 7, p. 24). De todos modos, si en las circunstancias militares y emocionales de la primavera de 1896 se puede entender que la Junta de Nueva York rechazase cualquier intervención de los Estados Unidos que no llevase a la inmediata independencia, resulta mucho menos comprensible que, con la perspectiva de varios decenios, se considere que esta oferta de mediación "desde cualquier punto de vista era una vergüenza para los Estados Unidos como para la nación americana", como afirma el distinguido historiador cubano Portell (*op. cit.* p. 199).

de Olney para pacificar la isla. Al contrario, irán deteriorándose progresivamente.

Todavía mientras continúa Cleveland en la presidencia de los Estados Unidos, la actitud del Gobierno norteamericano hacia España se mantiene dentro de unos límites de corrección y de cierto despego neutral, al menos desde un punto de vista formal.

El 27 de julio de 1896 el Presidente norteamericano realiza una segunda proclama de neutralidad recordando y precisando los deberes en tal sentido que ya había enunciado el año anterior después de iniciarse la insurrección de Baire. De todos modos la desconfianza en la capacidad de España para poder resolver el problema cubano va apoderándose de la administración demócrata, como se hace muy patente en el último mensaje al Congreso de Cleveland, el de 7 de diciembre de 1896; pues el Presidente deja entonces perfectamente claro que la actitud expectante de los Estados Unidos no se habría de prolongar indefinidamente, y que si la impotencia de las autoridades españolas para controlar la situación cubana se confirmara, los Estados Unidos, tanto en defensa de sus propios intereses como por deberes de humanidad, podían verse obligados a intervenir. Incluso al precio, se puntualiza indirectamente pero con claridad, de que se produjera una guerra con España; una confrontación −se anticipa ya− que "no podría ser ni de grandes proporciones, ni de dudoso resultado"[13]. El mensaje tenía, ciertamente, una gran importancia para el gobierno de Madrid. Y así mismo para los dirigentes cubanos alzados en armas, pues el presidente Cleveland manifestó también en tal ocasión, que la sugerencia que algunos hacían de que los Estados Unidos comprasen la isla sería "digna de consideración" si hubiese indicios de que España la aceptaría[14].

---

[13] *Papers relating to the Relations of the United States with the annual message of the President to Congress. December 7, 1896.* Governmente Printing Office, Washington 1897. pp. XXIX-XXXVI.

[14] Es curioso que mientras los historiadores españoles −como es el caso del respetado y difundido Melchor Fernández Almagro (*Historia política de la España contemporánea. vol 2: 1885-1887,* Alianza Editorial, Madrid 1968, p. 394)− no suelen percibir la gran importancia que para el Gobierno español tenía este mensaje, los historiadores cubanos sí destacan habitualmente la amenaza que para la independencia de Cuba se implicaba con la solución de la compra por parte de los Estados Unidos, como lo hace Ramiro Guerra (*En el camino de la independencia,* Editorial de Ciencias Sociales, La Habana 1974, pp. 146-147).

Claro es que cuando las relaciones España-Estados Unidos empiezan a tensionarse fuertemente, es a partir de la toma de posesión del presidente McKinley en marzo de 1897. La Nota diplomática del gobierno norteamericano al español de 26 de junio sobre los asuntos cubanos, es ya de una dureza sin precedentes en la forma y en el fondo. En ella, en efecto, no solamente se protesta por los perjuicios que los ciudadanos americanos sufren por el modo "incivilizado e inhumano" con el que España lleva la guerra, en especial a través de la política reconcentracionaria del general Weyler, sino que en su enérgica protesta el Presidente norteamericano se arroga la representatividad de toda la humanidad[15]. Está perfectamente claro que con esta Nota no se trata de formular ninguna reclamación diplomática por daños sufridos por ciudadanos del país reclamante, sino de una toma de posición política en la que, al identificar inequívocamente a las víctimas y a los victimarios de la contienda cubana, William McKinley, el nuevo presidente americano, se manifiesta sin ambages en qué lado se ha situado.

El Gobierno español responderá con una larga nota en la que, entre otras argumentaciones, recordará no sin razón que una nación como los Estados Unidos que unos decenios antes habían protagonizado la sangrienta guerra civil de Secesión, no eran la más autorizada para dar lecciones de humanidad en esta clase de contiendas[16]. Pero ello no es sino un inútil canto del cisne de la política de defensa del decoro nacional que, con todos sus errores, había animado siempre al entonces presidente del Gobierno español. La Nota española de contestación es de 4 de agosto de 1897: tan solo cuatro días después, el 8, Cánovas era asesinado en Santa Agueda. En realidad, con anterioridad a dicha nota y a la desaparición de Cánovas, el Gobierno norteamericano había resuelto poner en marcha el reloj que imparablemente habría de marcar la hora de su intervención directa en el pleito cubano. Las instrucciones de 16 de julio de McKinley a Woodford, el nuevo representante norteamericano en España, no señalaban aún ningún plazo, pero muestran

---

[15] *Papers relating to the Foreign Relations of the United States, with the annual message of the Presidente transmitted to Congress. December 6, 1897.* Government Printing Office, Washington 1898, pp. 507-508.

[16] *Documentos presentados...* , citados en la nota 12, pp. 34-41.

claramente que si no se producía una pronta pacificación de la isla, los Estados Unidos se considerarían obligados a intervenir[17].

Pasemos a examinar, finalmente, el tercer lado de este complicado triángulo, el de las relaciones entre los Estados Unidos y Cuba,

Estas relaciones eran más complejas que las existentes entre los Estados Unidos y España metropolitana, pues además de las que procedían del cauce oficial a través de los informes –que más adelante tendrán gran importancia– de los cónsules norteamericanos en Cuba, y en especial en la Habana, estaban las que se derivaban de la vía oficiosa que suponía la delegación de los insurrectos cubanos en los Estados Unidos. Puesto que desde que, en septiembre de 1895, se constituye el Consejo de Gobierno de Jimaguayú, y se nombra como delegado plenipotenciario en el extranjero a Tomás Estrada Palma, la República Cubana en armas disponía de una delegación, o representación política en Nueva York, conocida habitualmente como la Junta, que bajo la presidencia del ya citado líder cubano, y veterano dirigente de la Guerra de los Diez Años, incorporaba en puestos clave a Gonzalo de Quesada, numero dos de la delegación que estaba al frente de los intereses de la Junta en Washington, y al abogado norteamericano Horatio Rubens como asesor legal de la misma[18]. Esta Junta cubana de Nueva York –de la que dependían numerosas agencias en otros países– desarrolló una gran actividad no solamente en la recolección de fondos y en la organización de expediciones en favor de la causa cubana sino, sobre todo, en la formación de una opinión en los Estados Unidos favorable a dicha causa, tanto en los medios de prensa como, lo que era aún más importante, en la clase política norteamericana; principalmente entre senadores y miembros de la Cámara de Representantes, a muchos de los cuales los dirigentes de la Junta tenían, por diversos medios, fácil y eficaz acceso.

Naturalmente las actividades de la Junta se beneficiaban grandemente de la gran labor coordinadora y organizadora que en favor de la

---

[17] Julián Companys Monclús (*España en 1898: entre la diplomacia y la guerra*, Biblioteca Diplomática Española, Madrid 1991, pp. 29-31) hace un interesante análisis de estas instrucciones de las que reproduce amplios fragmentos.

[18] Hemos señalado la nacionalidad norteamericana de Rubens dado que era el único de los tres que la tenía, digamos, de cuerpo entero. Pero tanto Estrada Palma como Quesada gozaban entonces de dicha nacionalidad, lo que obviamente les facilitaba grandemente sus movimientos y contactos en los Estados Unidos.

causa independentista había realizado José Martí en las importantes colonias de cubanos, o de empresarios americanos de origen cubano, que se hallaban instaladas en los Estados Unidos. En todo caso la Junta no contaba sólo con este importante pero en definitiva localizado factor favorable para desarrollar su labor, pues el norteamericano medio veía la guerra de los cubanos por emanciparse de la metrópoli –una monarquía europea a sus ojos– con la simpatía de los ciudadanos de una joven República americana, igualmente colonia rebelde en su día, que también había conquistado su independencia mediante una confrontación armada con su antigua metrópoli. Todo ello con independencia de que en importantes sectores de las clases dirigentes norteamericanas no se deseaba la victoria española en Cuba, por más o menos implícitos sentimientos de expansionismo económico y aun político. Es decir, había todo un conjunto de razones, de las que en España no se tenía muy clara conciencia, por las que la opinión norteamericana se colocaba mayoritaria y decididamente en favor de la causa de los insurrectos cubanos[19].

Sin olvidar que junto a este marco general de opinión favorable a los cubanos levantados en armas, se añadió con considerable peso específico, en cuanto a la consistencia y credibilidad de su causa, el impacto que causó en los Estados Unidos la victoriosa campaña de Máximo Gómez y de Maceo en el otoño de 1895. Fue cabalmente en la estela de este impacto cuando, en los primeros meses de 1896, se produjeron numerosas iniciativas en el Congreso de los Estados Unidos tendentes a favorecer la consideración legal de los cubanos insurrectos desde el punto de vista internacional. Entre ellas tuvo especial relieve y consecuencias la de los senadores Cameron y Morgan. Detengámonos un momento en ella.

La propuesta de los referidos senadores alcanzó en efecto gran importancia política, ya que al tener el carácter de una resolución concurrente del Senado y la Cámara de Representantes fue sometida a la votación de todos los congresistas, siendo aprobada formalmente el 6 de abril de 1896 con una votación abrumadora que suponía el 90% de los votantes de ambas cámaras. La resolución, además, tenía un contenido

---

[19] Sobre la falta de sensibilidad que había en España para percibir éstos, y otros aspectos del problema cubano en los Estados Unidos, llama la atención el representante español en Washington, Dupuy de Lôme, en la interesante y desconocida memoria que envió en los primeros días de noviembre de 1897 al general Blanco, ya Gobernador general en Cuba (MAE AH Pol. 2416).

muy concreto: por una parte proponía el reconocimiento de los derechos de beligerancia a los cubanos levantados en armas y, por otro lado, solicitaba que el Presidente norteamericano mediase ante el Gobierno español para conceder la independencia a Cuba. El presidente Cleveland, que no estaba obligado a acatar lo propuesto en esta resolución, de hecho sólo atemperó parcialmente su actitud a la misma. Denegó el reconocimiento de beligerancia, una decisión explicable que, naturalmente, no dejó de resultar frustrante para los dirigentes cubanos[20]. Sin embargo no dejó de tomar en consideración el ofrecimiento de buenos oficios al Gobierno español que implicaba dicha resolución, aunque cuando lo hizo –a través de la Nota de Olney– no lo formuló para que se concediera directamente la independencia, sino para que ésta llegara a través de la autonomía. En todo caso nos importa destacar ahora que los vivos debates de estos meses en el Congreso, así como su reflejo en la prensa, mostraron inequívocamente que la clase política norteamericana y la opinión pública estaban ya muy mayoritariamente a favor de la causa de los independentistas cubanos.

Desde el verano de 1896 al de 1897 la favorable actitud de los Estados Unidos respecto a los cubanos levantados en armas no hizo sino aumentar notoriamente. En la prensa de mayor circulación, sobre todo en la llamada "prensa amarilla", se produjo una campaña contra la política de reconcentración de Weyler en Cuba que no tenía precedentes por su ferocidad e intensidad en la gran República americana, y que despertaba, como contragolpe, la compasión hacia el pueblo cubano aumentando la simpatía hacia los que se presentaban como libertadores del mismo. Quedaban ya en el olvido las quejas que los norteamericanos ha-

---

[20] Era explicable la frustración de los cubanos insurrectos al no recibir el status de beligerante que facilitaría notablemente la organización de expediciones y les daba una cierta personalidad internacional, pero no era menos explicable la decisión del Presidente rehusando tal reconocimiento a la luz de las consideraciones –que apenas habían variado– que llevaron a su predecesor Grant en la Guerra de los Diez Años a tomar la misma decisión, como ya he expuesto en mi obra sobre la cuestión de Cuba en tiempos de Alfonso XII (*op. cit,* pp. 73-81). Sorprende por ello la insistencia de un ilustre historiador cubano en una obra muy reciente –y por ello disponiendo de gran perspectiva histórica– en manifestar que tanto Grant, como Cleveland, debían haber reconocido la beligerancia de los cubanos, basándose en la actitud del Gobierno español con los sudistas en la Guerra de Secesión (Moreno Fraginals *op. cit.* pp. 248 y 275).

bían formulado por la política de tierra quemada desarrollada por los insurrectos en los primeros tiempos[21].

Desde luego donde la simpatía, la aproximación hacia la causa de los cubanos levantados en armas tenía mayor importancia, era en la clase política de Washington. Desde fines de 1896 vuelven a presentarse diversas resoluciones en el Congreso norteamericano que tienden a resucitar la cuestión del reconocimiento de los derechos de beligerancia, o incluso de la independencia; si bien alguna de ellas –como la del senador Mills del 9 de noviembre– proponía significativamente que los Estados Unidos debían ocupar Cuba y permanecer allí hasta que el país estuviera en condiciones de gobernarse democráticamente[22]. Y en el primer semestre de 1897, el último del gobierno de Cánovas en España, la temperatura política del Congreso norteamericano respecto a los asuntos cubanos sigue aumentando imparablemente. En abril de dicho año el senador Morgan hace una propuesta, ahora ya de resolución conjunta, para el reconocimiento de beligerancia a los cubanos que se aprueba muy ampliamente en el Senado al mes siguiente, pero que el Presidente norteamericano logra detener en la Cámara de Representantes.

Claro es que, dentro de la clase política, donde la evolución de la situación tuvo mayor trascendencia para las relaciones con Cuba fue, obviamente, en la presidencia de los Estados Unidos. Concretamente, poco después de la llegada al poder de McKinley, en marzo de 1897, el nuevo Presidente envió a Cuba a una antiguo congresista, y amigo personal suyo, William J. Calhoum quien, a primeros de junio de 1897, le presentó un severo informe sobre la situación en la isla, en especial sobre la política reconcentracionaria de Weyler, que dio lugar a la dura Nota –a la que ya nos hemos referido– que unas semanas después envió

---

[21] Portell (*op. cit*, pp. 113-117) hace una interesante exposición sobre las críticas que en los propietarios norteamericanos de Cuba, y en la propia opinión de los Estados Unidos, produjeron las severas circulares de Máximo Gómez de 1895 sobre la destrucción e incendio de ingenios, cañas y dependencias. Significativamente este historiador cubano comenta que los Estados Unidos, al protestar contra tales medidas, mostraban que "ya habían olvidado los horrores de la marcha de Sherman con sus federales" en la Guerra de Secesión, que es, cabalmente, uno de los argumentos que, por su parte, empleó Cánovas al responder a la dura Nota americana de 26 de junio de 1897.

[22] French Ensor Chadwick: *The Relations of the United States and Spain. Diplomacy.* Charles Scibner's Sons, New York 1909, p. 486.

el gobierno de Washington al de Madrid[23]. De todos modos en enero de aquel año, antes de tomar posesión, McKinley había hecho saber a la Junta de Nueva York su simpatía por la causa cubana, manifestando ya entonces su convicción de que la autonomía fracasaría. No sería la única vez que los cubanos recibirían tan gratas impresiones del mandatario republicano recientemente elegido. Unos meses después, estando ya en la Casa Blanca, los dirigentes de la Junta de Nueva York supieron a través del propio presidente del Comité de Relaciones Exteriores de la Cámara de Representantes, Hitt, que el nuevo Presidente, a diferencia de su predecesor Cleveland, deseaba fortalecer claramente la posición de los insurrectos cubanos ante España[24].

EL SEMESTRE DECISIVO: DESDE SAGASTA AL MENSAJE DE MCKINLEY DE ABRIL DE 1898

En esta segunda fase de nuestro examen de las relaciones triangulares en torno al problema cubano, las que marcan el compás, las que ahora constituyen la base fundamental, no son ya las de España-Cuba, sino las de España-Estados Unidos. O, más exactamente, las de Estados Unidos-España, pues es la poderosa República americana la que lleva siempre la iniciativa. Por ellas empezamos.

Desde la primera entrevista que el nuevo representante de los Estados Unidos en España, Woodford, tuvo el 18 de septiembre de 1897 con el ministro de Estado español, quedó perfectamente claro que el gobierno de Washington consideraba que no procedía esperar más, que había llegado el momento de fijar plazo a su intervención. La nota que el 23 de septiembre envía Woodford al duque de Tetuán –estamos en los últimos días del ministerio puente del general Azcárraga– lo muestra de

---

[23] Según los breves fragmentos del informe –que sería conveniente conocer en su integridad– que reproduce Offner, y de los comentarios de este autor (John L. Offner: *An unwanted war. The diplomacy of the United States and Spain over Cuba, 1895-1898*. The University of North Carolina Press, Chapel Hill and London 1992, pp. 46-48).

[24] Cartas de Quesada a Estrada Palma de 14 de enero y 19 de julio de 1897 en la *Correspondencia Diplomática de la Delegación Cubana en Nueva York durante la Guerra de la Independencia de 1895 a 1898. Tomo quinto: Washington. Estados Unidos de América*. Publicaciones del Archivo Nacional de Cuba, La Habana 1946, pp. 88-89 y 118-119.

modo inequívoco, pues se manifiesta en ella con toda claridad que si después de los buenos oficios que ofrece el Presidente americano –ahora ya no se habla de la conservación, ni siquiera simbólica de la soberanía española sobre la isla– no se obtiene efectivamente la pacificación de Cuba, el Presidente habría de tomar "una pronta decisión". Todavía más, se determina que la situación ha de cambiar sustancialmente, con garantías de rápida pacificación, durante el siguiente mes de octubre. Era, en verdad, un inequívoco pre-ultimátum[25].

Este es el segundo gran punto de inflexión en las relaciones hispano-norteamericanas del cuatrienio. Aún no está claro si el gobierno de los Estados Unidos desea en el fondo la independencia o la anexión de la isla, pero ya es meridianamente transparente que España ha de salir de Cuba. Y rápidamente. La estrategia que desarrolla McKinley para obtener este objetivo es esencialmente la misma que su predecesor y correligionario Grant había decidido veintidós años antes, en 1875; una estrategia iniciada también en el otoño, y pensando igualmente en dar, o preparar, el paso decisivo de la misma, en el correspondiente mensaje anual del mes de diciembre[26].

Es justo reconocer que, en ambos casos, esta estrategia era verdaderamente eficaz para el objetivo que se perseguía.

En efecto, en uno y otro caso no se trataba de solicitar de España ninguna satisfacción diplomática que estuviera en su mano dar para evitar la pérdida de la isla, sino que lo que se pedía era una rápida pacificación de la isla, que era sólo posible mediante una completa victoria sobre los insurrectos, si había de conservarse la soberanía española; em-

---

[25] El párrafo clave del final de la nota dice: "Sinceramente se desea que durante el futuro mes de Octubre el Gobierno de España pueda, o bien formalizar alguna proposición, bajo la cual sea posible hacer efectivos estos ofrecimientos de buenos oficios, o dar satisfactorias seguridades de que por el esfuerzo de España la pacificación estará muy pronto asegurada" (En *Documentos presentados...*, citados en la nota 12, p. 48). En fecha tan temprana como octubre de 1898, al conocer Alzola el texto de esta Nota del año anterior comentaba que "era preciso que nuestros gobernantes vivieran fuera de la realidad para no penetrarse del ineludible dilema de *la paz inmediata o la guerra con la poderosa República* " (Pablo de Alzola y Minondo: *El problema cubano*. Imp. de Andrés P. Cardenal, Bilbao 1898, p. 103, las palabras en cursiva en el original).

[26] La iniciativa de 1875 del gobierno de Grant para expulsar a España de la Gran Antilla ya la hemos examinado con detalle en nuestra obra sobre Cuba en el reinado de Alfonso XII (*op. cit.* pp. 175-196).

presa que tanto Grant, en noviembre de 1875, como McKinley en septiembre de 1897, sabían muy bien que España no estaba en condiciones de realizar en el perentorio plazo, implícito o explícito, que se determinaba por uno y otro presidente, lo que llevaba ineludiblemente a la intervención armada norteamericana. Si bien, ha de puntualizarse, la estrategia de McKinley era más sólida que la de Grant, por cuanto no cometió el error –independientemente de los cambios que había experimentado el escenario internacional– de solicitar la ayuda a las grandes potencias europeas[27]. Además, McKinley tuvo la fortuna, digamos, de que se produjera un grave incidente, la destrucción del *Maine*, que era un elemento importante de la estrategia de de ambos presidentes, como muy pronto puntualizaremos.

Ha de reconocerse por lo tanto que cuando llega Sagasta a la presidencia del gobierno el 4 de octubre de 1897, se encuentra con una dificilísima situación ante los Estados Unidos. Y también, a la luz de sus primeras decisiones, que el nuevo Gobierno liberal empieza a actuar con diligencia, decisión y espíritu de conciliación. En efecto, la Nota de respuesta que da a los Estados Unidos el 23 de octubre muestra un profundo cambio en la política cubana, tanto en la dimensión militar, en la manera de conducir la guerra, como en la acción propiamente política, para la que anuncia una pronta y amplia autonomía[28]. Además dio muy pronto pruebas de que no se trataba de simples promesas retóricas. El 9 de octubre, dos semanas antes de enviar la Nota y tan sólo cinco días después de formar gobierno, Sagasta había destituido a Weyler y nombrado a Blanco, un general de muy distinto talante, al frente del Gobierno general y del ejército español en Cuba. Y el 25 de noviembre, un mes después de la Nota, el Gobierno español promulgaba el fundamental decreto de concesión de la autonomía. Después me referiré a su alcance.

Esta actitud, y sobre todo estas medidas, no dejaron de producir al-

---

[27] Por otra parte McKinley sabía muy bien que la actitud de Inglaterra, obviamente la nación que más peso podía tener en caso de enfrenamiento entre España y los Estados Unidos, era en 1897, a diferencia de 1875, totalmente amistosa y dispuesta a aceptar cualquier línea de acción que tomara el gobierno de Washington respecto a Cuba; cuestión que he examinado en la conferencia de la Escuela Diplomática *El impacto de la crisis colonial española de 1898 en las relaciones con la Gran Bretaña*, de próxima publicación.

[28] En *Documentos presentados...*, citados en la nota 12, pp. 51-61.

guna sorpresa en el Gobierno norteamericano que, de este modo,veía
alterados los supuestos en los que pensaba desarrollar su estrategia para
obligar a España a abandonar Cuba. Claro que, en realidad, la estrategia
no sufría sino un aplazamiento como lo mostraba muy claramente el
mensaje al Congreso del presidente McKinley de 6 de diciembre de
1897. Mensaje en el que se reconocía que el nuevo Gobierno español, el
de Sagasta, había iniciado una nueva política en Cuba que sustantiva-
mente difería de las anteriores y suponía dirigir su acción por los "buenos caminos" de la humanización de la guerra y de la autonomía, pero
se dejaba también perfectamente claro que ello no implicaba excluir
que los Estados Unidos hubieran de intervenir en Cuba; tan sólo se trataba de aplazar dicha decisión dando a España, ante la opinión internacional, la oportunidad de pacificar en breve plazo la isla con dicha política. En breve plazo, digo, pues si "el porvenir próximo" –decía el mensaje– mostraba que no se llegaba a una paz que fuera no solamente justa
para España y para los cubanos, sino también equitativa para "todos
nuestros intereses", es decir los de los Estados Unidos, habría intervención. Una intervención decidida y por la fuerza, como no ocultaba el
presidente americano en los últimos párrafos de su mensaje dedicados a
la cuestión de Cuba[29].

Desconocemos el plazo que se había fijado entonces el presidente
McKinley para intervenir en Cuba. Pero lo que sí sabemos es que la pacificación de la isla entre españoles y cubanos, dejando al margen a los
Estados Unidos, no estaba, de ninguna manera, entre sus preferencias,
por lo que no tenía el menor interés en la consolidación del proceso autonómico como primer paso para la emancipación pactada entre la metrópoli y la colonia. En todo caso la destrucción del acorazado *Maine* el
15 de febrero de 1898 en el puerto de La Habana, dio la ocasión al Presidente americano para decidir una rápida intervención que daba a su

---

[29] *Papers relating* ..., citados en la nota 15, pp. XI-XXI. Es interesante recordar que
en uno de los primeros párrafos dedicados al problema cubano en este mensaje, se
puntualizaba que el Gobierno norteamericano no había cambiado su política en relación con Cuba, respecto a diversas declaraciones terminantes hechas por gabinetes
norteamericanos anteriores entre 1823 y 1860. Y aunque sólo cita, y por lo tanto apru-
ba explícitamente, las "soluciones" de la independencia de la isla, o la compra por los
Estados Unidos, queda implícitamente autorizado –o a lo menos no desautorizado– el
recurso a la fuerza que se implicaba en el manifiesto de Ostende de 1854, Los hechos,
por otra parte, vinieron a demostrarlo cumplidamente.

país el protagonismo, y los dividendos políticos y territoriales, que deseaba. Hay una gran convergencia en las historiografías de uno y otro lado del Atlántico en considerar el hundimiento del *Maine* como un factor de importancia primordial en el desencadenamiento de la guerra entre España y los Estados Unidos. Pero el tratamiento que, a mi conocimiento, se ha dado a esta cuestión tan relevante, no resulta satisfactorio en líneas generales, principalmente por ser casi siempre contemplado con una visión excesivamente partidista y, por otro lado, por no encuadrarse prácticamente nunca en el entramado de la gran estrategia política que venían desarrollando los Estados Unidos desde hacía decenios. Desde luego no puedo examinar de cerca este interesante tema que exigiría dedicarle todo un trabajo monográfico, que mucho desearía se realizara con ocasión del presente centenario[30]. Tan sólo haré tres breves consideraciones en el sentido antes indicado.

---

[30] Me refiero principalmente a los historiadores españoles que tan escasa atención investigadora han mostrado en este tema. Cuando Melchor Fernández Almagro trató de esta cuestión, a más de medio siglo de distancia, en su bien conocida *Historia política de la España Contemporánea. vol. 3: 1897-1902* (Alianza Editorial, Madrid 1968, pp. 52-55; la 1ª ed. de 1956), la única cita bibliográfica que hacía era un libro norteamericano, el del propio comandante del *Maine*, Charles D. Sigsbee (*The "Maine". An account of her destruction in Havana Harbour*, The Century Company, New York 1899). Cuando escribe Fernández Almagro había también otro libro norteamericano sobre el *Maine*, de Charles H. Butler, publicado en 1902, y uno del cubano Tiburcio P. Castañeda de 1925. Y posteriormente a la obra del referido autor español, en 1976, la importante investigación del almirante Rickover de las causas del hundimiento del *Maine* –en la que destacaba la falta de estudios por parte española– a la que nos referiremos en seguida. En cambio no conocemos de autor español otra obra monográfica que la recientísima de Agustín Remesal (*El enigma del Maine 1898. El suceso que provocó la guerra e Cuba ¿Accidente o sabotaje?* Plaza y Janés Barcelona 1998), que contiene interesantes informaciones, pero que está escrita con la óptica y la pluma del periodista más que las del historiador. Por otra parte el enfoque que los autores españoles suelen dar a esta cuestión es esencialmente el de si España tuvo, o no, la culpa del hundimiento, para concluir casi siempre que fue una explosión interna, como indicaba el informe español de la época y recientemente el estudio de Rickover. Pero estos historiadores no se plantean la cuestión de quien tuvo la responsabilidad, por acción u omisión, y por lo tanto qué Gobierno debía dar explicaciones y ofrecer una indemnización; pues aunque, obviamente, los daños inmediatos más graves fueron para la marina norteamericana, también los intereses españoles en La Habana fueron afectados moral y materialmente por la explosión y hundimiento del *Maine*.

En primer lugar la explosión y destrucción del *Maine* era el género de acontecimiento con el que contaba el presidente McKinley, al igual que veintidós años antes su predecesor Grant, para "justificar" la intervención norteamericana. Ambos, en efecto, en la exposición de sus respectivas actitudes ante el problema cubano –McKinley en su nota de 23 de septiembre de 1897 y Grant en su instrucción 266 de 5 de noviembre de 1875– aludían explícitamente a la posibilidad de "algún incidente repentino", para el primero, u "otros agravios" para el segundo, que originasen muy serias consecuencias que el Gobierno norteamericano no podría evitar[31]. Claro es que sólo en la presidencia de McKinley se presentó este previsible suceso de tan graves consecuencias para las relaciones hispano-norteamericanas, y de tanta utilidad para la estrategia del gobierno de Washington.

Una vez producido el "incidente repentino" el 15 de febrero –y esta es nuestra segunda consideración– el Presidente norteamericano no desaprovecha la oportunidad de oro que se le presenta para elevar la temperatura política en su país hasta un grado en el que la intervención armada se hacía casi obligada. Lo hace desde el primer momento, excluyendo toda colaboración con los expertos españoles para determinar las causas de la explosión, hasta el último día de la crisis prebélica dando, en su mensaje al Congreso de 11 de abril, un papel especialmente relevante y justificador de la intervención al agravio del hundimiento del *Maine*, pues ni que decirse tiene que para entonces el informe de la comisión americana de investigación había concluido que la responsabilidad era de España al tratarse de una explosión causada desde el exterior. En verdad desde el hundimiento del *Maine*, hasta las últimas discusiones del Congreso del mes de abril, el presidente McKinley cuida constantemente que este "incidente repentino" no pierda su preciosa virtualidad de permitir una pronta intervención armada en Cuba[32]. Des-

---

[31] En *Documentos presentados...*, citados en la nota 12, p. 45. Y en mi obra sobre Cuba en tiempos de Alfonso XII (*op. cit.* p. 365).

[32] Entre las decisiones de McKinley que muestran inequívocamente su decidida voluntad de utilizar plenamente el incidente del *Maine* para forzar la salida de España de Cuba, señalaré ahora dos: 1) Al desatender los ruegos del Gobierno español de tratar de buscar una solución al incidente entre las administraciones de ambas partes –sin hacer intervenir a los respectivos parlamentos siempre más fácilmente inflamables y difícilmente controlables– y al decidir enviar únicamente el informe americano al

pués del *Maine* y de su implacable explotación por el Gobierno americano, la guerra con España era prácticamente inevitable.

La tercera y última consideración se refiere al tratamiento que el *Maine* recibe en la historiografía norteamericana Un tratamiento habitualmente muy lejos de la imparcialidad, debido probablemente a que al ser el referido incidente una de las fundamentales claves de arco no sólo de la movilización política de la opinión americana en favor de la guerra, sino sobre todo de la razón moral que invoca el Presidente para emprenderla, los historiadores de dicho país no tienen casi nunca el valor de contemplar la cuestión con objetividad[33]. Y no me refiero únicamente a la historiografía norteamericana anterior al importante estudio del almirante Rickover que en 1976 llega a la conclusión, con una ejemplar actitud de independencia intelectual, de que del examen atento de toda la información disponible "se puede afirmar, con probabilidad absoluta de acertar, que el *Maine* fue hundido por accidente ocurrido dentro del buque[34]. Me refiero también a que los más destacados historiadores de di-

---

Congreso el 28 de marzo, sin ni siquiera haber puesto previamente su contenido en conocimiento del Gobierno español, pues sólo ese mismo día 28 comunicó Woodford en Madrid un "extracto" telegráfico del informe (*Documentos presentados...*, citados en la nota 12, pp. 153-155). 2) Al mismo tiempo que el Presidente envía su mensaje el 11 de abril al Congreso, pone en conocimiento del mismo la correspondencia consular desde Cuba. Una correspondencia en la que –como sabía muy bien McKinley– el Cónsul en la Habana, Lee, cooperaba descaradamente para convertirlo en un *casus belli*, como lo ha puesto de manifiesto a partir de documentos de primera mano Portell (*op. cit.* pp. 379-381), esto es un historiador cubano y no español, como podría haberse esperado.

[33] Son en verdad múltiples las enojosas consecuencias para los norteamericanos de reconocer formalmente la verdad histórica en el origen de la explosión y hundimiento del *Maine*. Por ejemplo, en un plano menos relevante históricamente, pero así mismo no poco mortificante para ellos, tendrían que reconocer que se ha mantenido durante una centuria, y aún se sigue manteniendo, en un lugar de honor de la Academia Naval de Annapolis (Maryland), el palo de trinquete del *Maine*, esto es del acorazado que se hundió, causando centenares de marinos muertos, por la incompetencia del comandante del mismo.

[34] H.G. Rickover: *Cómo fue hundido el acorazado "Maine"*, Editora Naval, Madrid 1985, p. 142 (la edición original en inglés fue publicada en Washington en 1976). Esta conclusión resulta reforzada por el contundente informe de los expertos norteamericanos Hansen y Price que incluye el almirante como apéndice de su obra (pp. 149-177). Por otra parte Rickover recuerda en el prólogo (p. 9), algunas significativas anomalías de procedimiento –señaladas en 1974 por Taylor– que había cometidor la Comisión de Investigación norteamericana, como la en cierto modo "agregación" a la

cha nacionalidad que han publicado sus obras con posterioridad a la de Rickover, como es el caso de Bailey, Trask y Offner, minimizan de una u otra forma las conclusiones obtenidas por el referido almirante[35].

Es evidente que el origen de la explosión del *Maine* en el puerto de La Habana en febrero de 1898 sigue siendo aún, un siglo después del acontecimiento, un tema delicadísimo de tratar por sus inesquivables implicaciones respecto a la respetabilidad, y quizá hasta la buena fe, de la actitud de las autoridades de los Estados Unidos en un momento de su historia de gran importancia para la afirmación, interior y exterior, de su poderosa personalidad política.

---

misma de Sigsbee quien, como comandante del *Maine,* era obviamente una de las personas cuya eventual responsabilidad en la explosión tenía que ser investigada.

[35] Thomas A. Bailey, en su apreciada y reeditada historia diplomática de 1980, no ignora el estudio de Rickover, que cita rápidamente, pero presenta formalmente el resultado de la Comisión de Investigación norteamericana, aunque matiza que "no se puede excluir completamente la posibilidad de una explosión interna" (*A Diplomatic History of the American People,* Prentice Hall, Englewood Cliffs N.J. pp. 457-458). Trask en 1981 (*op. cit.* p. 504) tampoco ignora el estudio de Rickover, que considera incluso convincente a lo menos en cuanto hubo una "explosión primaria" en el pañol de reserva de 6 pulgadas; pero lo hace también muy brevemente, al final de una nota, en la que previamente se plantea la pregunta "¿Cual fue la verdad de la cuestión?" (la del origen de la explosión del *Maine*), y contesta "No puede darse ninguna respuesta definitiva". Y, desde luego, nada dice de las irregularidades de procedimiento advertidas por Rickover, ni de las reiteradas peticiones del Gobierno español de que se estableciese una comisión e investigación conjunta, o un arbitraje imparcial. Más recientemente, en 1992, Offner (*op. cit.* p. 201) también cita brevemente el estudio de Rickover, en una nota que así mismo hay que buscarla al final del libro, en la que dice que sus ingenieros concluyeron que no había habido explosión externa, y que el referido almirante fue muy crítico con la primera investigación americana. Pero ni siquiera hace explícitamente suya esta conclusión, mientras que en el texto principal es la investigación americana la que se presenta implícitamente como la más consistente. Curiosamente Offner parece sentir alguna mala conciencia sobre este particular cuando insiste, una y otra vez, con notoria impudicia intelectual, en que McKinley hizo, al igual que Sagasta, constantes esfuerzos para minimizar el incidente del *Maine* (pp. 157 y 230). Aún más recientemente, en este mismo año 1998, la difundida y respetada revista norteamericana *National Geographic* se ha encargado de divulgar que, de acuerdo con recientes estudios utilizando "tecnología computarizada", se ha llegado a la conclusión que el *Maine* pudo ser destruido tanto por una causa externa como por una explosión interna (Thomas B. Allen: *Remember the Maine?,* National Geographic, Washington February 1998, pp. 92-111).

Ya hemos dicho que una vez resuelta de modo inapelable la responsabilidad de España en la cruenta pérdida del *Maine*, y comunicada tal conclusión al Congreso americano, la vía hacia la confrontación armada entre España y los Estados Unidos era prácticamente imparable. El gobierno de Madrid intentó desesperadamente evitar la guerra y, de hecho, claudicó ante la casi totalidad de las condiciones que se le impusieron desde Washington, pero todo fue inútil. Sagasta no creyó posible la venta de la isla a los Estados Unidos que, al parecer, fue una de las opciones que tuvo[36]. Ni tampoco tuvo el coraje político para entrar en negociaciones con los cubanos insurrectos para negociar la inmediata independencia de Cuba, solución que, sin embargo, el presidente del Gobierno español sí parece que tenía *in mente* en las últimas semanas, pero con un ritmo de procedimiento que los acontecimientos no permitieron. Ni, en fin, una vez aprobada la resolución conjunta, creyó Sagasta viable ni decoroso políticamente acceder al ultimátum norteamericano. La guerra, una guerra suicida para España, fue a fin de cuentas el resultado final de esta crecientemente tensa diplomacia hispano-norteamericana.

Veamos ahora cuál era la situación en este semestre crítico de las relaciones, también de fundamental importancia, entre España y Cuba.

Además del inmediato cambio de Gobernador general y de propiciar un nuevo estilo en la marcha de las operaciones militares, el gobierno de Sagasta, al llegar al poder, prepara rápidamente un paquete legislativo básico para desarrollar su nueva política con Cuba. Me refiero a los

---

[36] El ofrecimiento norteamericano de comprar la isla a España en los primeros meses de 1898 es una cuestión, a mi conocimiento, insatisfactoriamente conocida aún. Según Gabriel Maura Gamazo (*Historia crítica del reinado de Alfonso XIII durante su minoridad bajo la regencia de su madre doña María Cristina de Austria*. Tomo Primero, Muntaner y Simón Editores, Barcelona 1919, pp. 359-360), en febrero de 1898 un enviado extraoficial del presidente McKinley visitó a la Regente para plantearle la alternativa siguiente: o una inmediata venta de Cuba, para lo que se le habrían ofrecido 300 millones de dólares, o de lo contrario una asímismo fulminante intervención norteamericana en Cuba; pero esta singular visita y ofrecimiento no han sido confirmados documentalmente. Por otra parte la oferta que habría hecho Woodford a Moret en este sentido, y que refleja Companys (*op. cit.* p. 242) a partir de lo informado por el ministro norteamericano a McKinley en su carta de 18 de marzo de 1898, no está claro –al haberse reproducido solamente una fragmento de dicha carta– si contaba, o no, con la autorización del Presidente norteamericano.

tres decretos de 25 de noviembre de 1897. Por los dos primeros se establecía la igualdad de derechos políticos entre los españoles de la Península y de las Antillas, y se extendía a éstas, a Cuba y Puerto Rico, el principio del sufragio universal de la ley electoral de 1890. De todos modos era el tercer decreto el que tenía verdadera trascendencia pues en él, al fin, el gobierno de Madrid se decidía a conceder a Cuba la autonomía.

Se viene diciendo constantemente que esta concesión de la autonomía, que de haberse efectuado a su tiempo habría podido encauzar de modo estable las relaciones entre la Metrópoli y la Gran Antilla, llegó demasiado tarde, por lo que resultaba inoperante. Los hechos mostraron irrefutablemente esto último. Pero no por ello entiendo que debe descalificarse un tanto desdeñosa y precipitadamente esta iniciativa del gobierno de Sagasta. Sería injusto afirmar que, cuando se adoptó, no tenía ninguna razonable posibilidad de éxito. Veamos con tal fin un poco más de cerca su contenido y las circunstancias ambientales en los siguientes meses.

Empecemos destacando que se trata de una autonomía política merecedora de tal nombre: con clara representatividad, gran amplitud y auténtico dinamismo evolutivo.

En primer lugar, en cuanto a su representatividad, las dos cámaras autonómicas eran elegidas por los cubanos: el Consejo de Administración en su mayoría –18 de 35 consejeros– y la Cámara de Representantes –uno por cada 25 mil habitantes– en su totalidad. En segundo lugar, respecto a su amplitud, excepto la política internacional y la defensa nacional, prácticamente todas las demás cuestiones eran de la competencia del parlamento insular, incluida la formación de presupuestos locales y la delicada cuestión –para los intereses peninsulares– de la política arancelaria[37]. Y por último, pero solo en el orden de enunciación, pues su importancia entonces era de primerísimo orden, porque se pasaba el centro de gravedad del porvenir político de la isla, desde Madrid a La Habana. Pues, aunque suele olvidarse, esta constitución antillana era modificable, según el artículo 2º adicional, precisamente a petición del

---

[37] En rigor los cubanos tenían también intervención en la política internacional que directamente les afectaba, puesto que el artículo 37 de esta Constitución autonómica establecía que el Gobierno insular podía proponer la negociación de Tratados de Comercio y participar en ella mediante delegados especiales. El texto del decreto de autonomía fue publicado en la *Gaceta de Madrid* de 27 de noviembre de 1897 (pp. 1-5).

Parlamento insular. Es decir, las propuestas de futuras modificaciones del régimen autonómico, que naturalmente solo habrían de ir en la dirección de una aún mayor emancipación de la metrópoli, ya no dependían, como hasta entonces, fundamentalmente de los electores y diputados de la península, sino exclusivamente de los electores y representantes cubanos, incluyendo entre estos últimos no solo los del parlamento insular sino también los que habían elegido para las Cortes de Madrid –una singular concesión de la que no gozaban entonces otras colonias europeas de régimen autonómico– que constituían así un directo grupo de presión en las cámaras de la metrópoli en el sentido deseado por los cubanos.

Por otra parte, ya no se trataba, como en anteriores ocasiones, de un plan reformista que se ofrecía para cuando la isla estuviese pacificada, puesto que quedó muy pronto patente que la voluntad del Gobierno español era el poner en vigor inmediatamente el régimen autonómico del 25 de noviembre: apenas había transcurrido un mes, el 31 de diciembre, el Gobernador general de Cuba, en virtud de las atribuciones que le confería el artículo 1º transitorio, proponía telegráficamente a Madrid la candidatura del primer Gobierno insular autonómico que tomó posesión al día siguiente, el 1 de enero de 1898. Y un par de meses después, el 8 de marzo, el Gobernador general convocaba las elecciones al Parlamento insular: para el 24 de abril la correspondiente a los 65 componentes de la Cámara de Representantes y para el día 28 de dicho mes la de los 18 miembros electivos del Consejo de Administración[38].

Ni que decirse tiene que por grande que fuere el deseo del Gobierno español de mostrar que había habido un cambio profundo de la política española que suponía una notable cuota de autogobierno, y que esa nueva política era un hecho consumado, sin retorno, que se ponía inmediatamente en vigor, la consecución del objetivo esencial de la misma, que era obviamente la pacificación de la isla, dependía fundamentalmente de la acogida que esta reforma recibiera en los cubanos levantados en armas, que seguían siendo las fuerzas dominantes en buena parte de la isla. El gobierno de Sagasta no lo ignoraba y parece claro que, desde que se formó, trató de llegar a un entendimiento a este res-

---

[38] Mayra Mena Mugica y Severiano Hernández Vicente: *Fuentes documentales de la administración española en el Archivo Nacional de Cuba. La administración autonómica española de Cuba en 1898.* Ediciones Universidad de Salamanca 1994, p. 24.

pecto con los dirigentes de los insurrectos cubanos a través de directos y discretos contactos con los representantes de estos últimos en París y en Nueva York[39], independientemente de las proclamas y gestiones, más o menos confidenciales, que realizó en dicho sentido el Gobierno autonómico de la Habana en los primeros meses de 1898.

Como es bien sabido la realidad fue que los dirigentes de la insurrección no admitieron de ninguna manera este intento conciliador. Ni en los superiores escalones militares, como Máximo Gómez, ni en los diplomáticos –Estrada Palma– cabía otra solución pacificadora para la isla que la concesión de la plena e inmediata independencia. Al radical lema de "el último hombre y el último peso" que durante tanto tiempo había imperado desgraciadamente en los medios políticos de la Península, se contraponía ahora en los dirigentes de los insurgentes cubanos otro igualmente extremoso: "independencia o muerte".

¿Fue esta actitud cubana la más adecuada para aquellos momentos? O, en otros términos, ¿fue la radical negativa a aceptar la autonomía de noviembre de 1897 la mejor decisión que, en las circunstancias internas e internacionales que entonces concurrían, podían tomar los dirigentes cubanos levantados en armas para la defensa de su objetivo fundamental, que era una Cuba libre e independiente?

He aquí una cuestión que no por implicar un análisis de supuestos contrafactuales, deja de tener notable interés. Especialmente a la luz de un examen realizado sin pasión y con la perspectiva histórica de un siglo de historia de Cuba.

No dispongo ni de espacio ni de suficientes elementos de juicio para examinar ahora, con la atención y profundidad que merece, tan sugestivo tema. De todos modos no quiero desaprovechar esta oportuni-

---

[39] En la última decena de octubre de 1897 Canalejas visitó a Betances en París para exponerle los proyectos autonomistas de Sagasta, pero el representante de los cubanos en armas respondió tajantemente que no se admitía más que la plena independencia (carta de 22 de octubre de 1897 de Betances a Estrada Palma, en *Correspondencia Diplomática...*, citada en la nota 24, pp. 116-117). Y a primeros del siguiente mes de noviembre, al llegar a Nueva York, tuvo Canalejas una entrevista con varios cubanos distinguidos –entre ellos Enrique José Varona, director de *Patria*– que le manifestaron igualmente que no aceptaban ninguna solución autonómica (carta de 3 de noviembre de 1897 de Estrada Palma a Betances, en *Correspondencia Diplomática de la Delegación Cubana en Nueva York durante la Guerra de Independencia de 1895 a 1898*. Tomo Primero, Publicaciones del Archivo Nacional de Cuba, La Habana 1943, p. 150).

dad para hacer unas breves consideraciones a este respecto; aunque sólo sea como una primera aproximación al mismo.

En primer lugar ha de tenerse en cuenta que en los meses finales
de 1897, cuando se promulga la autonomía de Cuba, está bastante claro
para los insurrectos que una victoria total sobre los españoles que les
obligara a abandonar la isla, si se producía finalmente, habría de tardar
no poco tiempo; desde luego muy probablemente más allá del que habría de concederse a sí mismo los Estados Unidos, cuyo fuerte aumento
de la temperatura en favor de la intervención, que el gobierno de Washington deseaba por múltiples motivos, no ignoraban. Por lo tanto,
cuando en la Junta de Nueva York y en el mando del ejército mambí se
rechaza frontalmente la solución autonomista, se está eligiendo cons-
cientemente que la salida de España de la isla no se va a deber solamente al esfuerzo de los cubanos levantados en armas, sino también a la directa y compulsiva intervención de los Estados Unidos[40].

Los dirigentes cubanos de la República en armas –y ésta es la segunda consideración– conocían muy bien por entonces que en las más
altas instancias norteamericanas no se excluía la compra de la isla, como
lo habían puesto de manifiesto los mensajes al Congreso del presidente
Cleveland en diciembre de 1896 y de McKinley en diciembre del año siguiente. Ni tampoco ignoraban que la idea de incorporación de la isla a
los Estados Unidos –o cuando menos de una ocupación hasta que se
considerase en Washington que los cubanos estaban en condiciones de
autogobernarse– dominaba en significativos y poderosos sectores de los
congresistas norteamericanos. Por otra parte esos mismos dirigentes cubanos no podían desconocer que una vez puesta en marcha la poderosa
máquina de guerra de los Estados Unidos, había de ser este país el que
obtuviera las principales victorias sobre España y, por lo tanto, su capitalización política. O, en otros términos, que el riesgo de la anexión, o de
otras enojosas condiciones impuestas por el principal vencedor, no era
de ningún modo imaginario una vez que habían entrado en liza los Estados Unidos, y la contienda entre españoles y cubanos se había convertido en hispano-cubana-norteamericana.

---

[40] La carta que escribió en noviembre de 1897 Máximo Gómez al Gobernador general en Cuba, y que reproduce fragmentariamente Portell (*op. cit.* p. 314), lo muestra
claramente. Por otra parte, en los primeros meses de 1898, la intervención de los Estados Unidos se hace ya cada vez más segura e inminente a los ojos de todos.

Por último, en los puestos de mayor responsabilidad de los cubanos que luchaban por la independencia de la isla no se ignoraba que la autonomía era no solamente un deseable grado de autogobierno para muchos insulares, sino también un paso hacia la emancipación total[41]. Un paso que, tanto por las razones que antes expuse al recordar la constitución antillana de noviembre de 1897, como por la evolución de los acontecimientos y de las actitudes del Gobierno español en los meses siguientes, era ciertamente irreversible y se presentaba previsiblemente como de próxima realización. Había por lo tanto una vía, al margen de la intervención de los Estados Unidos, que en esos críticos meses llevaba muy previsiblemente a la consecución de esa Cuba libre e independiente que se había proclamado tres años antes en Baire.

A la luz de estas consideraciones, y de los hechos que finalmente ocurrieron en el tránsito a la independencia de Cuba, con tantas marginaciones y tutelas por parte del poderoso vecino del Norte, no podemos en verdad responder afirmativamente a la pregunta que antes nos hicimos respecto a si los dirigentes cubanos levantados en armas habían tomado la mejor decisión, para sus propios objetivos finales, en su decidido y sostenido rechazo de ese régimen autonómico ofrecido tardíamente, pero ofrecido, al fin, por el gobierno de Madrid. La forma tan poco convincente con la que –en la única ocasión que a nuestro conocimiento se ha tratado de esta cuestión– se ha intentado justificar el no haber llegado a una solución pacífica directamente con España, no hace sino ratificarnos en nuestra anterior respuesta[42].

---

[41] El propio Máximo Gómez anotaba en su diario, en los primeros días de marzo de 1898, que era lógico que hubiera él escrito una carta –ya citada– en el mes de noviembre al Gobernador general, puesto que el general Blanco había venido a Cuba a defender "la Autonomía de los cubanos que dista tan poco de la independencia"; y poco antes anotaba también el General en Jefe cubano en su diario que, desde que se había implantado la autonomía en Cuba, los soldados españoles ya no defendían a su rey, "mueren por una causa ajena". (*Diario de campaña*, Instituto del Libro, La Habana 1969, pp. 455- 456). Y dos años antes era Betances quien hablaba favorablemente de la posible concesión de un régimen autonómico por parte del Gobierno español "sobre las bases de la independencia canadiense" (*Correspondencia Diplomática*..., citada en la nota 7, p. 24); y ciertamente la autonomía concedida a Cuba en noviembre de 1897 era perfectamente equiparable a la canadiense.

[42] El cubano Paul Estrade (*La colonia cubana en París 1895-1898. El combate patriótico de Betances y la solidaridad de los revolucionarios franceses*. Editorial Ciencias Sociales, La

Veamos finalmente la tercera línea relacional, la de los Estados Unidos con Cuba. Una línea que conforme indiqué en la anterior fase, la de Baire a Santa Agueda, tiene una doble vía. La oficial, principalmente mediante la acción de los representantes consulares norteamericanos en Cuba, y la oficiosa a través de la Junta de Nueva York.

El papel que desempeña la primera vía, y en especial el cónsul norteamericano en La Habana, Fitzhugh Lee, en la evolución del problema cubano en este decisivo semestre, es verdaderamente relevante. El prepotente y anexionista Lee toma, en efecto, una posición perfectamente clara y firme en los dos temas medulares que entonces atañen a Cuba: la concesión de la autonomía y el *Maine*. En el primero, en la cuestión de la concesión del régimen autonómico a la isla, al informar desde el primer momento y de modo rotundo que no podía sino fracasar. El 31 de diciembre, todavía el Gobernador general no había nombrado al Consejo de Gobierno, el cónsul escribía al subsecretario de Estado manifestándole que el régimen autonómico estaba ya en ridículo en Cuba; lo que –añadimos por nuestra parte– no debería extrañar en un personaje, como Lee, para quien cualquier solución que no condujera a la anexión de la isla por los Estados Unidos era rechazable[43]. En cuanto al papel que desempeñó respecto a la segunda cuestión, la del *Maine*, su actitud no es menos decididamente partidista. Ya en tiempos de Cleveland era Lee partidario del envío de un barco de guerra norteamericano a La Habana y, ni que decirse tiene, desde que llegó el *Maine*, fue el gran de-

---

Habana 1984, p. 147) aunque viene a reconocer que si se hubiera obtenido la independencia de acuerdo con España se habría dificultado la intervención de los Estados Unidos, trata de justificar la actitud que se adoptó manifestando que la historia de la República Dominicana, de Haití y de Nicaragua en el primer tercio del siglo XX, ha mostrado que los Estados Unidos siempre han sabido inventar el pretexto que les ha permitido intervenir. Pero el argumento es no poco especioso, pues ni los Estados Unidos hubieran tenido –en el supuesto contemplado– ocasión de ocupar Cuba en 1898 y de aprobar la enmienda Platt, ni ninguna de las tres repúblicas citadas era, ni es, un país política y militarmente comparable a Cuba.

[43] El 31 de diciembre de 1897 Lee informaba a Day que si los Estados Unidos enviaban tropas a Cuba para guardar el orden, podrían anexionarse la isla sin disparar un solo tiro, según afirma Philip S. Foner (*La guerra hispano-cubano-americana y el nacimiento del imperialismo norteamericano 1895-1902, vol I, 1895-1898,* Akal editor, Madrid 1975, pp. 285 y 293). La carta antes aludida sobre la autonomía en Portell (*op. cit.* pp. 366 y 557).

fensor de su permanencia. Por otra parte cuando se produjo la explosión, la actitud de Lee fue, como ya se señaló anteriormente, la de cooperar decididamente para convertirla en un "casus belli" contra España.

Es conveniente puntualizar que si tan singular representante consular estuvo al frente de tan importante puesto en tan crítica época, fue porque el nuevo Presidente norteamericano decidió personalmente conservarlo y mantenerlo, sin reemplazarlo como era habitual en los cambios de administración. Y que si tomó tal decisión fue porque consideraba que la actitud de Lee encajaba en la política cubana que él mismo, McKinley, se proponía desarrollar y que finalmente llevó a cabo, aunque no con todas las consecuencia deseadas por Lee. Desde luego McKinley no decidió la permanencia de Lee en la Habana porque fuera bien visto por el país ante el que estaba acreditado, España, cuyo gobierno solicitó discretamente su relevo a principios de 1898, ni tampoco porque el presidente que lo había nombrado, Cleveland, creyera que debía conservarse, pues parece fuera de duda que este último, a la vista de la actitud que venía tomando Lee en su puesto durante los últimos tiempos de su administración, había aconsejado muy claramente a McKinley que lo reemplazara[44].

En todo caso el tema medular de las relaciones Cuba-Estados Unidos en esta fase concierne a la actitud del gobierno de Washington respecto al reconocimiento, o no, de la independencia de Cuba.

Es evidente que los dirigentes cubanos de la Junta de Nueva York eran conscientes de que el gobierno de McKinley no excluía la anexión, o alguna otra fórmula que hipotecaba la libertad de Cuba, como solu-

---

[44] Así lo afirma Offner, quien precisa que Cleveland, en los últimos momentos de su presidencia, estuvo considerando destituir a Lee (*op. cit.* pp. 35, 40 y 244). Sobre la petición española de relevo del cónsul Lee, el telegrama de Gullón a Dupuy de 20 de enero de 1898 (*Documentos presentados...*, citados en la nota 12, pp. 101-102). Cuando a primeros del siguiente mes de marzo planteó esta cuestión el propio Moret a Woodford, el subsecretario de Estado, Day, le comunicó a su ministro en España que el Presidente no estaba dispuesto a contemplar el reemplazo de Lee, a quien el Gobierno americano consideraba que, a lo largo de su actuación, "se ha comportado con mucha capacidad, prudencia e imparcialidad..." (Day a Woodford 2 de marzo de 1898, según Portell *op. cit.* pp. 396 y 558). La actuación de los cónsules norteamericanos en Cuba, en general, y la de Lee en particular, en esta época crucial prebélica, es otro relevante tema del final de la crisis cubana que se halla pendiente de estudio por la historiografía española.

ción final a la cuestión cubana. Concretamente a fines de la primera semana de abril, cuando ya no había duda de que la decisión del presidente McKinley de intervenir por la fuerza estaba tomada y que se haría
pública inminentemente, miembros relevantes de la referida Junta manifestaron a través de la prensa que se opondrían frontalmente a cualquier intervención norteamericana que no tuviera "por objeto expreso
y declarado la independencia de Cuba"[45].

Y la realidad fue que el temor que abrigaban los dirigentes cubanos no estaba infundado. Cuando se hizo público el famoso mensaje de
11 de abril del Presidente al Congreso de los Estados Unidos, esa declaración terminante de la independencia de Cuba que tanto deseaban los
referidos dirigentes, no aparecía por ninguna parte. Antes por el contrario McKinley dejaba perfectamente claro que no estaba de ningún
modo dispuesto a reconocer entonces la independencia de Cuba, entre
otras razones –decía sin rodeos– porque ello supondría estar sujeto a
molestas obligaciones internacionales respecto al país reconocido, y los
Estados Unidos no podían aceptar el papel de "mero aliado amistoso"[46].
Ciertamente en el mensaje no se excluía el reconocimiento futuro
cuando hubiera en Cuba "un Gobierno capaz de cumplir los deberes y
desempeñar las funciones de Nación separada e independiente"; pero
esta salida quedaba, no sólo en el tempo, un tanto difusa. A la hora de
sintetizar en el mensaje los cuatro motivos que justificaban la intervención de los Estados Unidos en Cuba, ninguno de ellos hacía la menor

---

[45] Según precisa Foner (*op. cit.* pp. 327-328), Quesada en carta al *State* de Colombia, en Carolina del Sur, el 6 de abril de 1898. Por estos días Rubens fue aún más explícito –y presiente en cuanto a la política americana– en sus manifestaciones públicas, al
decir que los cubanos resistirían si los Estados Unidos después de arrojar a los españoles, declaraban "un protectorado, provisional o intencionado, sobre la isla y busquen
extender su autoridad sobre el Gobierno de Cuba y el Ejército de Liberación". Sobre
los proyectos que tenía el presidente McKinley en relación con Cuba, y que debió haber manifestado confidencialmente a su ministro en España, Woodford, cuando lo envió a Madrid en el verano de 1897, es interesante la observación que hace Companys
(*op. cit.* p.34), después de haber examinado de correspondencia de Woodford a Mc-
Kinley, en el sentido de que el primero –que era el único que escribía– se refería con
frecuencia en ella al protectorado o anexión de la isla, mientras que no aludía a estos
objetivos en su correspondencia oficial con el Departamento de Estado.

[46] Las citas del mensaje, de la reproducción de la parte más importante del mismo que hace Chadwick (*op. cit.* pp. 578-582).

mención al derecho de los cubanos, como pueblo americano, a ser independientes[47].

En estas circunstancias no puede extrañar que los dirigentes cubanos de la Junta tuvieran muy serios temores respecto a los proyectos que, en el fondo, anidaban los Estados Unidos para con Cuba, ni, por lo tanto, que intensificaran sus gestiones con los congresistas para que en la resolución que finalmente adoptaran quedase perfectamente claro que se reconocía a Cuba como una nación independiente. Las gestiones, por otra parte, no fueron supérfluas, pues si es cierto que había numerosos congresistas, en general los demócratas, que estaban dispuestos a dicho reconocimiento, el núcleo fundamental de los republicanos se oponían a ello siguiendo las consignas del Gobierno. Al fin se consiguió el 16 de abril que el Senado aprobase la enmienda Turpie por la que se reconocía a la República de Cuba, después de haber "atraído" el precioso voto afirmativo de 10 senadores republicanos en una votación que se ganó por 51 votos contra 37. Y aunque este reconocimiento explícito del Senado hubo de ser sacrificado en el texto negociado con la Cámara de Representantes –más firmemente controlada por los repu-

---

[47] Es de tener en cuenta que así como el reconocimiento de la independencia de Cuba por los Estados Unidos antes de decidir la intervención suponía, como sostenía Olney y otros juristas americanos, una directa confrontación con España por aplicación de la doctrina de Monroe, tal problema ya no existía al enviar el mensaje de 11 de abril. Por otra parte señala agudamente Ramiro Guerra (*op. cit.* p. 171) que la frase del mensaje en la que el Presidente manifestaba que la intervención propuesta implicaba el empleo de medidas hostiles sobre ambas partes "para llevarlas al arreglo final" (se ha corregido la traducción defectuosa de Guerra del término inglés "eventual"), suponía en realidad que "la autorización que se solicitaba era para imponer la paz y las soluciones que en un momento dado Estados Unidos creyese conveniente". Recientes historiadores norteamericanos se muestran incómodos al examinar la clara negativa de McKinley de reconocer en el mensaje la independencia de Cuba, y presentan explicaciones cuando menos curiosas. Para Trask (*op. cit.* p. 54), tal actitud no era porque el Presidente desease Cuba, sino porque era "menos provocadora que cualquier otra". Y para Offner (*op. cit.* p. 182) el no reconocimiento de la independencia de Cuba envolvía incluso una delicada deferencia del presidente americano hacia España para dar tiempo a llegar a un arreglo con los cubanos que evitase la guerra, además de provocar voluntariamente un más largo debate en el Congreso dando así más tiempo a las soluciones diplomáticas (esta última explicación no deja de tener cierta dosis de sarcasmo al esgrimirse en favor de un presidente, como McKinley, que firmó la resolución conjunta en poco más de 24 horas, cuando disponía de diez días para hacerlo).

blicanos– que había de ser aprobado finalmente como resolución conjunta de ambas cámaras, pocas dudas caben que esa cesión del Senado fue un factor primordial para la conservación en la referida resolución de la esencia de la enmienda Teller, que también había aprobado el Senado el 16 de abril.

Una enmienda esta última –en la que también los agentes de la Junta cubana jugaron un gran papel– que si no suponía el inmediato reconocimiento de Cuba como nación independiente, daba la garantía explícita cuando menos que los Estados Unidos no se proponían anexionar la isla, cuyo gobierno y dominio dejarían al pueblo cubano "una vez realizada la pacificación"[48]. Al final, gracias a la receptividad, incluida la venalidad, de algunos congresistas americanos a las gestiones de la Junta, los patriotas cubanos pudieron contemplar entonces el futuro de su país como una nación independiente. Un destino al que no solamente tenían irrefutable derecho sino que, muy probablemente, era también el que deseaba la mayor parte del pueblo norteamericano.

LOS MESES DE GUERRA: DE LA RUPTURA DE HOSTILIDADES AL TRATADO DE PARÍS

De esta última fase, que comprende prácticamente los ocho últimos meses de 1898, nos vamos a ocupar muy brevemente, pues se trata de una cuestión que corresponde más directamente al contenido de otra conferencia de este curso. Además, los vínculos relacionales de carácter triangular que centran nuestro examen, se hacen ahora más tenues al desaparecer las fundamentales relaciones diplomáticas entre Madrid y Washington.

---

[48] La exposición que hace Foner (*op. cit.* pp. 335-344) de los debates e intrigas de estos días en las dos cámaras, es especialmente interesante. En ella queda patente el gran papel jugado por Rubens, el asesor de la Junta, y de la asociación Janney-McCook que recibió dos millones de dólares del Consejo de Gobierno de la República de Cuba por "los servicios prestados a la causa". Dicho sea sin ignorar que en la decisión de Teller, que le llevó a la presentación de su fundamental enmienda, debieron intervenir también otras motivaciones, como la de ser senador por Colorado, un Estado que como productor de remolacha azucarera resultaría perjudicado en la anexión de Cuba como ha señalado Portell (*op. cit.* pp. 446-447).

Solamente haré un sucinto recordatorio de las principales lecciones, duras aunque previsibles lecciones, que los traumáticos acontecimientos de esta fase supusieron para España y, en parte, también para
Cuba. Empecemos por esta última.

Pronto constataron los dirigentes de la República cubana en armas que McKinley no había dicho en vano, en su mensaje al Congreso el
mes de abril, que los Estados Unidos no estaban dispuestos a jugar el papel de "mero aliado amistoso"; en realidad sería a los cubanos a los que
el Gobierno norteamericano asignaría ese modesto cometido, y mar-
cando muy claramente las distancias. Cuando se negocia y formaliza, a
mediados de julio, la rendición de Santiago, la principal victoria sobre
España de la guerra hispano-cubano-americana en las operaciones de
tierra, que tenía además un especial significado histórico-político para
los independentistas cubanos, no se consultó ni se invitó a estar presente al general Calixto García –el número dos entonces del ejército cubano– cuyas fuerzas tan directamente habían contribuido al éxito de las
operaciones militares que llevaron a la rendición de la plaza; ni el ejército cubano de liberación con su General en Jefe, Máximo Gómez, pudieron estar presentes en La Habana cuando se produjo el acto solemne
del fin de la soberanía española en Cuba el 1 de enero de 1899. Los cubanos, por otra parte, tampoco fueron invitados por los Estados Unidos
a enviar representantes para participar en las negociaciones del Tratado
de París en el que, naturalmente, no sólo se iba a formalizar el abandono de la soberanía española en Cuba, sino que también se habrían de
concertar una serie de condiciones que suponían compromisos que, en
buena medida, condicionarían a futuros gobiernos de Cuba.

Claro es que España, la nación que había sido derrotada rápida y
contundentemente en las operaciones de guerra con los Estados Unidos, fue la parte que tuvo que asumir las más amargas lecciones. En muy
diversos planos, aunque ahora señalaré tan sólo como hubo de constatar, a sus expensas, el antiquísimo principio de que es el vencedor quien
únicamente tiene la interpretación auténtica, la que ha de acatarse, de
los documentos, de las declaraciones, o de los hechos que justifican tanto las cargas que se imponen al vencido después de la guerra, como también las causas que han hecho inevitable, que incluso han justificado
moralmente que en ella participase la nación que la ha ganado.

Las consecuencias de la guerra en primer lugar. Pues el desarrollo de las negociaciones de París dejó perfectamente claro que era la interpretación americana del polémico, en relación con las islas Filipinas, Protocolo de 12 de agosto de 1898, la que prevalecía y permitía exigir la cesión plena de dichas islas a los Estados Unidos. Lo que suponía una anexión forzosa del referido archipiélago –pues era manifiesta la oposición de los filipininos a tal medida– que, a su vez, mostraba que el vencedor tenía autoridad suficiente para interpretar con toda "flexibilidad" sus propias declaraciones de principios. En efecto, no debe olvidarse que había sido el propio presidente McKinley quien, en su mensaje al Congreso de 6 de diciembre de 1897, había declarado solemnemente que no hablaba de anexión forzosa –principio que tenía en su mensaje carácter general, aunque se refiriera entonces implícitamente a Cuba– porque era una cuestión en la que no se podía pensar, dado que "nuestro código de moralidad lo declara como una agresión criminal"[49].

Pero el vencedor también mostró tener la autoridad suficiente para imponer la interpretación del principal acontecimiento que había llevado a la guerra. El 21 de noviembre de 1898, en el curso de las negociaciones de París, la delegación norteamericana esgrimió la destrucción del *Maine*, que había tenido lugar "por descuido o incapacidad de España de garantizar la seguridad de un buque de una nación amiga", como uno de los principales perjuicios sufridos por los Estados Unidos, con ocasión de la guerra insurreccional de Cuba, que venían a mostrar que la actitud del Gobierno norteamericano en las condiciones que imponía a España para el Tratado de Paz eran moderadas y no severas. Y dos semanas más tarde, el 5 de diciembre, era el propio presidente McKinley quien en su mensaje al Congreso volvió a evocar la catástrofe del *Maine*, que llegó a calificar de "sospechosa", como uno de los principales agravios que motivaron la guerra, puesto que el origen de dicha catástrofe había sido desde luego una causa externa y por consiguiente de responsabilidad de España. La delegación española protestó solemnemente por ello en las reuniones de París, y propuso la creación de una comisión internacional que esclareciese definitivamente el origen de la catástrofe y mostrara si España tenía, o no, responsabilidad en ella[50]. Pe-

---

[49] *Papers relating...*, citados en la nota 15, p. XV.

[50] En *Documentos presentados en las Cortes en la legislatura de 1898 por el Ministro de Estado (Duque de Almodóvar del Río)*, Est, Tip. Sucesores de Rivanedeyra, Madrid 1899, pp. 221, 273-276, 282-283 y 295.

ro protestas y propuestas fueron en vano. La voladura del *Maine* era ya entonces para las autoridades norteamericanas una piedra angular intocable en el origen de su decisión de forzar a España a abandonar perentoriamente Cuba.

En todo caso la guerra hispano-cubano-norteamericana que terminó con la presencia española en América, produjo alguna enseñanza menos amarga en el marco de las relaciones entre España y Cuba. Me refiero al hecho, verdaderamente excepcional en las guerras coloniales, de que un parte no insignificante de los soldados del ejército español que habían luchado contra los insurrectos cubanos, prefirió permanecer en la isla para integrarse en la fuerza laboral y, en definitiva, en la sociedad de la nueva Cuba, ya desprendida plenamente de su metrópoli[51].

Un hecho que mostró fehacientemente a la España de la época, que no era vana retórica la que empleó Martí en el manifiesto de Monte Cristi cuando aseguraba reiteradamente que la guerra no se hacía contra los españoles, a quienes se ofrecía una honrosa acogida en la futura República de Cuba, sino contra sus ineptos gobiernos; y que, para los cubanos de entonces, demostró también convincentemente que el español que se hallaba al otro lado de la trinchera en esos años no era un odioso enemigo irreconciliable, sino en el fondo un adversario temporal con el que, como en las auténticas guerras civiles, compartía no pocos lazos fraternales. Como era por otra parte natural en una isla en la que unos y otros habían convivido y se habían interrelacionado tan estrechamente a lo largo de cuatro siglos[52].

---

[51] Manuel R. Moreno Fraginals y José J. Moreno Masó (*Guerra, migración y muerte. El ejército español en Cuba como vía migratoria*, Ediciones Júcar, Capellades 1993) han emprendido muy acertadamente el estudio de este interesante hecho migratorio. Aunque, infortunadamente aún se esté lejos de poder evaluar con algún rigor –como reconocen con honestidad intelectual los propios autores (pp. 135-136)– la magnitud del contingente de soldados españoles que quedaron en Cuba como inmigrantes, o que regresaron con tal condición en las grandes oleadas inmigratorias de los primeros decenios del siglo XX. Más recientemente Miguel Alonso Baquer afirma que fueron "unos 30.000" los soldados españoles que optaron por quedarse en Cuba, pero no precisa la fuente de dicha estimación ("La derrota de 1898: Consecuencias para el ejército español", en *Perspectiva del 98 un siglo después*, Junta de Castilla y León 1997, p. 132).

[52] Es elocuente en este sentido el noble intercambio de saludos que el 1 de enero de 1899 tuvo lugar en el propio Palacio de Gobierno de Cuba entre la máxima autoridad española, el general Jiménez Castellanos, y el dirigente independentista –y futuro

Con este breve repaso de algunas de las más significativas enseñanzas que 1898 supuso para Cuba y para España, termina propiamente mi exposición. Sin embargo, antes de poner punto final quisiera hacer unas brevísimas reflexiones sobre el acto solemne con el que terminó el cuatrienio 1895-1898 de cuya diplomacia triangular me he ocupado. Aunque, al hacerlas, tenga presente no sólo ese lapso cuatrienal, sino también el de los cuatro largos decenios finales del siglo XIX en el que los cubanos manifestaron, de una u otra forma, claros deseos de mayores cotas de autogobierno y aún de plena emancipación de la metrópoli.

El 1 de enero de 1899 se arriaba la bandera española en el Castillo del Morro de La Habana y se izaba la de los Estados Unidos, bandera que habría de ondear materialmente durante tres años y simbólicamente –a través de la enmienda Platt– durantes bastantes años más.

En este solemne e histórico acto hay dos partes. La primera, el arriado de la bandera española, un hecho natural en el devenir histórico, pues antes o después tenía que ocurrir en una colonia que llegaba a la madurez en el desarrollo de su propia personalidad nacional e internacional. La segunda parte empero constituye un hecho anómalo, ya que la enseña que ese día debió izarse en La Habana no era la multiestrellada de la Unión Americana sino la uniestrellada de la República de Cuba.

¿A qué se debió esta notoria anomalía?

Con la perspectiva histórica que nos ofrece el paso de una centuria y la superación que hoy existe –o cuando menos debiera existir– en unos y en otros de los sentimientos y emociones que, inevitablemente, produjeron en aquellos momentos las sangrientas contiendas que precedieron al referido traspaso de soberanía, con esta perspectiva y estado de animo, digo, creemos que puede darse una respuesta desapasionada, sin partidismos, a la pregunta anterior. Una respuesta que, a mi juicio, tiene una triple composición argumental.

Tan anómala secuencia de soberanías se debió, en primerísimo lugar, a que los poderosos Estados Unidos, las grandes vencedores de 1898, rehusaron interesadamente reconocer la independencia de Cuba

---

Presidente de la República de Cuba– Mario García Menocal. Dijo el primero:"Siento mucho, señores, que hayamos sido enemigos llevando la misma sangre", a lo que contestó Menocal: "Ahora que Cuba es libre no podemos seguir siendo enemigos" (*El Nuevo País*, Madrid 6 de enero de 1899, p. 1).

cuando pudieron y debieron hacerlo –al intervenir militarmente en Cuba– con el fin de poder determinar cuando, y en qué condiciones, Cuba había de acceder a la independencia.

Inmediatamente después porque hubo no pocos gobernantes españoles que con su intransigencia, e invidencia de la auténtica realidad de Cuba, no supieron conceder la independencia, o la autonomía que llevara pacíficamente a ella, cuando era ya procedente,

Y por último, dicho sea con profundo respeto y afecto hacia Cuba y el pueblo cubano, porque la impaciencia y la falta de visión política de algunos dirigentes de los propios patriotas cubanos, dificultó notablemente la solución pacífica en determinados momentos cruciales de su larga marcha hacia la independencia.

¿OTRA VEZ EL 98!... CIEN AÑOS DESPUÉS: SIGNIFICADO Y CONSECUENCIAS

JOSÉ VARELA ORTEGA

En la mañana del 1 de enero de 1899, las salvas de ordenanza saludaron la última vez que en Cuba era arriada la bandera de España, "amarilla de rabia y roja de vergüenza[1]". Según rimaba el nuevo paradigma regeneracionista, "España había dejado de ser una nación americana". Pero, lo cierto es que, aquellos fogonazos del Morro de La Habana, parecieron despertar bruscamente al país de un espejismo de gloria imperial o de una pesadilla decadente, para sumirle en "un estado de estupor moral"[2]. A la firma del Tratado de París, la prensa procedió a un balance demoledor: se habían "perdido 15.700 peninsulares; 2.430.770 españoles antillanos; 9.300.000 españoles filipinos; 128.148 km^2 de extensos y ricos territorios americanos; 358.000 km^2 en Filipinas y Jolo; 16 buques de guerra y 60 mercantes; 420 millones de pesetas en material de guerra y sobre 4.560 millones en gastos de campaña, repatriación de tropas, de empleados civiles y del Estado" y... de los restos de Colón que, desde La Habana, fueron trasladados a la Catedral de Sevilla, "uni [éndose] [así] los restos de un hombre a los á los de un país" como ilustración del desastre y del fin de una época[3]."España había quedado reducida a una expresión histórica"[4], sentenciaron los intelectuales del momento, (Costa) sobrecogidos ante la magnitud de la catástrofe. La indignación pareció estallar incontenible. Los mismos periódicos que meses antes duplicaron la tirada, forzando la mano de políticos atemorizados, motejados de pusilánimes y débiles, ante el chantaje militar de "los choriceros yankees"[5], la triplicaban ahora, acusando a los gobiernos de

---

[1] Ramos Carrión *apud* V. Fité, *Las desdichas de la Patria* (Madrid, 1899), pp. 253-254.

[2] Archivo Ministerio Relaciones Exteriores y Culto, Argentina [en adelante, AMRE], 651-30 (nº 14): Quesada a Alcorta, 9 septiembre 1898.

[3] *Diario del Comercio* (Barcelona), 2 agosto 1898; y NC 19 marzo 1899.

[4] Cit. por P. Sanz Rodríguez, *Evolución de las ideas sobre la decadencia española* (Madrid,1962), p. 132.

[5] Para las bravatas españolistas, vid., p. e. *El Siglo Futuro*, 4 abril 1898: "Los tocinos yankees", "escoria de las naciones europeas": las ideas obsesiva y más o menos grosera-

la Restauración de haber sumido al país, "por orgullo mal calculado" y "pasado de moda"[6], con criminal imprevisión y ridículo pundonor, en "una gran quijotada"[7] insensata, perdida de antemano[8]. "Nosotros –aseguraba un periódico– fuimos a la guerra con la pasión del honor" y "la historia de España en la mano" (Sagasta). "¡Y ahora que hicimos de nuestra aventura un camino tristísimo de pasión, resulta que el honor es cosa cursi [...] de la que se ríen [...] los pueblos civilizados!"[9].

En efecto, la teoría tradicional sobre el 98 viene a caracterizarlo como una reacción resentida, pesimista y autoritaria, en la inteligencia de que la decisión y desarrollo de la guerra constituyó el fracaso de un gobierno y unos políticos que habrían arrastrado al país, de forma aloca da

mente repetidas, de que los americanos, por "comedores de carne" y por ser hijos de emigrantes, eran inferiores, fuera de su vulgaridad, merecen alguna atención, como exponente de la filosofía, básicamente conservadora, de muchos españoles; cfr.: contraria a la movilidad social. En este sentido, la grosería, cuando es espontánea, también ofrece pistas. Vid. también *El Imparcial*, 15 febrero 1898: "La canalla yankee" (esto es, los emigrantes); *La Voz de Galicia*, (en adelante, VG), 24 abril 1898: los EE. UU. "son un pueblo heterogéneo" de "mercader[es] cobard[es]" *(apud* S. Galindo Herrero, *El 98 de los que fueron a la Guerra*, Madrid, MCMLXII, pp. 91 y ss.); el general Basilio Agustín Davilla, Gobernador General de Filipinas, abusaba de las mismas ideas en su bando de guerra; cfr.: el escuadrón americano "tripulado por gentes advenedizas [sic, léase *emigrantes*], sin instrucción ni disciplina", sería fácilmente vencido. Es curioso observar que este tipo de argumentos, mas que irritar, desconcertaba a los americanos, vid. J.O. Ford, *An American Cruiser in the East* (New York, 1898), pp. 480 y 483. Vid. la esperpéntica expresión del Ministro de la Guerra: "¡Ojalá careciéramos de barcos!. Así podríamos decirles desde España y desde Cuba: –aquí estamos vengan uds. cuando quieran", *apud* V.G., 8 abril 1898. Federico Balart "¡Guerra!: "a esa imbecil canalla que por táctica tiene el agiotaje", *apud El Imparcial:* 21 abril 1898. No es fácil encontrar juicios equilibrados –y abiertos– emitidos desde sectores influyentes. Vid. una de las escasas excepciones, en V.G., 11 marzo 1898: "España ha caído también en el jingoismo, y vamos a medias con ellos también en este tema. Hemos sido chauvinistas. Si viene la guerra debe venir por los acontecimientos, hemos de conservar la serenidad, para estudiar el tremendo lance en sus justas proporciones". La obra clásica sobre la contrapartida americana de los Pulitzer y los Hearst, en J.E. Wisan, *The Cuban Crisis as reflected in the New York Press* (New York,1939).

    [6] AMRE, 651-29: Calvari a Alcorta, 21 junio 1898. V.G., 30 junio 1898.

    [7] *España* 17 noviembre 1923.

    [8] *El Siglo del Futuro*, 4 abril 1898, Vid. también. S. Galindo Herrero, *El 98 de los que fueron a la guerra* (Madrid, MLMLII) pp. 91 y ss. y Federico Balart, "¡Guerra!, *apud El Imparcial*, 21 abril 1898. La responsabilidad de la prensa, en AMRE, 651-30: Quesada a Alcorta, 27 junio 1898; uno de los pocos reconocimientos de este hecho: V.G., 11 marzo 1898.

    [9] *El Imparcial*, 23 abril 1898 y V.G., 30 junio 1898.

y en algarada patriotera, a una guerra imposible; fracaso también de unos marinos que habrían forzado decisiones "numantinas" poco sensatas[10]. Pero lo cierto es que la verdad está mas cerca de lo contrario. Precisamente debido a que la guerra del 98 fue calculada, impuesta por casi todos a casi todos, y perdida de forma abrumadora y rápida, la percepción de la misma no consistió en atribuirla a la voluntad de un gobierno, sino entenderla como *problema nacional*[11].Para comprender, pues, la reacción frente al Desastre es importante saber que la decisión de ir a "una guerra tan desesperada", como años más tarde la calificaría Azaña, no fue alegre ni quijotesca, sino medida sobre la base de "que de dos males e[se] e[ra] el me[nor]"[12]: el gobierno y los políticos –no sólo los del régimen– creyeron que era menos arriesgado enfrentarse al ejército americano que hacerlo con una revolución popular o un golpe militar. Por eso planearon también –y desarrollaron después– una estrategia, menos bélica que política, fundamentada en consideraciones ajenas a la técnica militar; a saber: evitar "el peor de dos males, [esto es] el conflicto que se desencadenaría en España si nuestro honor y nuestros derechos fuesen atropellados" –léase, el miedo a la opinión revolucionaria y a un pronunciamiento del ejército[13]. Quizá esto ayude a entender que, finalizado el conflicto, lo ocurrido se percibiera como un problema del país en general y no sólo de un gobierno, ni siquiera de un régimen.

Como todos los accidentes, el 98 resulta de una cadena de tropiezos e imponderables (la explosión fortuita del Maine es la *cause célèbre* más ilustrativa, pero no la única) que coinciden en un punto: el de la ruptura o estallido del conflicto. Con todo, la ruptura violenta –la guerra– no fue inevitable. Pero sí probable, si consideramos los angostos límites en que los políticos españoles creían poder maniobrar. Pues, sin duda, debates angustiados debieron ser aquéllos que consumieron los Consejos de Ministros entre febrero y abril de 1898 y produjeron la decisión agónica de los gobernantes españoles, en la inteligencia que era

---

[10] *Vid.* C. Seco, *Alfonso XIII y la crisis de la Restauración* (Barcelona, 1969), p. 32.

[11] *Vid.* mi trabajo "Aftermath of Splendid Disaster: Spanish Politics before and after the Spanish American War of 1898", *apud Journal of Contemporary History* (SAGE, London) vol. 15 (1980), pp. 317-344.

[12] *España* 17 noviembre 1923. El General Correa en *El Imparcial* [en adelante IMP] 6 abril 1898.

[13] IMP 6 abril 1898.

menos arriesgado para la paz interna enfrentarse al ejército americano que hacerlo al propio, como alternativa y previsible consecuencia de plegarse al *diktat* de la República Imperial. Porque, no nos engañemos, la decisión de ir a la guerra no fue nunca un acto "numantino"[14], sino el producto –disparatado y cínico, si se quiere, aunque también comprensiblemente conmovedor– del poco confortable dilema que angustiaba a los políticos españoles del momento, a saber: que aquel gobierno que osara "entregar la isla sin lucha" se vería irremediablemente abocado a un golpe militar y/o una rebelión popular[15].

En este sentido –y como reconocía apesumbrado Canovas antes de morir– el problema de Cuba se había ido convirtiendo en una "cuestión interna"[16]. Cuba, en efecto, siempre había sido una colonia muy espe-

---

[14] *Vid.* C. Seco, *op. cit.* p. 32.

[15] FO72/2062: Barclay a Salisbury, 4 marzo 1898. El dramático dilema se consideraba "una verdad de perogrullo": en Barclay a Salisbury, 17 marzo 1898. La renuencia de los militares a abandonar Cuba tiene una interpretación principal –y mayoritaria– basada en la idea de deshonra y la temida acusación posterior de la opinión pública de haber tragado con una "paz vergonzosa" y un entreguismo "humillante", *vid. El Siglo Futuro,* 26 marzo 1898 y *El Ejército Español,* 13 febrero 1898. Según el General Blanco, "todos los coroneles" bajo su mando contestaron "que preferían la guerra a una humillación": *El Siglo Futuro,* 2 marzo 1898. No obstante, también se barajaron explicaciones menos "elevadas", cfr.: en un ejército mal pagado y de ascensos taponados, la guerra aseguraba sueldos y promociones; esto es, movilidad profesional y social: *vid.,* p.e. *El Noroeste* (Gijón) 15 enero 1898 –lo cual, por otra parte, responde a una interpretación de clásicos, y egregios, precedentes: p.e. B. Constant, *Del espíritu de la conquista,* estudio de Mª. L. Sánchez Mejía, (Madrid, 1988), igual que Malthus– o antes aún Suetonio, *De Vita caesarum,* II (Harvard, U.P. 1959), p. 217. Malestar por razones corporativas, en J. Cachinero, "The discontent of the Spanish officers, 1898", mecanografiado, St. Antony's College, Oxon, (1989). El miedo a una sublevación popular, en V.G., 20 abril 1898 y *El Imparcial,* 11 y 12 abril 1898 (manifestaciones). Sagasta afirmó taxativamente que "el gobierno se ha[bía] limitado a seguir la corriente impetuosa de la opinión", *apud* V. Rodríguez Casado, *El impacto histórico del 98.*

[16] Los temores de Cánovas, en G. Routier, *L'Espagne en 1897* (París,1897), pp. 164-165 y E. Cánovas (comp.), *Cánovas del Castillo. Juicio que mereció a sus contemporáneos españoles y extranjeros. Recopilación hecha por su hermano Emilio* (Madrid, 1901), se reproduce una entrevista no publicada en vida pero, aunque lo fuera *ex post facto,* coincide con testimonios reservados del momento: *vid.* p .e., Tetuán a West, *apud* FO72/2003: West a Salisbury, 26 abril 1896.Vid también el excelente artículo de J. L. Comellas, "Cánovas y Cuba", *Los 98 ibéricos y el mar,* T.I (Madrid, 1998), pp. 97-110. La misma idea "pavorosa" del conflicto era compartida por Sagasta: *vid.* Archivo Histórico Nacional [en adelante,

cial. En muchos aspectos más rica que la propia metrópoli [17], atestada de inmigrantes peninsulares representaba una oportunidad y, por tanto, era también un problema el desprenderse de élla sin provocar sacudidas mayores en la opinión españolista dentro y fuera de la isla. Originalmente, baluarte del dispositivo estratégico que defendía el Golfo de México cuando éste era un lago virreinal, la independencia del continente americano y el desarrollo de una floreciente economía de plantación otorgó a la isla una importancia económica de la que había carecido en tiempos del Imperio. Con todo, a mi juicio, lo intrincado de la proposición no es tanto entender la separación de la Gran Antilla como explicar la permanencia bajo soberanía española hasta el final del siglo pasado. Hay por lo menos tres razones de peso que ayudan a la comprensión de este fenómeno. En primer lugar –y desde un punto de vista internacional– la presencia española venía siendo apuntalada –valga la paradoja– mucho más por su debilidad que por su fuerza. De hecho, a los Estados Unidos les servía de garantía y tranquilidad que una *cour secondaire*, en vez de una potencia de primer orden, dominara la Isla. En segundo lugar, sectores considerables de la población blanca caribeña, clase me-

---

AHN], Estado, 8664: Sagasta a Rascón (embajador de España en Londres), 8 Julio 1898; e *idem*, Gullón a Rascón, 11 marzo 1898. Canalejas llegaba a más: estaba absolutamente convencido de la superioridad americana (era de los pocos políticos españoles que conocía bastante bien los EE. UU., incluida su Armada) pero creía, aún con más firmeza, que el "problema de Cuba debía resolverlo el Ejército [español]", *vid. El Noroeste* (Diario republicano de Gijón), 6 julio 1898. La mayoría de los republicanos participaban del análisis de sus rivales dinásticos (*vid*, p.e., *Biblioteca Nacional* (Madrid), Manuscritos, Castelar a Ferrer, 21 abril 1898) aunque pocos lo reconocieran en público (vid. Archives Historiques de l'Armée [en adelante AA.HH.A]: 7N/1199: agregado a ministro, 10 mayo 1898). Pi y Margall y los federales estuvieron entre esos pocos: *vid*. M. Fernández Almagro, *Historia Política de la España Contemporánea* (Madrid, 1956) T. II, pp. 198-199; vid. también *Madrid Cómico*, 30 mayo 1897. Para las críticas contra la guerra, pero timidez –o incapacidad– para montar un movimiento de protesta sólido,. *vid*. C. Serrano, *Final del Imperio. España 1895-1898* (Madrid,1984), pp. 99-10; y también, claro, anarquistas y socialistas (*vid*. D. Ruiz, *El 98 en Asturias, apuntes para su estudio* ( ), *passim* -pero no quisieron, o pudieron, montar un movimiento de protesta. Para mítines socialistas contra la guerra, vid. V.G., 2 mayo 1898.

[17] En 1850 la renta p.c.de Cuba equivalía a un 80% de la de EE. UU., mientras que la de la España europea no llegaba al 60%. El primer ferrocarril de España fue el de La Habana-Güines, diez años antes que el de la Península. Cuando en 1846 se inauguró el ferrocarril Barcelona-Mataró, en Cuba había ya más de 900 kms. de vía ferrea.

dia y profesionales de las ciudades antillanas, buscaron durante mucho tiempo en la soberanía española un alivio que disipara la peor de sus pesadillas; a saber, la haitianización de la isla por los antiguos esclavos de origen africano: "Cuba será española ó será africana"[18], aseguraban los españolistas. Unos temores que los gobiernos españoles se encargaban de atizar, señalando el evidente radicalismo, en estrecha relación con los anarquistas europeos pero de aliento bolivariano, de buena parte del movimiento revolucionario cubano. Se trataba además de una tendencia que ya en 1898 llegó a despertar aprensiones en la administración McKinley, temerosa que la prolongación de la lucha terminara por desencadenar "una revolución dentro de la revolución" cubana con la consiguiente radicalización de la situación política antillana –un análisis que ayuda a entender la ansiedad del presidente McKinley por frustrar una inclinación política de esa naturaleza aún a costa de precipitar la intervención americana.[19] Por último, los estados del Norte americano temían que la anexión de un futuro estado esclavista alterara el delicado equilibrio parlamentario y constitucional de la Unión.

El problema de Cuba para los diversos gobiernos españoles en el crepúsculo del siglo no era sólo que muchos cubanos, campesinos, mulatos, negros y también no pocos profesionales bien preparados y ambiciosos, quisieran ser independientes, sino que demasiados residentes en los grandes centros urbanos de la isla, peninsulares y criollos, querían seguir siendo españoles. Entre ellos, algunos favorecían la descentralización y nutrían las filas de un partido autonomista que abogaba por una solución *à la canadienne*. Otros, los unionistas, exigían la aplicación de toda la legislación peninsular, incluido el régimen administrativo provincial de la España europea. Precisamente, porque veían amenazada su identidad e intereses, eran de un españolismo irredentista, agresivo y vociferante[20]. Es difícil devaluar su influencia en el *establishment* español. Los intereses económicos antillanos tenían un peso muy significativo en los puertos del norte de España, como Santander o Bilbao, y se articula-

[18] T. Pedraza, "Esclavitud y racismo", en *Memoria del 98* (*El País*, 1998), p. 12.

[19] Fitzhugh Lee a William R. Day, 27 noviembre 1897, *apud*. La Feber, *American Age, op. cit.*, Vol. I, p. 201. Vid. también Louis A. Pérez, Jr., *Cuba between Empires, 1878-1902* (1983).

[20] M. D. de la Calle y M. Esteban, "El régimen autonómico español en Cuba", *Los 98, op. cit.*, T. I, pp. 173-210.

ban de forma decisiva en la burguesía catalana. Entre los títulos del Reino, más de doscientos eran cubanos. Los matrimonios mixtos no eran infrecuentes. Cánovas, Romero Robledo, Gabriel Maura o Víctor Balaguer estaban emparentados con grandes potentados cubanos. Y, en general, los partidos dinásticos habían disfrutado desde sus orígenes de una generosa financiación cubana.[21]

La solución, pues, no era fácil y distaba de ser simple. Parafraseando un inteligente artículo de Clarín (1897), tampoco hoy "hay para que ensartar tonterías so pretexto" del centenario de la derrota del 98[22]. Deberíamos, pues, resisitir la tentación de considerar a los políticos españoles ochocentistas como una pandilla de "señoritos" terratenientes, reaccionarios, cavernícolas y estúpidos. Desde mucho tiempo atrás, casi todos eran perfectamente conscientes del "pavoroso" (Sagasta)[23] problema que les asediaba. El General Prim quiso cortar por lo sano vendiendo la isla a la gran república del norte pero tuvo que abandonar apresuradamente su idea ante lo políticamente explosivo del proyecto. Pocos años después (1873), uno de los presidentes de la Primera República, Castelar, estuvo a punto de ser arrastrado a una conflagración con los Estados Unidos por el vendaval nacionalista que acompañó a uno de los frecuentes incidentes que enredaban americanos y españoles en el avispero cubano. En ambos países, la crisis cubana fue un tema popular, de una opinión desorejada agitada por una prensa vociferante y amarillista, altavoz "de los indoctos y los delirantes" (Cajal) que los políticos no supieron digerir con sosiego ni encauzar con destreza. En un principio (1895), el alzamiento se consideró un problema de bandolerismo caribeño protagonizado por una "chusma indisciplinada" (W. Churchill): una rebelión más de "la negrada" *(sic)*. Pero el general Martínez Campos, enviado desde la Península para sofocarlo, fue el primero en "comprend[er] la gravedad de la situación"[24] que la sublevación era "ex-

---

[21] *Vid.* el estudio clásico de M. Espadas Burgos, *Alfonso XII y los orígenes de la Restauración*, (Madrid 1975) cap. "El trasfondo cubano" pp. 271-299,. Y más recientemente del mismo autor, "La trastienda de la Restauración", *Memoria del 98, El País*, 2, pp. 24-25.

[22] Clarín, *apud La Opinión*, 24 septiembre 1896.

[23] AHN, Estado, 8664: Sagasta a Rascón, 8 julio 1898.

[24] Martínez Campos a Castellano: 9 junio 1896, *apud.* C. Forcadell Alvarez, "El gabinete Cánovas y la cuestión cubana: el archivo personal de ministro de Ultramar Tomás Castellano (1895-1897)", *Los 98 Ibéricos*, I, p. 161.

tensa e intensa", tenía auténticas características revolucionarias, genui-
no arraigo en amplios sectores y el apoyo mayoritario de la población
campesina. Acertó también en percibir las enormes dificultades logísti-
cas que imponía al torpe y "novicio ejército español" (Martí) de corte y
patrón europeos, desentrenado para la rápida, apestosa y elusiva guerra
en la manigua, la adecuada aunque evasiva táctica guerrillera de los
mambises que hacía de la "aniquilación de Cuba su victoria" (Maceo) e
incendiaba plantaciones, interrumpía comunicaciones pero evitaba enfrentamientos, agotando a la inadaptada tropa europea en inútiles marchas y contramarchas que solían terminar en hospitales de campaña,
atestados de lazaretos infestados de dolencias tropicales.

La campaña de Cuba supuso un enorme esfuerzo de parte de España que resolvió con un éxito económico indudable, en la medida en
que la guerra se financió con sorprendente comodidad (generando una
inflación que no superó el 5% anual). "El dinero –reconocería *El Imparcial*– no sufrió tanto"[25]. Constituyó además una hazaña logística el hecho de reclutar, equipar y trasladar a miles de kilómetros de la Península a una tropa de más de 200.000 soldados; el mayor ejército que cruzara
el Atlántico hasta la movilización de los EE.UU. en la II Guerra. Pero la
guerra de Cuba se perdió en los hospitales: "fue una hecatombe sanitaria" (Jover). Y resulta significativo que Eloy Gonzalo, para los españoles
ejemplo heroico de sacrificio militar, no murió en la épica acción de
Cascorro, sino un año más tarde, triste y anónimamente, de fiebre amarilla[26]. Los infelices soldados hacinados en el Muelle de Caballería a la
espera de ser repatriados eran embarcados en condiciones lamenta-
bles[27]. No pocos fallecían en la travesía y terminaban en el mar con un
lingote de hierro por mortaja[28]. Los sobrevivientes que frecuentemente

---

[25] IMP 15 diciembre 1898. *Vid* también J. Maluquer de Motes, "Las consecuencias
económicas de las guerras de 1898", en *Revista de Occidente*, nos. 202-203, marzo 1998,
pp. 264-277. *Vid.* también P. Fraile Balbín, "¿Fue realmente un desastre", *Memoria 98*, 13
pp. 203-205. Y asímismo N. Sánchez Albornoz, "War and the national experience", *Re-
flections on the war of 1818* (Darmouth College, 3 abril 1998).

[26] El ejército español sufrió unas 55.000 bajas por enfermedad contra apróximadamente 4.000 causadas por acciones de guerra. Se produjeron 280.000 hospitalizacio-
nes registradas, de forma que, por término medio, un soldado hubo de visitar el hospi-
tal más de una vez: *vid.* Comellas, "Cánovas", *Los 98 Ibéricos, op.cit.*, I, p.101.

[27] C. Leante, *Muelle de Caballería* (La Habana, 1973), *passim*.

[28] J. Conangla, *Memorias de mi juventud en Cuba* (Barcelona, 1998), p. 231. Moreno

llegaban a la Península convalecientes de fiebre amarilla, vómito negro o paludismo, deambularon como fantasmas durante años por los caminos de España y, con su uniforme de "rayadillo" y aspecto macilento, demacrado y encorbado proyectaban la imagen de esa España decrépita que denunciaban los regeneracionistas, ilustraran los dibujos de Nonell y dsecribiera Valle-Inclán con Juanito Ventolera en su esperpento teatral *Las galas del difunto*. La guerra de Cuba comenzó al son "bullanguero" (Costa) de la "Marcha de Cádiz"(durante años, el "himno electrizante y enloquecedor" que despedía a la tropa en los muelles peninsulares; desde setiembre de 1898 tenido por "una desvergüenza musical" [29]) pero se cerró con el coro de repatriados de *Gigantes y Cabezudos* que estremeció al país[30]. En efecto, la aventura antillana no fue ciertamente digna de la épica de Kipling: la de unos pocos heroicos aventureros europeos enfrentados a masas oscuras –aunque inermes– con la ayuda, eso sí, de la ametralladora Maxim. Fue, quizá, la primera –que no la única– guerra colonial "sucia". A decir de los técnicos militares, sorprendidos en su incompetencia, exigía métodos "especiales"; esto es, "durísimos". Martínez Campos, que no estaba dispuesto a manchar su conciencia "con fusilamientos y otros hechos análogos" ni a forzar la "reconcentración" de los campesinos en blocados cuya carencia de las mínimas condiciones higiénicas y alimentarias equivaldría a condenar a muerte a miles de personas, presentó su renuncia, al tiempo que aconsejaba el nombramiento del general Valeriano Weyler, un militar duro, implacable, dispuesto "a combatir la guerra con la guerra". Además de una sólida reputación técnica como experto en tácticas contra-insurgentes en la manigua ganada en anteriores conflictos antillanos (Santo Domingo,1864 y Cuba,1878), Weyler reunía ciertas condiciones políticas que lo convertían en un candidato adecuado a la delicada situación por la que atravesaba el gobierno español. El nuevo Capitán General de Cuba tenía fama de izquierdista; excéntrico y atrabiliario, de costumbres austeras y hábitos espartanos, era respetado por sus oficiales y popular entre la tropa. Pero, convencido de la necesidad de un ejército profesional, apolítico y neutral, Weyler se negó a participar en pronunciamiento alguno, siempre se manifestó inflexible a la hora de imponer una

---

Fraginals, *Cuba/España*, p. 289, contabiliza 18 expediciones de repatriados a fines de 1898 con más de 4.000 muertos.

[29] *El Heraldo*, 18 septiembre 1898.

[30] C. del Moral Ruiz, "El 98 y el género lírico español", *Memoria 98, op. cit.*, p. 285.

disciplina estricta y escrupuloso en reconocer la supremacía de las autoridades civiles legalmente constituídas, un hecho que tranquilizaba a gobiernos amedrantados por el vocerío nacionalista, sin inquietar a los españolistas antillanos, en la medida que el general nunca ocultó su intencion de fundamentar su implacable estrategia militar en un apoyo decidido a la opinión españolista de la Isla.

Pero el panorama internacional había cambiado mucho desde la década anterior. La Conferencia de Berlín (1884-85) fue un ejercicio de charcutería cartográfica que despiezó el mapa de Africa en una "merienda de blancos" incivilizada, si bien pacifica y consesuada. A pesar de ello, fueron acuerdos asentados en "la ocupación efectiva del territorio" como principio legitimador del nuevo imperialismo europeo. Los derechos históricos quedaban periclitados. "Tenemos el paso cambiado", acertó a comentar con preocupación el embajador Couso de Portugal. De hecho, fue el último gran reparto amistoso. *Nur Macht und nackte Gewalt:* "sólo fuerza y violencia desnuda" contarían desde entonces, como acertara predecir un temprano (1897) artículo de Max Weber[31]. Lo cierto es que en la última década del ochocientos habían aumentado los comensales (rusos, japoneses y americanos) al tiempo que los territorios a repartir se reducían a regiones más complicadas y controvertidas. El escenario colonial se había trasladado de Africa a Asia y el Pacífico. Después de la guerra chino-japonesa, la toma rusa de Port Arthur y la ocupación alemana de Kiau-Chau, el gobierno británico comenzó a temer por un despiece de China[32]. Resuelto el contencioso de Venezuela (1896) que le enfrentaba a los EE. UU., y crecientemente ansioso por la inestable situación en Asia y el Pacífico, el gabinete Salisbury solicitó del gobierno americano una extensión de sus líneas estratégicas navales que aliviara las responsabilidades de la armada británica en el área e impidiera el reparto o "la eslavización de China" que ambas potencias repudiaban[33].

Así pues, no era Cuba la meta ambicionada por el gobierno ameri-

---

[31] Vid. el excelente trabajo de J. J. Carreras, "El colonialismo de fin de siglo", en *Los 98 Ibéricos y el Mar* (Salamanca, 1998), T. I, pp. 23-48 y esp. pp. 33 y 40.

[32] W. La Feber, *The American Age. United States Foreign Policy at Home and Abroad,* (New York-London, 1994), Vol. I, pp. 212-214.

[33] En 1898 Rusia amenazó con cerrar los puertos chinos, Port Arthur incluido, que eran vitales para el comercio americano en la región. *Vid.* J. W. Prat, *Expansionists of 1898* (Baltimore, 1936) pp. 297-298.

cano. El objetivo estratégico de la administración McKinley se orientaba más bien hacia el Pacífico para garantizar una política de "puertas abiertas"[34] en China y, en ese propósito, las islas de Hawai, la micronesia española y el archipiélago filipino resultaban imprescindibles para una logística naval dependiente todavía del carbón y, por ende, con una autonomía inferior a catorce días de navegación[35]. Es en este contexto internacional en el que hay que enmarcar el encogimiento de los tiempos en la creciente tensión hispano-americana.

Cuando en la segunda mitad de los años noventa, los comités de propaganda revolucionaria cubana en los EE. UU., la –exitosa pero mortífera– estrategia represiva de Weyler, la opinión pública y la prensa amarillista americana se combinaron para hacer variar la postura de la administración republicana del Presidente McKinley, (tan alarmada por los éxitos electorales demócratas en 1897 como interesada en una penetración hacia China), los responsables de la política española se encontraron en una situación casi indefendible. Después de las grandes construcciones navales de los primeros años noventa, los EE. UU. se habían convertido en una potencia naval de consideración. En todo caso, se trataba de un potencial económico y militar muy superior al español. El mejor entrenamiento de las tropas españolas no podía contrarrestar el hecho decisivo de que se tratara de un teatro de operaciones alejado de la Península, pero muy próximo al continente enemigo y, por tanto, a expensas de una cobertura naval superior.

En España y Cuba, por otra parte, a la opinión de la calle y de las linotipias se sumaba la de los cuartos de bandera, asediados por los españolistas antillanos. Aquellos "cuerpos de voluntarios" (catalanes muchos de ellos) que acusaban de traición y entreguismo a cualquier gobierno con veleidades autonomistas (como hubo de señalarle el dirigente liberal catalán, Víctor Balaguer, al propio Sagasta) y de cobardía o

---

[34] P. Kennedy, *The rise of the United States to Great Power Status* (Random House,Inc, 1987) pp. 194-198 y 242-248. W. La Feber, *The New Empire: an Interpretation of American Expansion, 1860-1898* (Cornel U. Press, 1963) pp. 400-406. T. J. McCormick, *China Market: America's Quest for Informal Empire, 1893-1901* (Random House, Inc. 1967), pp. 117-120; 107-115. W. La Feber, *The American Age op.cit.* Vol. I, pp. 200, 205, 213, 217-218 y 220.

[35] A. T. Mahan, *The influence of Sea Power upon History, 1660-1783* y también del mismo autor *The interest of America in Sea Power* (Cambridge, 1897).

deshonor al menor signo de vacilación entre los oficiales destinados en la isla, con sus guerreras de cuellos y bocamangas azules, sombreros de yarey, tocados de vistosas escarapelas roji-gualdas, y relucientes polainas negras, ardiente aunque groseramente arengados por Eva Canel, actriz profesional y agitadora de ocasión, no debían ofrecer un aspecto muy tranquilizador[36]. Es harto verosímil que una de las pesadillas del gobierno español fuera que el ejército de la Isla, mayoritariamente weylerista– y el grueso de la masa de maniobra española, por otra parte– rehusara de forma abierta e indisciplinada seguir una política de paz y aceptación del *diktat* americano, conduciendo a Cuba a una suerte de independencia de la independencia, divergente de las instrucciones e incluso del control del gobierno de Madrid: algo parecido, pero más grave y extraviado, de lo ocurrido en 1868 cuando los españolistas, en colusión con buena parte del ejército (fiel al depuesto gobernador, general Lersundi) y el cuerpo armado de voluntarios del comercio, organizaron un pronunciamiento contra el general Dulce, el nuevo capitán general nombrado por la Gloriosa[37].

En cuanto a los políticos, pocos pensaban lo que decían; pero aún eran menos los que decían lo que pensaban. De tal suerte que, en aquel amargo trance, a España le faltó su Thiers : alguien de fuste y peso político que apostara a la derrota antes de la batalla y tuviera la entereza suficiente como para arrostrar la impopularidad de predicarlo públicamente en medio de aquel vendaval de belicismo nacionalista. De hecho, la apuesta *antefacto* fue la contraria: que una corona que ceñía un niño huérfano y regentaba una reina extranjera y un gobierno que presidía un anciano vacilante y conciliador terminarían por claudicar, sensatamente, como habían hecho los portugueses en 1890 o los franceses en el propio año terrible de 1898, ante el chantaje militar de la otra gran potencia anglosajona; y que una retirada tal desencadenaría la misma efervescencia nacional-imperialista y antimonárquica que estaba viviendo el vecino peninsular[38]. De esta suerte, los republicanos, lejos de montar una campaña popular contra gobiernos monárquicos que dilapidaban vidas y haciendas en aventuras coloniales, se prepararon para un es-

[36] J. Conangla, *Memorias de mi juventud en Cuba* (Barcelona, 1998), p. 171.

[37] J. J. Moreno Masó, "'La Gloriosa' en las Antillas", *Memoria 98, op. cit.*, pp. 14-15.

[38] F. Catroga, "Decadência e Regeneraçao no Imaginário do Republicanismo Português dos finais do século XIX", *Los 98 Ibéricos, op. cit.*, III, p. 427.

cenario de retirada y deshonra, sumándose al estridente coro nacionalista y preparando junto –y hasta en connivencia con– los carlistas un
golpe militar, "si continua[ba]n dejando arrastrar por el lodo la bandera española" (D. Carlos) que barriera a gobiernos pusilánimes y a "monarquía[s] entreguista[s] [39]" "que nos lleva[ba]n a la ignominia" (D.
Carlos) [40]. Hasta *El Siglo Futuro,* órgano del integrismo católico, rehusaba
la mediación del Vaticano afirmando que "España no deb[ía] guarecer-
se en las sagradas vestiduras de Su Santidad [sino] defender su bandera
y clavarla en el corazón de su agresor" [41]. Así pues, y hecha salvedad de
algunas excepciones tan valerosas e ilustres como políticamente irrelevantes (el venerable dirigente republicano, Pi i Margall, el político y periodista conservador Mañé y Flaquer o el respetable líder socialista, Pablo Iglesias, por ejemplo) nadie se atrevió a exponer públicamente la
dura realidad. Y la prensa menos que nadie. En efecto, diarios respeta-
bles como *El Imparcial o El Heraldo* "no le anduvieron a la zaga" a la prensa yanqui en cuestión de jingoísmo.[42] "¿Y los periódicos republicanos?
¡Oh! Esos, deja[ban] atrás, en cuanto a patrioterismo, a los periódicos
monárquicos" [43]. En efecto, *El País* exigía "¡Guerra!", *El Motín* pedía a los
militares un ataque contra los americanos, "en la seguridad que vencedores darán gloria; vencidos, honra" [44]. Y *El Progreso* equiparaba "paz a
traición", amenazando al gobierno que arrastrara "por el fango la bandera de España" con "un general que inspir[ara] confianza a la nación y
guerra a los EE. UU.". Tampoco es cierto que la guerra fuera un desvarío
impuesto por la "golfería" cortesana madrileña, perezosa, romántica y
guerrera a la provincia reflexiva, pacífica y trabajadora. Como reconocía, lamentándose, *La Renaixensa* (uno de los pocos periódicos opuestos
a la guerra) en la opinión y en la prensa catalana había "tantos Quijotes
como en las llanuras de la Mancha". No hace falta suscribir a la letra la

---

[39] C. Almuiña /J. Tengarrinha, "Las crisis ibéricas finiseculares y su reflejo en las
respectivas opiniones públicas", *Los 98 Ibéricos, op. cit.* Vol. II, p. 265: la expresión es por-
tuguesa, está significativamente asociada a la crisis del ultimatum de 1890 y proveyó de
munición política a los republicanos lusos.

[40] *Diario de Barcelona,* 16 julio 1898.

[41] 5 abril 1898.

[42] *La Voz de Galicia* [VG], 8 abril 1898.

[43] *El Socialista,* 20 mayo 1898.

[44] 23 abril 1898.

contundente opinión de Cambó el sentido de que "la prensa de gran circulación [...] engañ[ó] vilmente [...] a la opinión", para reconocer que, al menos, "la [des]orientó" decisivamente[45]. No merece la pena insistir. "Su culpa –la de la prensa– fue sin embargo la de todos" (Fernández Flores) "¿Quién ha tenido culpa de la guerra con los Estados-Unidos? –se preguntaba el conocido escritor y periodista Luis Maroto, apenas unas semanas después de la batalla de Santiago– ¿Quién alentó al pueblo con ilusiones mentirosas para desear la contienda? ¿Quién empujó al Gobierno [...] a aceptar una lucha físicamente imposible? [...]. La culpa la ha tenido todo el mundo, todo el mundo que escribe o que habla" [46]. El mismo mundo al que acusara Azaña de haber "explota[do] [...] el pundonor nacional, la vanagloria, el orgullo lastimado y otras pasiones, sin el contrapeso de la sensatez de un pueblo bien instruido"[47].

La mayoría abrumadora de políticos y de militares –marinos incluidos[48]– empero, eran perfectamente conscientes de que una guerra contra los Estados Unidos "sin aliados", era una "demencia" (Castelar) y "una temeridad" (Canalejas) que llevaría al desastre, "¡a ciencia cierta!" (Cervera)[49]. Aliados los encontró efectivamente España mediados los años ochenta (adhesión a la Triple). Pero eran aliados sólo para determinadas circunstancias. Garantías para las posesiones ultramarinas –que era lo que obsesiva y afanosamente buscaron los profesionales del palacio de Santa Cruz– no se consiguieron nunca. El propio Cánovas lo intentó infructuosamente en los albores de la Restauración de la potencia entonces emergente, el imperio alemán: "no tiene aliados quien

---

[45] *Apud.* M. Cruz Seoane, "La Guerra de 1898 en la prensa española", en *"Aquella guerra nuestra con los Estados Unidos...".Prensa y opinión en 1898* (Madrid, 1998), pp .66-67.

[46] L. Morote, "Todos culpables" en *Vida Nueva,* 31 diciembre 1898.

[47] *España,* 17 noviembre 1923.

[48] La mejor prueba es la nota, premonitoria, que el Almirante Cervera, seguro de "ser vencido", envió a su primo Juan Spottorno, dos años antes de la guerra, con la "súplic[a] que no rompas esta carta, sino que la guardes por si conviniera alguna vez conocer mis opiniones de hoy" (1896), *apud* Archivo de la Fundación Ortega y Gasset [en adelante AFOG]: Cervera a Spottorno, 14 marzo 1896. Algunos personajes políticos, protagonistas en esta historia, conocían estas opiniones del Almirante, vid. *idem:* Moret a Spottorno, 24 Octubre 1898.

[49] *Apud.* J. L. Frank Francos, *Muerte al Castilla* (Madrid, 1998), p. 156.; y AFOG: Cervera a Spottorno, 14 marzo 1896.

quiere sino quién puede "[50], fue la amarga sentencia con que el dirigente conservador saldó aquel ensayo frustado. Porque, efectivamente,
¿qué aliados podría encontrar quien nada más que riesgos a un posible
enfrentamiento con los EE. UU. tenía que ofrecer?, como alguna vez recordara sensatamente Cánovas del Castillo a algún aficionado a la diplomacia voluntarista. "Il n'y a plus d'Europe", se lamentaba La Epoca[51] ante la orfandad diplomática del país. Y, en efecto,"¡esta[ba]mos solos,
completamente solos en el mundo!"[52].

En el discreto recato de la correspondencia privada, pues,casi todos, estaban en que lo "más sensato" era negociar... "la paz que se pueda, amén", como más tarde admitiría el propio D. Antonio Maura. Pero,
"la paz –como vendría a reconocer después, que no antes, el Ministro de
la Guerra– dependía de la opinión del ejército"[53]. Sobre todo a medida
que se intensificó la presión norteamericana, "la tensión de la opinión"
nacionalista española (Ireland a Rampolla) fue haciéndose insoportable en los cuarteles y agobiante en los partidos[54]. Casi ninguno se atrevió, empero, a predicarlo, en sazón, convencidos de que al hacerlo desa-
tarían las iras "de la opinión ignorante, atrasada, reaccionaria"[55] y pro-
vocarían un levantamiento militar. En este punto, la evidencia es abrumadora[56]. Multitud de testimonios, variados y contrastados –y la propia

---

[50] M. Espadas Burgos, "Cánovas y la política exterior" en *Cánovas, 1828-1897* (Valencia, 10-13 noviembre 1997).

[51] 30 junio 1898.

[52] *El País,* 21 abril 1898.

[53] *Vid. Archivo Histórico Provincial de las Palmas:* Papeles de León y Castillo, nº 1523;
AHN, Estado, 8664: Gullón a Rascón, 13 febrero 1898; Archivo Trifino Gamazo, [en
adelante, ATG] 3/31: Maura a T. Gamazo, 9 julio 1898. AFOG, Cervera a Spottorno,
14 marzo 1896. *El Siglo Futuro,* 15 septiembre 1898.

[54] *St. Paul Archidiocesan Archives*: "John Ireland (Arzobispo Católico de Minneso-
ta) Papers", correspondencia con Rampolla (Secretario de Estado del Vaticano) y la de
éste con Martinelli (Nuncio en Washington), sobre todo la correspondencia telegráfica entre 1 y 10 abril 1898.

[55] *Vida Nueva,* 31 julio 1898.

[56] Casi todos, incluídos los americanos (*vid.* Woodford a McKinley, marzo y abril
1898, *apud* Library of Congress, John Basset Moore Papers, "Private Correspondence of
General Woodford to the President", File 185. Woodford –embajador en España– pronto comprendió –y así se lo indicó a McKinley– que, en última instancia la Reina tendría
que "elegir entre salvar su trono o la pérdida de Cuba en guerra con [los EE. UU.]", cfr.
J. L. Offner, *An unwanted war. The diplomacy of the United States and Spain over Cuba, 1895-*

secuencia de los acontecimientos– revelan "la verdad de Perogrullo"[57] de que los políticos españoles se debatían en "un terrible dilema": "la guerra ó el deshonor" (Sagasta)[58]; cfr., enfrentarse con el ejército norte-americano, para defender lo indefendible, o hacerlo con el propio, arriesgando lo intocable –la monarquía y las libertades constitucionales y, por ende, la paz interna[59]. Algún periodista acertó a resumir lo espino-so de la opción: "acabar con vilipendio la guerra de Cuba equivaldría a encender la guerra civil en la Península. Si el ejército tuviese que volver por una paz vergonzosa se sentiría entregado. ¿Se puede prever lo que haría con el Gobierno que le obligue a tan deplorable regreso? Los da-ños de una guerra extranjera son más exteriores que internos. El golpe de una última y definitiva humillación lo recibiría la nación (...). Ante esto ¿habrá quien vacile?"[60]. Frente a disyuntiva tan dramática, advertía La Correspondencia Militar, "que escoja el gobierno, antes de que el pa-ís y el ejército resuelvan declararle inútil"[61]. La verdad es que "ni el pre-sidente [Sagasta] ni el ministro [de Ultramar, Moret] querían la guerra. Hicieron cuanto estuvo en su mano para evitarla, hasta el momento que

---

1898, Chapel Hill, 1992, pp. 91-92 y 93-94, 140, 161, 165, 171, 173 y ss.) eran conscien-tes de "los graves problemas" que asediaban a la diplomacia española y su estrecho mar-gen de maniobra, en vista de los "vitales intereses de la monarquía"; cfr., "la tensión de la opinión pública" y el problema del "honor del Ejército español": *vid.,* p.e., Ireland, a su vez, estaba en contacto directo con McKinley, manteniéndole al tanto de la media-ción del Vaticano. La Segretaria dello Stato se encargó activamente de pedir compren-sión para el complicado dilema del Gobierno español, cumpliendo los deseos del Mi-nistro Exteriores (Pío Gullón), vid. *Archivio Segreto Vaticano,* Secretaría de Estado (AGV, SS), 249 (1901), III, p. 143: Mava a Rampolla, 10 diciembre 1897; y Martinelli a Rampolla, 4 febrero 1898 (motines militaristas en La Habana). Pero, por lo menos desde los prime-ros meses de 1898, McKinley más que comprender se aprovechó de las angustias del go-bierno español para manipularlo conforme a sus propósitos intervencionistas.

[57] FO 72/2062: Barclay a Salisbury, 17 marzo 1898.

[58] DSS, 15 septiembre 1898.

[59] *Vid.,* p.e. *Archivo Palacio Real* (Madrid) Sección Histórica C35: correspondencia de Dupuy de Lôme (embajador en Washington), abril-junio 1897; y AHN (Madrid) Di-versos, 109: "protesta de la brigada Cienfuegos y de las divisiones Habana y Matanzas". Los extranjeros eran conscientes y registran el dilema: *vid.,* p.e. H. W. Wilson, *The Downfall of Spain* (London,1900), p. 85. Para "advertencia[s]" de la prensa militar, vid. *La correspondencia militar,* 13 febrero, 2 marzo y 18 abril, 1898 y *El ejército español, idem.*

[60] IMP. Apud. *El Siglo Futuro,* 26 marzo 1898.

[61] 2 marzo 1898.

la presión de carlistas, republicanos y militares les intimidó [...]"[62]. Así pues, si "difícil e[ra] conservar y asegurar nuestro dominio legítimo en Cuba; [...] muchísimo más difícil [resultaba] abandonarla [porque] contra eso se levantaría la nación"[63]. En suma, la guerra del 98 es uno de esos casos, no infrecuentes en un ambiente que fue enrareciéndose hasta la Gran Guerra, en que "el pueblo se sacrifica a la nación" (Unamuno).

De esta suerte, a los diversos factores que hacían particularmente difícil el renunciar a Cuba, debe añadirse la postura irredentista del ejército –o una parte significativa del mismo– el cual resultó un elemento de primer orden a la hora de delinear la política internacional española en la región antillana. Bien puede, pues, afirmarse que los políticos españoles no percibieron al ejército como un instrumento (en la tradición civilista del constitucionalismo europeo), sino como un condicionante, de la política exterior[64]. De hecho, la actitud levantisca de una parte del ejército español tuvo consecuencias internacionales graves e imprevisibles. Mediado el mes de enero 1898, un periódico cubano, que llevaba la significativa cabecera de *El Reconcentrado,* publicó ciertos comentarios sobre determinados personajes de la administración weylerista saliente que en los cuartos de bandera se consideraron insultantes e

---

[62] *Diario de Barcelona,* 16 julio 1898.

[63] M. Azaña, *apud. España,* 17 noviembre 1923.

[64] *Vid.* V. Weyler, *En el archivo de mi abuelo* (Madrid, 1946), p. 182: el General Blanco estuvo a punto de sublevarse al recibir la orden de capitulación de la isla. *Vid.* Ruptura de hostilidades por presión del Ejército, en FO 72/2063: Barclay a Salisbury, 22 abril 1898. La salida de la Escuadra española, refugiada en Santiago, también fue debida a presiones –y temores del– gobierno. Incluso después de su destrucción, la situación se hizo muy tensa porque el Ejército se negaba a rendir la plaza. Hubo conatos de rebelión, indisciplina y hasta saqueos de casas de la población civil. En este sentido, deben consultarse J. Müller, *Combates y capitulación de Santiago de Cuba* (Madrid, 1898), pp. 185-186 y 215-216; F. Arderius, *La Escuadra española en Santiago de Cuba* (Barcelona, 1903), pp. 117-123; J. Rodríguez Martínez, *Los desastres y la regeneración de España* (La Coruña,1899), pp. 79-82 (telegramas cruzados entre el jefe militar de Santiago, General Linares y el ministro de la Guerra). El gobierno entendía que la paz era prematura y peligrosa aún después del desastre de Manila, véase AA.HH. A. 7N/1199: agregado a ministro, 10 mayo 1898. Jefes y oficiales, a su vez, se sentían muy presionados por la postura irredentista de los "voluntarios" españolistas cubanos, *vid.* C. Morris, *The war with Spain* (Philadelphia,1899), p. 34. Motines "militaristas" contra centros autonomistas, en AMRE: Quesada a Alcorta, 4 febrero 1898; y AHN. Estado 8664: Gullón a Rascón, 11 marzo 1898 ("algaradas" militaristas contra el General Blanco).

intolerables. Grupos de oficiales se amotinaron y asaltaron la redacción
del rotativo entre imprecaciones contra las nuevas autoridades autonómicas e insultos al gobierno Sagasta. El Cónsul americano en La Habana, General Fiztghuh Lee, quedó profundamente impresionado por los
incidentes, pidió a Washington protección para intereses americanos en
la Isla (antecedente del envio del "Maine") y remitió informes muy negativos sobre la administración española en Cuba y las posibilidades de
éxito del nuevo régimen autonómico. Por su parte las autoridades políticas americanas, incapaces de concebir la indisciplina en una organización militar, interpretaron los motines de enero como prueba de que el
ejercito español se estaba desintegrando. Esta fue, al parecer, la impresión del propio presidente McKinley quién comenzó a pensar que se le
acababa el tiempo y se hacia inevitable una intervención americana para controlar una posible situación caótica[65]. El pulso entre militares y
políticos se resolvió sacrificando la armada –porque, "no tenía el peso
del Ejército", para dar un golpe (Cervera)– en una confrontación rápida que tuvo más en cuenta el juego político antes referido que las necesidades estratégicas[66]. En definitiva, se cumplió la predicción que años
atrás le hiciera el propio General Martínez Campos a Paul Brooks (Brooks a Olney): España sacrificaría unos cuantos barcos para "salvar el honor" y liquidar rápidamente la guerra[67]. De hecho –y contrariamente al
plan estratégico de la Armada que, siguiendo las orientaciones de la *Jeu-*

---

[65] La Feber, *American Age, op. cit.,* Vol. I, pp. 193-227.

[66] AFOG: Cervera a Spottorno, 21 enero 1901 (cita). Y también, *Biblioteca de la Real Academia de la Historia* (Madrid) [en adelante, BRAH] 11/8954: Cheste a Sagasta,
agosto 1898. Véase también Efeele, *El Desastre Nacional y los vicios de nuestras instituciones
militares* (Madrid, 1901), p. 170; Weyler, *Archivo,* p. 182 (el capitán general Blanco, pen-
só en sublevarse al recibir la orden de capitulación de la Isla). Descripción de los partidarios de la paz inmediata y aquéllos que la temían e insistían en continuar la guerra,
en *Archives des Affaires Étrangères* [en adelante, AA.EE.] Cp. Nsi (1879-1900): Patenôtre a
Reverseaux, 10 agosto 1898 (la mayoría de los generales consultados querían que el
Gobierno siguiera la guerra, aún a costa de perder Canarias y algunos puertos penínsu-
lares; pero se echaron atrás cuando Sagasta les amenazó con abandonar el gobierno en
sus manos). Los técnicos militares actuales también han señalado esta circunstancia de
que la estrategia se viera condicionada –y alterada– por los condicionamientos de política interior: vid. H. W. Wilson, *Battleships in Action* (Boston, 1969), vol. I, pp. 124-125.

[67] *Apud.* E. Hernández Sandoica, "Escenarios ultramarinos del 98: Cuba antes de
la autonomía", en *Revista de Occidente,* marzo 1998, nos. 202-203, p. 207.

ne École francesa (Théophile Aube) para una flota de cruceros rápidos como la española, evitaba operar fuera de aguas europeas y arriesgarlo todo en una batalla naval decisiva– el grueso de la escuadra española fue enviado a las Antillas para aceptar un encuentro concentrado con unas "fuerzas [americanas] cuatro veces" superiores (Cervera) (precisamente lo que buscaban los americanos, siguiendo las tácticas navales de T. A. Mahan, diseñadas para una armada de grandes acorazados y lances decisivos). De esta suerte "el honor nacional quedó satisfecho, y cumplido el sacrificio que debíamos a nuestra gran tradición" [68].

Naturalmente, el guión alternativo nunca fue escrito y no sabemos que hubiera ocurrido si el gobierno que presidía ocasión tan dramática hubiera tenido el coraje de enfrentarse a la opinión pública y a los numerosos oficiales "que preferían la guerra a una humillación" [69]. Sagasta murió convencido de que "el deshonor [en lugar de] la guerra [...] hubiera acabado con todo y con todos" [70]. ¿Una coartada exculpatoria?. Puede. Pero,en todo caso, conviene resistir razonamientos simples y displicentes trufados de soberbia intelectual. Quizá "faltó valor cívico, faltó entereza" [71] y sin duda, aquellos gobiernos cayeron en errores catastróficos pero ni la situación era simple ni la alternativa inocua. En ocasión parecida, pocos años antes, los gobiernos portugueses del momento (1890) tuvieron el buen juicio de acomodarse al *ultimátum* británico en el contencioso que enfrentaba a ambas naciones en África subtropical, al sur de Zambeze, entre Angola y Mozambique [72]. Pero lo aparentemente "sensato" de la decisión, resultó políticamente explosivo y terminó por dar al traste con la monarquía y las libertades constitucionales del país vecino [73]. Por el contrario, el 98 español como tal acontecimiento, resulta de la decisión opuesta, de la "insensatez [74]" (como prevenía Ca-

---

[68] *España,* 17 noviembre 1923.

[69] *El Siglo Futuro,* 2 marzo 1898.

[70] DSS: 15 septiembre 1898.

[71] *Diario de Barcelona,* 16 julio 1898.

[72] V. Alexsandre, "A Política colonial em finais de Oitocentos. Portugal e a Sacralizaçao do Império", en *Los 98 Ibéricos, op. cit.,* Vol. I, p. 69-71. Tambíen Almuiña y Tengarrinha, "Crisis Ibéricas", *op. cit., Los 98 Ibéricos,* Vol. II, pp. 268-269.

[73] A. Carvalho Homem, "Monarquía constitucional e rotativismo político", *Los 98 Ibéricos, op. cit.,* Vol. III, pp. 21-25. Y también J. Tusell, "Dos formas de liberalismo oligárquico: rotativismo y turnismo", *ibidem.,* pp. 69-70.

[74] *Apud.* Francos, *Castilla, op. cit.,* p. 156.

nalejas, en el sigilo de la correspondencia privada, al propio Presidente del Consejo, Sagasta) de enfrentarse a un país que, ya para entonces, era líder mundial en la fabricación de armamentos. "¡Seamos insensatos! [75]", demandaba la prensa, elogiando al general carlista Cavero que pedía "un fusil, un hacha de abordaje y un puesto en el primer barco que rompa fuego contra los Estados Unidos" [76] Y, en este sentido, debemos cerrar la paradoja lusitana (en que lo sensato sale "mal"), reconociendo que lo disparatado de la decisión española, sale "bien": gobierno y políticos dinásticos creyeron haber evitado un golpe militar, un conflicto civil y haber preservado las libertades constitucionales; eso sí, al elevadísimo precio conocido.

Aquel Desastre "inenarrable, casi bíblico", que diría Morote[77], pareció sacudir al país en sus cimientos, desencadenando un "clamor nacional" (Azorín) [78] de renovación y cambio. Aquella amplia corriente de opinión se expresó a través de muy diversos medios: la prensa, la literatura y el ensayo, en primer lugar; la historiografía, más tarde. Dio origen a teorías y propuestas prácticas.[79] En su vertiente política afectó a todas las fuerzas políticas, no sólo de oposición, sino también monárquicas –más a los conservadores que a los liberales–. Se manifestó en los apoyos sociales prestados al programa del general Polavieja. E impulsó un movimiento nuevo, que se conoce específicamente como regeneracionista, del que vamos a ocuparnos aquí. Se trata de las actividades llevadas a cabo por las Cámaras Agrarias y de Comercio, entre septiembre de 1898 y julio de 1900, especialmente, entre cuyos protagonistas destaca Joaquín Costa. Su importancia radica más en la contribución que hicieron a la crítica del sistema político llevada a cabo por todos los regeneracionistas –que ha condicionado desde entonces la forma de interpretar la Restauración–, y en las propuestas de largo alcance que formularon –que constituyen el programa de la modernización española

[75] *El País,* 18 abril 1898.

[76] *Diario de Barcelona,* 16 julio 1898.

[77] *Vida Nueva,* 31 julio 1898.

[78] *ABC,* 13 febrero 1913.

[79] Sobre el regeneracionismo como movimiento cultural, ver P. Cerezo Galán: "El pensamiento filosófico. De la generación trágica a la generación clásica. Las generaciones del 98 y del 14" en *Historia de España Menéndez Pidal,* vol. XXXIX: *La Edad de plata de la cultura española, 1898-1936.* Madrid: Espasa Calpe, 1993, tomo I, pp. 131-315

del siglo XX–, que en sus repercusiones políticas inmediatas, ruidosas pero huecas e irrelevantes en la práctica, disueltas *"en un deseo platónico"* que diría Azaña.[80] Los regeneracionistas, en efecto, buscaron capitalizar políticamente el abrumador ambiente de indignación y exigencia de cambio, confiando, erróneamente, en seguir los pasos de los republicanos franceses tras la *débâcle* de Sedán.[81] A los efectos, propusieron una "expiación prudente", exigieron "renovar el personal de la política española"[82] y montaron una campaña de agitación que puso al régimen de la Restauración en su punto de mira: "los políticos a la vida privada, el pueblo a la vida pública"[83]. (Bien entendido que "los políticos" eran los de la Restauración y, "el pueblo", ellos que confiaban en ser llamados a gobernar por la Corona). Resulta llamativo, en primer lugar, que fueran instituciones económicas –en las que se agrupaban los intereses de los diferentes sectores productivos– las que decidieran lanzarse directamente a la escena política. Lo hacían porque consideraban que las instituciones políticas, los partidos, no las representaban adecuadamente. Los hombres públicos, dijeron de todas las formas posibles, estaban dominados por intereses particulares que les hacía incapaces de apreciar siquiera las verdaderas necesidades del país; la raíz del mal era el "caciquismo", el dominio ilegítimo ejercido sobre la máquina del Estado por unos cuantos individuos todopoderosos. Reclamaban la reforma del sistema representativo mediante la potenciación del voto corporativo, y medidas de gobierno en cierta forma contradictorias: la rebaja de los impuestos a la vez que la intensificación del fomento de la producción mediante un extenso programa de obras públicas. Y estuvieron divididos respecto a los medios que debían adoptar, imponiéndose la opinión favorable a constituir un grupo de presión en lugar de un partido político.[84]

---

[80] *Apud.* S. Juliá, *Azaña y el 98* (Residencia de Estudiantes, Madrid, 3 febrero 1999).

[81] *Vid.* la estrategia comparativa e*n Revista Nacional* (nº 14), 16 octubre 1899 (p. 292). El vaticinio Sedan, *ante facto,* en *El País* 1 abril 1898.

[82] Archivo Alba [en adelante, AA]: Alba a Cascajares, 6 diciembre 1898 (p. 11).

[83] *Vid.* R. Carr, *Spain, 1808-1939* (Oxford,1966), pp.524-532. La campaña contra "los políticos fracasados" y en pro de renovar "el personal político", en papeles de Costa: AHN, Diversos, Títulos y Familias, C102; y J. Costa, *Quiénes deben gobernar después de la catástrofe* (Madrid,1900), p. 8.

[84] Sobre el "movimiento regeneracionista", ver C. Serrano: *Le tour du peuple. Crise*

El fenómeno no era nuevo. Algo semejante se había desarrollado antes en otros países y en Castilla, durante la segunda mitad de la década de los ochenta, en torno a la Liga Agraria. Entonces, como una década más tarde, la protesta de "las clases productivas" terminó siendo neutralizada por las fuerzas políticas existentes; en el primer caso por el liberal Germán Gamazo, especialmente; en el segundo, por el gobierno conservador de Francisco Silvela. Ambos episodios –el hecho de que surgieran y su fracaso–, son profundamente significativos, por otra parte, de la naturaleza y la base social del poder político en la España de la Restauración, lógicamente conectado con los intereses económicos, pero con alto grado de independencia respecto de los mismos. La influencia de los políticos se derivaba más de la existencia de redes clientelares personales, tejidas mediante la concesión de favores particulares, que de la representación de clases o grupos con objetivos colectivos concretos y específicos.[85]

El primer paso del movimiento regeneracionista correspondió a la Cámara de Comercio de Cartagena que, el 1 de septiembre de 1898, publicó un Manifiesto por el que convocaba a las demás Cámaras a una reunión en la que, como representantes "de los que trabajan y producen para mantener a los demás", contrarrestaran "el egoísta y mortal indiferentismo que impera en la nación", haciendo oír su voz "en la necesaria e indispensable transformación [...] [de] los medios de gobierno hasta hoy empleados". Sus autores decían no querer "invadir funciones que no nos competen", sino sólo "señalar a nuestros legisladores y gobernantes, dónde están las fuentes de nuestras desdichas, para que se cieguen", pero no se privaban de hacer una fuerte crítica a los

---

nationale, mouvements populaires et populisme en Espagne, 1890-1910. Madrid: Casa de Velázquez, 1987, pp. 221-279. S. Balfour: *El fin del imperio español, 1898-1923*. Barcelona: Crítica, 1997, pp. 74-100. M. Pérez Ledesma: "La sociedad española, la guerra y la derrota", en J. Pan-Montojo (coord.): *Más se perdió en Cuba. España, 1898 y la crisis de fin de siglo*. Madrid: Alianza, 1998, pp. 124-134.

    [85] La semejanza entre ambos movimientos ya fue señalada por Santiago Alba, en 1902, en "Durante la Regencia. Movimientos organizados de la opinión". *Nuestro Tiempo* (julio) pp. 33-59. J. Varela Ortega: *Los amigos políticos*. Madrid: Alianza, 1977, pp. 242-247 y 265-283, en especial. Pedro Carasa *et al.*: "La movilización cerealista castellana y los precedentes del 98: del proteccionismo al regeneracionismo", en J. P. Fusi y A. Niño (eds.): *Antes del "desastre": orígenes y antecedentes de la crisis del 98*. Universidad Complutense de Madrid, (Madrid,1996), pp. 9-34.

políticos: "no es desde las alturas del poder, en donde las mezquinas tendencias de partido ocupan más al procer que la gobernación de la patria, ni desde la poltrona de los altos empleados, apenas visibles una hora al dia, desde donde se distinguen los males públicos"[86].

La reunión de las Cámaras de Comercio tuvo lugar a fines de noviembre de 1898, en Zaragoza, a donde acudieron 90 representantes de todo el país, y en la que predominó el optimismo, y hasta el entusiasmo, respecto a las posibilidades de su acción. Aprobaron unas amplias conclusiones, y un Mensaje dirigido –y entregado en mano– a la Reina regente. En este se mezclaban recomendaciones morales que suponían una crítica a los principios básicos del sistema –"que se restablezca en las funciones públicas el sentimiento del deber y se haga efectivo el principio de la responsabilidad; que gocemos de las realidades de la justicia y del derecho, no funciones engañosas de una y otro"–, con criterios generales de gobierno –"que nuestros presupuestos se reduzcan a la capacidad contributiva que la nación pueda llevar sin violencia; [...] que la experiencia de la vida nacional y el sentido positivo de las cosas, sean quienes tracen rumbos [...] al gobernante –, y se proponían acciones relativamente más concretas –"que el fisco no nos esquilme y desangre; [...] que se reforme la organización provincial y municipal inspirándola en un sentido ampliamente descentralizador"–. En resumen, concluían, "que caiga, por fin, como corolario de todo, bajo el esfuerzo de nuevos gobiernos y entre la abominación de los buenos, el repugnante caciquismo que deprime y envilece a España".[87]

El líder de aquella Asamblea –y presidente de la Comisión permanente que se constituyó– fue Basilio Paraíso, un modesto industrial aragonés, propietario de una fábrica de espejos, hombre honesto y trabajador, burgués provinciano sin ambiciones ni experiencia política, pero a quien sus partidarios presentaban como "una inteligencia despierta, un carácter entero; el material de que se hacen las grandes figuras". El secretario de la Comisión fue Santiago Alba, que por entonces comenzaba su carrera política, desde la plataforma de la propiedad del periódico *El Norte de Castilla;* a punto de cumplir los veintiseis años, Alba ya era doctor en Derecho, había conseguido su primer puesto político co-

---

[86] Manifiesto, citado por L. Morote, *op. cit.,* p. 162.

[87] Conclusiones, en M. García Venero: *Santiago Alba, monárquico de razón.* Madrid: Aguilar, 1963, pp. 380-384. Mensaje, en L. Morote: *op. cit.,* p. 166.

mo concejal, liberal, del ayuntamiento de Valladolid, y estaba a punto de engrosar la lista de escritores regeneracionistas con el Prólogo a la obra en que Edmond Desmoulins afirmaba la superioridad de los pueblos anglosajones sobre los latinos[88]. A la iniciativa de las Cámaras de Comercio siguió la Asamblea de las Cámaras Agrícolas, celebrada también en Zaragoza, en febrero de 1899, e impulsada por Joaquín Costa. Tras una serie de "borrascosas sesiones", tomaron el nombre de Liga Nacional de Productores, nombraron un Directorio presidido por Costa, y adoptaron el programa expuesto por éste, el 13 de noviembre de 1898, en un Manifiesto y programa de la Cámara Agrícola del Alto Aragón, de la que era presidente.[89]

Costa fue, sin duda el dirigente más destacado del movimiento regeneracionista. Una figura excentrica pero no inusual entonces, pues, por aquellos años, la sociedad europea vivía en suspenso y pendiente del *affaire Dreyfus*: el proceso de un ofical francés de origen judío, condenado, en un juicio militar sumarísímo y secreto, con pruebas que se fueron demostrando falsas y amañadas. Aquella *cause célébre* dividió apasionada, casi rabiosamente, a la opinión francesa entre "patriotas", defensores del "honor militar" (mancillado por una supuesta conspiración, del llamado "sindicato" sionista-izquierdista) y los partidarios de una justicia republicana, abierta, garantista e imparcial. En definitiva, se debatía *una* idea de Francia: la legitimista, católica y patriótica frente a la razón republicana y laica. La pasión se desbordó y el clima de ofuscación se hizo denso y opresivo. Dimitían generales y caían gobiernos. Se perseguía a los "judaizantes" y se represaliaba a los profesionales *dreyfussards*. El país parecía al borde de un conflicto civil y el ejército a punto de dar un golpe. La prensa se repartió el tema con un protagonismo tan voraz como desasosegado. Entre sus páginas de enfrebecidos debates, se elevó el verbo de los "intelectuales", como "representantes de la [nueva] conciencia de Francia" (Victor Brosard). Se trataba de una manifestación que culminaba un clima iniciado tras Sedán. *J'Accuse,* la maldición bíblica que profiriera el famoso novelista Émile Zolá en enero de 1898, ilustra mejor que nada el nuevo fenómeno que tuvo resonancia univer-

---

[88] L. Morote: *op. cit.*, p. 166. M. García Venero: *op. cit.*, pp. 20-35. E. Desmolins: *En qué consiste la superioridad de los anglosajones.* Madrid: Victoriano Suárez, 1899.

[89] M. Ciges Aparicio: *Joaquín Costa, el gran fracasado.* Madrid: Espasa Calpe, 1930, p. 129.

sal. Asombró a los anglosajones, que nunca terminaron de entender aquella extraña fe nacida de la mano de un nuevo sacerdocio laico. Apasionó a los republicanos e izquierdistas latinos y despertó la vocación y ambición de sus intelectuales. En suma, "el escenario era Francia; el teatro, el mundo" (B. Tuchman). Y, en efecto, casi todos vivieron con "estupor e inquietud" aquel proceso –como escribía un escritor noruego. "Aquí no hablamos de otra cosa que de Zola y Dreyfus", confirmaba el famoso dramaturgo ruso, Anton Chejov. En España, algunos no sólo lo vieron: intentaron interpretarlo. No en vano el "Desastre" era, según el diccionario de Cejador, traducción de "La Débâcle"; por cierto, el título de una obra del propio Zolá que enfureció a los generales franceses[90].

Entre nosotros, quien mejor encarnó este espíritu fue precisamente Joaquín Costa, un honesto intelectual aragonés, autodidacta y polifacético, pero también provinciano y desorbitado. Gran trabajador, en una sociedad de ritmo pausado, Costa se había labrado un nombre nacional con enorme tesón y maneras poco ortodoxas; esto es, a contrapelo, sin favoritismo ni compromisos. Quizá por eso, había sufrido la discriminación del sistema, en el mundo académico y judicial, y chocado con el político muy pronto. Durante los años ochenta, había participado en movimientos y reuniones de corte y carácter regeneracionista, *avant la lettre* y, en la década siguiente, se había enfrentado, a pecho descubierto, con los políticos de turno para sufrir un descalabro electoral aparatoso. Le había quedado un fondo de irascibilidad, la soberbia del orgullo herido y algún resentimiento, pero un indudable sentido de poder y una idea clara de cómo funcionaba la política española, junto al deseo ardiente de cambiarla. Costa era, además, un magnífico orador de mitin, con indudables dotes histriónicas. No improvisaba. Preparaba sus discursos con pulcritud y con una intención demagógica entonces nueva en España. Calculaba cuidadosamente los períodos, el timbre, la palabra, y hasta el escenario, para producir el efecto deseado –de furia y entusiasmo– en las masas. Sólo tenía un defecto: era una oratoria sin bajos; siempre de tonos altos. Con frase lapidaria, gesto desmelenado, ademanes apocalípticos, resonancias bíblicas, augurios proféticos y verbo insultante, castigaba y enar-

---

[90] B.W. Tuchman *The Proud Tower* (New York, 1966), pp.196-263. J.D. Bredin, *L'Affaire*, (París, 1983), pp. 231-327 y 414-418. *Vid.* también M. Barrés, *Scènes et doctrines du Nationalisme* (París, 1925). L. Blum, *Souvenirs de l'Affaire* (París 1935). G.Champan, *The Dreyfus Case: a reassessment*, (New York, 1955). E. Zola, *La Verite en Marche* (París, 1928).

decía a su audiencia, pulsando la cuerda masoquista de los oyentes. Aquel Zolá carpetobetónico componía, en suma, una figura excéntrica y atrabiliaria, desafiante e intransigente que, en el vértigo de una crisis nacional como aquélla, bien podía recoger fuertes dividendos políticos[91].

El Programa que Costa hizo público en noviembre de 1898, tenía más retórica y era más amplio y detallado que los textos de las Cámaras de Comercio, pero su contenido era similiar. Costa se mostraba todavía más crítico que los anteriores respecto a España –"que creíamos nación de bronce [y] ha resultado ser una caña hueca"– y con su situación. Las instituciones tampoco salían mejor paradas: "Parlamentos de mozos, que no sirven para ganarse la vida en el trabajo o el estudio y van a divertirse con el país, hasta hacerlo rodar en el abismo; Ministerios desa-

---

[91] Para la figura de Costa, *vid.* G. J. G. Cheyne, *Joaquín Costa. El gran desconocido* (Barcelona, 1972), *passim.* Para las campañas políticas, su preparación, oratoria y hasta escenografía, consúltese AHN, Diversos, Títulos y Familas C103-105. La mejor y más gráfica relación de la escenografía apocalíptica –y del fondo tradicional, resonancia bíblica y trueno profético– de los modos y oratoria costista, en Javier Varela, "La literatura del Desastre o el desastre de la literatura", *apud IUOG* (noviembre, 1995), *passim,* pero esp. pp. 17-27. No obstante, hay que ser cautos a la hora de hacer demasiada leña de este tronco: ese fondo mesiánico y esa dialéctica de culpa-expiación-redención es común a muchos y heterogéneos movimientos, no ya sólo revolucionarios sino simplemente rupturistas, desde la revolución inglesa, americana y francesa, a los diversos *affaires, débâcles* y *ultimatum* de la época que historiamos, como supieron ver Sorokin, en su formulación general; Aulard y Mathiez, más concretamente y hace tiempo; Soboul y Vovelle, en nuestros días –y, como de modo breve, pero efectivo, sentenció don Antonio Maura entre nosotros, en un famoso discurso (*DSC,* 29 mayo 1913) en que contraponía el espíritu revolucionario faccioso-mesiánico a la formación de una conciencia ciudadana. El regeneracionismo de Costa *ante facto* y primeros fracasos, en *La Cámara,* 3 abril 1896 (costista), debidos, según los dinásticos a que la idea de querer arrastrar electores con un programa general, en lugar de aparejar influencias con favores individuales, era "una pedantería [...] y nada más": *vid. La Derecha* (Aragón), 14 marzo 1896. Sus orientaciones intelectuales y esfuerzos como autodidacta, en C. Lisón Tolosana, "Joaquín Costa Martínez (notas para la epopeya de un pionero)", en *Anales de la Fundación Joaquín Costa,* nº 12 (Huesca, 1995), pp. 73-92, espec. pp. 74-75. Vid también mi trabajo, *amigos políticos, op.cit.,* pp. 324 y ss. Sobre Costa, además de la bibliografía y fuentes indicadas en esta obra, ver, J. Maurice y C. Serrano: *J. Costa: crisis de la Restauración y populismo, 1875-1911.* Madrid, Siglo XXI, 1977. A. Ortí: *En torno a Costa.* Madrid: Ministerio de Agricultura, Pesca y Alimentación, 1996. Javier Varela: "El Desastre de la Literatura o la Literatura del Desastre" en *Intelectuales y Nacionalismo.* Madrid: I.U. Ortega y Gasset. Seminario de Historia Contemporánea, Documentos de Trabajo 0496, pps. 7-44.

lumbrados, que parecen no haber estudiado en otro libro de política que aquel de Benjamín Franklin, 'arte de hacer una nación chica con una grande'; [...] Diputaciones provinciales, las más de las cuales encierran un presidio en potencia; simulacros de Tribunales, donde rara vez penetran las personas honradas sin dejar en ellos la dignidad o el caudal". No había tampoco nada original en las medidas que se proponían: "política reductora o simplificadora [...], modesta, callada, de recogimiento", compatible con el fomento de la producción –la "política hidráulica"– y de la enseñanza [92].

En lo que sí se oponía Costa a las Cámaras de Comercio –y también a sus compañeros en las Agrícolas, a los que no consiguió convencer– era en lo relativo a los medios que debían adoptarse. El medio práctico afirmaba Costa "no [...] serían ciertamente las elecciones; [...] [ya que] tales como han sido hasta ahora seguirán siendo, mientras no se haya transformado radicalmente el estado social de que son una expresión y una resultante; obra lenta que no verá consumada esta generación; y no estamos para perder el tiempo". A su juicio, sólo existía un camino: organizarse como lo estaba el enemigo "y seguir sus mismos procedimientos en cuanto sea compatible con la moral y con el derecho". Se trataba, por tanto, de constituirse "en partido nacional, en partido regenerador, con sus periódicos, sus comités y sus asambleas, con un programa desarrollado y gacetable". Después habría que reclamar la inmediata realización de dicho programa a los gobiernos que formaran los demás partidos, "mientras conserven fuerza para constituirlos" y, en caso de que éstos fracasaran, como era previsible, "reclamar el poder de la misma forma que ellos". Es decir, en aquellos momentos, Costa, a pesar de mostrarse tan crítico con el sistema, no se proponía cambiar lo fundamental del mismo, aquello por lo cual no era democrático –la Corona y no las elecciones como mecanismo de acceso al poder– sino utilizarlo para sus propios fines. No quería destruir sino sustituir a los partidos monárquicos y sus líderes. Para Antonio Maura, pues, "la orgía zaragozana" consistía en el intento "de los frustrados por reemplazar a los fracasados" [93].

[92] J. Costa: "Mensaje y programa..." pp. 8, 7, 15, 17, 19, 21 y 25.

[93] J. Costa: "Mensaje y programa ...", p. 16. Maura a Bergé, 29 febrero 1899, citado por Mª Jesús González: *El universo conservador de Antonio Maura. Biografía y proyecto de Estado.* Madrid: Biblioteca Nueva, 1997, p. 32.

Costa mantendría aquella actitud durante toda la vigencia del movimiento. "Hemos preferido y seguimos prefiriendo los procedimientos conservadores", diría en la conferencia que pronunció el 3 de enero de 1900, en el Círculo de la Unión Mercantil e Industrial de Madrid, donde expuso su táctica con toda claridad. Según él había tres formas de que se llevara a cabo la transformación del país –la "revolución", como le gustaba llamarla con dramatismo–: 1º, por medio de los partidos tradicionales, la "revolución sustantiva desde arriba" –decía, adoptando una fórmula que ya había sido utilizada por Francisco Silvela y que, más tarde, resumiría el proyecto político de Antonio Maura–; 2º, "por hombres y partidos nuevos [...] que lleguen al poder, sin necesidad de ningún movimiento de abajo, por acción reflexiva y personal del poder moderador, como en 1881"; y 3º, "por hombres y partidos nuevos también, llegados al poder mediante una revolución adjetiva, [...] de abajo, sea activa o pasiva [...], como en 1874, como en 1868". Su opinión –realmente, su deseo– era que en aquellos momentos se había "consumido, ya sin resultado" el primer período, y era el momento de "la revolución desde arriba por representantes directos de las llamadas clases neutras, llegados al poder por medios pacíficos y constitucionales". La revolución "adjetiva", la verdadera, quedaba amenazadoramente a la espera.[94]

Quizá Costa fuera un iluso al creerse capaz de fomar un partido tan fuerte que la Corona juzgase más peligroso excluirle a él del poder que a los partidos que hasta entonces se habían turnado en el mismo –y

---

[94] J. Costa: "Quiénes deben gobernar después de la catástrofe nacional" en *Reconstitución y europeización de España...*, pp. 218 y s. y 241. Utilización por Silvela de la expresión "verdadera revolución hecha desde arriba" en el "Discurso en la presidencia del Consejo de ministros, 31 de mayo de 1899", en *Artículos, Discursos, Conferencias y Cartas*. Notas de Félix de Llanos y Torriglia. Madrid: Mateu, 1923, vol III, p. 43. Una vez liquidado el movimiento, Costa mantendría la misma opinión: "lo que procedía (...). (era) callar, trabajar en silencio, prepararse, allegar materiales de gobierno, (...) constituir un organismo apto para la gobernación"; luego, "declarar solemnemente fracasados a los partidos gobernantes y sus hombres"; y, finalmente, "ir al Poder moderador (...) y pedir que confí(ase) la gobernación al organismo u organismos de las clases neutras salidos de Zaragoza". J. Costa: "Por qué fracasó la Unión Nacional" en M. Ciges Aparicio: *op. cit.*, pp. 133 y s. Sería precisamente el fracaso del movimiento regeneracionista lo que radicalizaría no el juicio de Costa sobre el sistema pero sí su actitud, francamente revolucionaria tras su unión con los republicanos, en 1903. J. Maurice y C. Serrano: *op. cit.*, pp. 97-112.

cuya marginación le había costado el trono en 1868 a Isabel II–. Pero demostraba tener un conocimiento del sistema –de cuál era la fuente y la naturaleza del poder– mucho más preciso y cierto que sus compañeros de viaje –en especial, Basilio Paraíso– que, mediante la presión de la opinión pública, pretendían imponer sus puntos de vista a un gobierno cuyo origen y mantenimiento no dependían en último término de dicha opinión. La idea que Paraíso tenía de la política española era *sui generis* y aldeana: creía poder forzar su programa sin entrar en ella a ensuciarse las manos. No creía en un partido y ni tan siquiera quería oir hablar de política para no profanar la santa causa del contribuyente. De esta forma, no queriendo hacer política, la hizo sin querer, lo cual resultó la peor de las políticas posibles. Por ello, si el esquema de Costa parecía difícil, el de Paraíso se demostró imposible.[95]

En su marcha, el movimiento regeneracionista se encontró con el gobierno conservador de Silvela que, en marzo de 1899, tras la conclusión definitiva del conflicto colonial con la firma de la paz de París, había sustituido al liberal de Sagasta. Los representantes de las clases medias agrupados en las Cámaras de Comercio y la Liga nacional de productores, no supieron o no quisieron ver en Silvela al gobernante que coincidía con ellos en el afán de regenerar el sistema mediante su moralización y la adopción de una "política de realidades". No sólo no colaboraron con él, sino que le presentaron la más agria de las oposiciones. Y lo hicieron concretamente en un proyecto que, aún a costa de ciertos sacrificios inmediatos, sirvió extraordinariamente a sus intereses, a medio y largo plazo: las reformas económicas –el plan de estabilización– del ministro de Hacienda, Raimundo Fernández Villaverde. Si los regeneracionistas no habían sido muy perspicaces a la hora de elegir el tipo de organización más eficaz, tampoco demostraron tener mayor inteligencia cuando se trató de identificar al enemigo a combatir.[96]

Aquel drama se desarrolló en tres actos: los primeros dias del verano de 1899, con el cierre de tiendas en toda España, el primero; el otoño siguiente, representado en Barcelona con el "tancament de caixes",

---

[95] Vid. *Amigos políticos*, pp. 325 y 329.

[96] Sobre los efectos de las reformas de Fernández Villaverde, ver J. L. García Delgado: "La industrialización española en el primer tercio del siglo XX", en *Los comienzos del siglo XX. La población, la economía, la sociedad, 1898-1931. Historia de España* (fundada por Ramón Menéndez Pidal), vol. XXXVII. Madrid: Espasa Calpe, (1984), pp. 38-41.

el segundo; y en la primavera de 1900, nuevamente a escala nacional, el tercero y último.

Pocos dias después del 17 de junio de 1899, en que Villaverde presentó su proyecto de presupuestos en el Congreso de los Diputados, la Comisión permanente de las Cámaras emitía un comunicado de rechazo de los mismos; en su opinión, la partida de gastos debía reducirse al menos en 150 millones de pesetas, es decir, más del 15 por ciento; consideraban que habiendo "fracasado en sus demandas por medio de la súplica y el ruego", era preciso pasar a la acción; en consecuencia, manifestaban la determinación de sus componentes de no pagar los impuestos –tanto los extraordinarios, implantados durante la guerra colonial, como los de nueva creación de Villaverde– y convocaban a industriales y comerciantes a realizar una huelga de una hora –de once a doce de la mañana– el lunes 26 de junio. Aquel dia cerraron gran número de tiendas en todo el país. En algunas ciudades –Sevilla, Valencia, Murcia y, sobre todo Zaragoza–, sin embargo, la protesta –para sorpresa y alarma de sus organizadores– tomó otros derroteros, dando origen a importantes disturbios populares con tonos antimilitares, anticlericales y republicanos; en la capital aragonesa, según la interpelación de Romero Robledo en el Congreso, murieron siete personas y 40 resultaron heridas, después de tres dias de enfrentamientos.[97]

El ejemplo de la Comisión de las Cámaras fue seguido inmediatamente por los síndicos de los gremios de Barcelona que, en un mitin celebrado en 3 de julio en el teatro Tívoli, anunciaron su negativa a pagar la contribución industrial a partir del siguiente trimestre. En este caso, la Cámara de la ciudad –controlada por políticos del sistema– se mantuvo completamente al margen, mientras que el Fomento del Trabajo Nacional –institución que con la Cámara agrupaba a los grandes industriales y comerciantes– se erigió como mediador entre los gremios y el gobierno de Madrid, aunque de hecho utilizó el conflicto para tratar de conseguir el gran objetivo político de los regionalistas catalanes: el con-

---

[97] J. Ortega y Rubio: *Historia de la regencia de María Cristina de Habsburgo-Lorena*. Madrid: F.G. Rojas, 1906, vol. IV, pp. 294 y s. M. Pérez Ledesma. *op. cit.*, pp. 128 y s. "Nadie podía sospechar, ni remotamente siquiera, que de aquel movimiento de protesta sensato (...), contenido dentro de justa y racional medida, (...) habían de surgir desórdenes públicos que llevaran la alarma al honrado vecindario". *Boletín de la Cámara del comercio y de la industria de Zaragoza* (junio 1899) p. 2, citado por C. Serrano: *op. cit.*, p. 229.

cierto económico. Desde el 1 de septiembre, muchos comerciantes bar-
celoneses dejaron de pagar los impuestos; era el "tancament de caixes".
Las acciones gubernamentales contra ellos se iniciaron inmediatamente. El alcalde, doctor Robert, dimitía a comienzos de octubre por negarse a autorizar el embargo de los morosos; su sustituto lo hizo y los em-
bargos comenzaron. El gobierno, a pesar de que por la mismas fechas
sufría la dimisión del ministro de la Guerra, Polavieja –por negarse a
aceptar un presupuesto que juzgaba insuficiente– y del ministro de Gracia y Justicia, Durán y Bas –por considerar que el proyecto de descentralización administrativa del gobierno no satisfacía mínimamente las aspiraciones catalanas– se mantuvo firme. Silvela, dando muestras de un
fortaleza que asombró a muchos, sostuvo a Villaverde, se negó a conceder la autonomía económica a Cataluña, y afirmó en el Congreso que
–como sus predecesores Narváez, O'Donnell y Prim– mantendría el orden aunque fuera a cañonazos. El 24 de octubre se suspendieron las garantías constitucionales en Barcelona y el 27 fue declarado el estado de
guerra. Las instituciones rebeldes fueron disueltas y el 1 de noviembre
ingresaron en prisión los cinco primeros comerciantes. Dos semanas
más tarde, todos los dirigentes económicos recomendaban finalizar la
huelga de contribuciones. Aunque con un coste político muy alto, no
sólo para el gobierno sino para los partidos del turno ,–como se vería en
las siguientes elecciones– el conflicto había terminado.[98]

Paraíso y la Comisión permanente de las Cámaras apoyaron la resistencia barcelonesa, mientras Costa y el Directorio de la Liga la condenaron por particularista. El movimiento regeneracionista se hallaba dividido por la falta de sintonía personal entre los líderes de sus principales organizaciones, que además estaban en desacuerdo sobre la conduc-
ta a seguir. Santiago Alba, secretario de la Comisión que presidía Paraíso pero próximo a las posiciones de Costa, trató de superar la divergen-
cia. En enero de 1900, las Cámaras celebraron en Valladolid su segunda
Asamblea. Se reiteraron las conclusiones de la anterior y se mantuvo la
oposición cerrada a los presupuestos; pero, lo más importante, se acordó la creación de un nuevo organismo, la Unión Nacional, con una proyección abiertamente política, dado que –afirmaban ahora– "el proble-

---

[98] B. de Riquer: *Lliga Regionalista: la burguesia catalana i el nacionalisme, 1898-1904.*
Barcelona: Edicions 62, 1977, pp. 142-154.

ma nacional no es simplemente un problema financiero, de nivelación aritmética del presupuesto, sino un problema político y social que alcanza a la reorganización de todos los elementos vivos del país y de las fuerzas todas del Estado". Costa y su organización fueron invitados a sumarse a la Unión, lo que hicieron al poco tiempo, constituyéndose un Directorio presidido por Alba, Costa y Paraíso.[99]

Aquella iniciativa –aunque provocó la separación de las Cámaras de Navarra, Guipúzcoa y Vizcaya, contrarias al enfrentamiento abierto con el ministerio– dió un nuevo impulso al decaído movimiento. Llevados por su entusiasmo, y sin demasiada conciencia de las implicaciones, convocaron una gran manifestación en Madrid, que el gobierno prohibió. Dentro del Directorio, las opiniones se dividieron entre quienes abogaban por una táctica revolucionaria, pero dentro de una estrategia conservadora (Paraíso), y quienes, como Costa proponían una táctica conservadora en vista a una estrategia revolucionaria. Se impusieron los primeros, que decretaron la resistencia al pago de impuestos. Sin la organización ni los medios adecuados para sostener esta medida –a la que las autoridades respondieron con habilidad, actuando contra algunos personajes secundarios en lugar de convertir en víctimas a los dirigentes–, después de dos meses de lucha, la iniciativa se saldó con el más absoluto fracaso: la recaudación del mes de julio de 1900 fue mayor que la del año anterior. Ellos mismos se habían metido en un callejón sin salida: Silvela no podía ceder ante el pulso de fuerza que le plantearon, y la Corona, por mucho que quisiera, no podía permitirse el lujo de retirar su confianza a uno de los partidos del turno para hacer no se sabía qué, porque la Unión no estaba en disposición de recibir el poder ni había trabajado para que Sagasta volviera a recuperarlo. Costa había vuelto a ser un lúcido impotente en aquel conjunto de despropósitos; "era preciso –escribió– mantener viva la amenaza, pero recatarse mucho de precipitarse a hacerla efectiva sin una gran seguridad; algo así como [...] [lo que hicieron] los liberales en 1881, amenazando desde Biarritz con la revolución y recibiendo el poder de manos de Alfonso XII por no tener éste la seguridad de si efectivamente tenían fuerzas bastantes para llevar a cabo su amenaza. Ahora ya sabe el gobierno, porque se lo han

---

[99] Diferencias entre Paraíso y Costa con relación a Cataluña en C. Serrano: *op. cit.*, pp. 231 y s. Para Alba y las conclusiones de la Asamblea de Valladolid, ver M. García Venero: *op. cit.*, pp. 43-46.

enseñado los de Barcelona y las Cámaras, que la escopeta es de "caña y el dueño del vozarrón de la venta un enano: ya no tienen las clases neutras arma ninguna".[100]

Costa, primero, y Paraíso, más tarde, presentaron la dimisión del Directorio de la Unión. Lo que quedó de la organización terminó siendo utilizado principalmente por Alba, para desarrollar su carrera política en Castilla –y desde allí en Madrid–, dentro del partido liberal –donde la había comenzado–, sustituyendo a Gamazo como gran cacique de Valladolid. Final irónico para un movimiento que había nacido como la gran reacción anticaciquil.

Los presupuestos de Fernández Villaverde fueron aprobados sin ninguna modificación importante. El gobierno conservador de Silvela, por otra parte, se mostró receptivo a las propuestas concretas realizadas en las Asambleas de Zaragoza y Valladolid, incorporando a algunas personalidades destacadas de las mismas, como Rafael Gasset, director de *El Imparcial* –nombrado ministro de Agricultura, en abril de 1900, al dividirse el ministerio de Fomento–, o el ingeniero Pablo de Alzola y Minondo –portavoz de la Cámara de Comercio de Bilbao– que ocupó la Dirección General de Obras Públicas. La parte "gacetable" de las ideas de Costa –lo que él mismo había resumido como "política hidráulica"– comenzaba a hacerse realidad sin necesidad de ninguna revolución.[101]

Fuera como quiera, el hecho es que los políticos profesionales de los partidos dinásticos habían resistido el embite y superado el reto. El nuevo *ticket* conservador, Silvela-Villaverde gobernaba el país, aplicando lo más sensato y asumible de las recetas regeneracionistas. Consideradas las circunstancias en que, apenas unos meses atrás, se dibujaba el sombrío panorama de un gobierno desahuciado al frente de un régimen tambaleante, el resultado era espectacular. Los regeneracionistas habían amagado sin golpear. No habían logrado articular una revolución que arrastrara a sus "clases neutras", ni tampoco supieron convencer a la Corona que resistir el vendaval regeneracionista era más peligroso que excluir a los partidos del "turno". De hecho, éste volvió a funcionar

---

[100] *Vid.* mi trabajo *amigos políticos, op. cit.,* p. 327; una relación detallada de la campaña en las pp. 326-332. J. Costa: "Por qué fracasó la Unión Nacional", en M. Ciges Aparicio: *op. cit.,* p. 135.

[101] Sobre Alzola, *Reseña biográfica de la labor realizada por Pablo de Alzola y Minondo.* Bilbao: Casa de Misericordia, 1911.

con precisión pendular: en 1901 juraba un nuevo gabinete encabezado por... ¡Sagasta!, el mismo que había presidido el "gobierno de la vergüenza" que condujera al "Desastre". A pesar de los clamores de Costa, pues, "los culpables [ni] se [habían ido] [ni fueron] arrojados". De esta suerte, la derrota política de los regeneracionistas quedaba certificada.

"También fue vencida Francia en 1870 –escribiría esperanzado Blasco Ibañez– y el cogotazo que recibió de Prusia sirvió para que se limpiara de la caspa del Imperio[102]". Pero lo cierto es que los regeneracionistas quedaron "lejos de haber hecho lo de los [republicanos] franceses" (Azaña)[103], de modo tal que a diferencia de la Francia de Napoleón III, la Restauración española pudo digerir Santiago de Cuba. La inevitable comparación provoca una reflexión acerca de los sistemas políticos continentales que, desde mediados del siglo pasado, venían procurando construir regímenes liberales estables. El régimen del II Imperio fue, sin duda, el patrón de un modelo de estado fuertemente centralizado y la organización de una economía de poder construida en el ejecutivo y desde el punto de vista de los políticos profesionales. El *turnismo* de la Restauración Española –como el *rotativismo* portugués, también por aquellos años– fueron variantes muy mejoradas del mismo sistema. Flexibilizaron la rigidez de los candidatos "oficiales" napoleónicos en las elecciones, introduciendo la noción de candidatos "idóneos", abierta, incluso, a republicanos y carlistas, pero especialmente cuidadosa con aquellos adversarios que procedían de la oposición dinástica. Ello hizo posible el "turno" de partidos –liberal y conservador– y, sin duda, ayuda a entender el mayor margen de maniobra de la Restauración frente al "Desastre" del 98 y las consiguientes dificultades de los regeneracionistas.

Sin embargo, el fracaso sonoro que acompañó la acción política de los regeneracionistas no debiera enmascarar la honda y prolongada influencia de sus ideas y propuestas. Éstas tuvieron duración y trascendencia, tanto en el plano político como en el filosófico. Por lo que hace al primero, las secuelas del 98 produjeron profundo impacto entre políticos y militares. Así, la España liberal y de izquierda, antes profundamente nacionalista, muy unida al Ejército, hasta el punto de bordear el militarismo, acusó el chantaje militar y, desde entonces, miraría con

---

[102] *El Mundo*, 5 abril 1998, p. 50.
[103] *Apud* S. Juliá, en Residencia de Estudiantes, 3 febrero 1999.

profunda sospecha todo arrebato de "patriotería hipócrita" (Azaña) y muchas de las invocaciones al "falso patriotismo", "retórico y bullange-ro", "de café-cantante, que nos llevó con la Marcha de Cádiz a Santiago de Cuba" (Costa)[104], como señuelos que disimulaban torcidas intencio-nes de intromisión en política. Por su parte, los militares –o bastantes de ellos– resintieron la forma sinuosa con que los políticos se libraron de sus amenazas y mucho más la campaña de responsabilidades que se de-sató tras la derrota. Desde entonces, para una parte de la nueva genera-ción militar, "la política" y, concretamente, la política demoliberal y plu-ripartidista, sería sinónimo de corrupción, traición y decadencia: senti-mientos que no son ajenos al desarrollo de la nueva filosofía de inter-vención que fraguaría en los años veinte y treintas[105].

En lo que respecta al plano ideológico, sin duda, el 98 supuso un aldabonazo en la historia española, como lo fuera, sino por iguales fe-chas, al menos por la misma época, la derrota de Sedán, en la Francia del 70, Japón ante la derrota de Shimonosheki frente a Rusia y Adua, en 1896 para los italianos, o la crisis del *ultimátum* de 1890 en Portugal[106]

---

[104] P. e. M. Azaña, *apud Hispania*, I, (Enero-Diciembre), 1918. La cita y demás dia-tribas de Costa contra el nacionalismo de pandereta en AHN, Diversos, Títulos y Fami-lias C103; vid. también, Romero, Rosa, *op. cit.*, p. 36. Las convicciones "anti-patrioteras" de la generación del Desastre, en AHN Diversos, Títulos y Familias C103: Altamira a Costa, 3 agosto 1898; y AA: Alba a Cascajares, 19 diciembre 1898 (p. 2: cita).

[105] A. Morales Moya, "De un 98 a otro: una revisión historiográfica", *Los 98 Ibéricos, op.cit.*, III, p. 179. Para el impacto entre los futuros militares, *vid.* L. Carrero Blanco, "Ha-ce setenta años. Cavite y Santiago de Cuba", en *Revista General de Mariana*, T. 207 (Agosto-septiembre, 1984), p. 182: "el verdadero responsable era el *sistema político* por el que la na-ción se regía". *Vid.* también Jaime de Andrade (seudónimo de Franco), *Raza* (Madrid, MCMXLV), esp. pp. 42-44. J. M. Gárate, "Raza: un guión de cine", *apud Revista de Historia militar*, año XX, nº 40, esp. pp. 64-66. F. Franco, "Discurso en la capitanía general de Sevi-lla" 29 abril 1956, en *Revista de Historia militar*, año XX (1976), nº 40: p. 347 (referencia a 1898). *Vid.* también, P. Preston, *Franco: "Caudillo de España"* (Madrid, 1994), pp. 24-25. El resentimiento en la época, pero sin consecuencias políticas, en *La Correspondencia de Espa-ña*, 28 febrero 1898, *El Imparcial*, 27 febrero 1898; *El Tiempo* 1 marzo 1898; *El Heraldo de Madrid*, 27 febrero 1898. Los militares sintiéndose sacrificados pero paralizados, en AM-RE, 682-4: Quesada a Alcorta, 27 enero 1899. La idea de que la Restauración, en general –y Cánovas y Sagasta, en particular– siempre habían buscado marginar a los militares y li-brarse del Ejército, en *La Correspondencia Militar*, 15 abril 1898.

[106] C. Almuiña / J. Tengarrinha, "Las crisis Ibéricas finiseculares y su reflejo en las respectivas opiniones públicas", *Los 98 Ibéricos, op. cit*, II p. 264.

–toda una cadena de derrotas producidas por la supuesta "decadencia" e inferioridad de los países latinos y otras razas "degradadas" [107]. En esta línea, el 98 español genera el mismo tipo de "hórrida literatura regeneracionista" (Unamuno), seudocientífica y desmesurada, a la par que introspectiva y ensimismada, morbosa y masoquista, grandilocuente pero provinciana[108]. La diferencia en el caso español, y la ventaja también, quizá porque sus pretensiones científicas fueran reducidas, no estriba sólo en que el mérito literario de los noventayochistas es posiblemente mayor[109] –si bien la obsesiva introspección singularista les llevará a perder el cosmopolitismo de la generación anterior–. Hay, además, una profunda diferencia filosófica, en la medida que los regeneracionistas, aún cuando fracasaron en su intento de derribar el régimen, obtuvieron, empero, un éxito indudable a la hora de articular el futuro discurso modernizador español –dicho sea, independientemente del juicio que merezca el molde original y el estilo de su formulación. En este sentido –y al contrario de lo ocurrido en otros países– la reacción frente al Desastre fue duradera y profunda, precisamente porque no se pudo culpar a unos políticos o a un gobierno. No fue fácil "echar el muerto al vecino" *(El Tiempo)*[110] porque si no eran "todos culpables" como titulaba Luis Morote uno de sus famosos artículos,[111] demasiados resultaron responsables.No se encontró, pues, chivo expiatorio a quién endosar la derrota y ésta hubo de digerirse como problema general. "Los culpables han sido y son tantos –razonaba Valera– que lo más prudente no es la

---

[107] L. Litvak, *Latinos y anglosajones: orígenes de una polémica* (Barcelona, 1890), *passim,* pero especialmente 11-14 y 29-32. Para la reacción en Perú tras la derrota (1879), *vid.* M. González Prada, *Páginas libres. Horas de Lucha* (Biblioteca Ayacucho,1985), esp. pp. 43-56.

[108] M. de Unamuno, *Obras completas* (Madrid, 1958), IV, p. 23.

[109] En general, los franceses se tomaron mucho más en serio que los españoles la literatura neo-darwinista: cfr. C. Serrano, "98 y Castilla", conferencia en Universidad Internacional Menéndez Pelayo, [en adelante, UIMP] 17 agosto 1995. La noción, de raíz positivista, pero de formulación organicista, del "cuerpo enfermo" y sus "remedios" era parte del equipaje intelectual de la época y común a mucha filosofía, heterogéneas por otros conceptos. En España, por lo general, tuvo un alcance más metafísico que lombrosiano duro. *Vid. infra*, pp. 31-35.

[110] *Apud.* Mª Cruz Seoane, "La prensa y la opinión pública", en E. Lain Entralgo y C. Seco Serrano, *España en 1898. Las claves del Desastre* (Barcelona 1998).

[111] *Vida Nueva,* 31 julio 1898.

absolución, si *no la amnistía; olvidar lo que pasó, como se olvida el más terrible sueño, y hacer vida nueva"*[112]. Así pues, aquella conciencia hizo que se manifestara como una suerte de revulsivo nacional, agrio pero positivo, y sirviera como filosofía de modernización por mucho tiempo[113]. En ese punto y hora, los españoles dejaron de traducir del francés. La consigna del 98 no fue *la révanche* (1870) sino la regeneración – un término igualmente confuso y discutible pero positivo en todo caso. Desde esta perspectiva, la reacción española frente a la catástrofe buscó más "el modelo de Prusia" (Altamira) tras Jena que el de Francia después de Sedán[114] "queremos –aseguraba un Costa en el cual el periodista republicano Luis Morote creía reconocer al Fichte español– un gobierno de la revancha, pero de la revancha contra los Moltkes y los Bismarcks interiores, que son quienes nos han vencido"[115].

Por otra parte, tampoco fue, en su momento (e independientemente que luego todos –autoritarios incluidos– bebieran de sus fuentes) la del 98 una reacción autoritaria. Aquella guerra, como ya observara Azaña, "no engendró [...] rencores duraderos. Se hundió todo y España descansó de sus trabajos, incluso del trabajo de aborrecer a los norteamericanos"[116]. Para expresarlo en la conocida rima machadiana, los españoles "deja[ron] en el puerto la sórdida galera", de modo tal que casi nadie se acordó, pues, de las colonias con nostalgia o resentimiento, "ni sinti[ó] el menor odio contra los EE. UU., [ni] se mov[ió] po-

---

[112] *España*, 17 noviembre 1923.

[113] Hay que decir como "antiguamente cuando moría un rey [...]; España ha muerto: ¡Viva España!" (Costa AHN Diversos, Títulos y Familias C103). En el mismo sentido; Costa a Altamira, 6 Agosto 1898, AHN Diversos, Títulos y Familias C10; y "la España que nos queda", *apud Heraldo* nº 2873.

[114] R. Altamira, *Psicología del pueblo español* (Madrid, 1997), p. 53.

[115] *Vid.* S. Alba, *Castilla ante el problema de la vida local* (Valladolid, 1908), pp. 16-18; conferencia Costa: *El Liberal*, 21 Diciembre 1899. Y hoy *Vid.* V. Cacho Viú, "Francia 1870-España 1898", en *Revista de la Universidad Complutense*, nº 113 (1978, Julio-Septiembre), pp. 149-151.

[116] *España*, 17 noviembre 1923. Uno de los *canard* intelectuales más aceptados hoy, en mi opinión acríticamente, es que el anti-americanismo de la España actual es consecuencia del 98. No es cierto. Ni siquiera entre la izquierda, que continuó siendo *muy* proamericana, antes y después, desde los republicanos (1860's) hasta los socialistas (1940's). El antiamericanismo, fuera de la derecha autoritaria, es un producto de los 1960's y de la literatura "foquista" y tercermundista.

seído de los rencores de Francia después de su Sedán" (Santiago Alba)[117]. Ni siquiera los militares. Incluso el general Polavieja, el pacificador de Filipinas y obvio, aunque reacio, candidato a dictador (hasta por
la resonancia clásica de su nombre de pila, Camilo, como le recordara,
lamentándose, el general Cheste) recomendaba borrar "el funestísimo
nombre de Colón" y, estaba lejos de pensar que "los cuartos de bandera
fueran sustituto de la soberanía nacional"[118]. Montero Ríos declaraba
que la cesión de Filipinas era menos mala que perderla sin indemnización, como hubiera sido el caso[119]. Y hasta el propio almirante Cervera,
jefe de la desbaratada Escuadra del Atlántico, se felicitaba de que ya no
quedaran colonias para que así España "concentrara sus esfuerzos en la
regeneración interior", mientras su hijo –también militar– alababa la
competencia de los oficiales americanos y criticaba la indolencia de los
políticos españoles[120], a quienes Costa exigía *"aparta[rse] de sueños quimé-
ricos y empresas superiores a nuestras fuerzas*[121] ". Por más que pueda considerarse torturado y excéntrico, tampoco fue autoritario el ambiente de
la posteriormente famosa generación de intelectuales del 98[122], ni hay

---

[117] E. Demolins, *En qué consiste la superioridad de los anglosajones* (Madrid, 1899), p.
CXXVIII.

[118] Polavieja, en Romero, *La Rosa, op. cit.,* pp. 15-16.

[119] *El Español,* 17 diciembre 1898.

[120] AFOG: P.B. Cervera a Spottorno, 28 noviembre 1898; y J. Cervera (hijo) a
Spottorno, 14 julio 1898.

[121] Vid. Morote, *moral, op. cit,* p. 166.

[122] "El problema con el manido concepto de generación del 98, es tanto de precisión como de definición", según R. Carr, *Spain, 1808-1939* (Oxford, 1966), p. 528. La literatura sobre ello es masiva y en varios idiomas. La obra clásica y todavía indispensable es P. Laín, *La generación del noventa y ocho* (Madrid, 1947). Véase también E. Iman
Fox, "El año 98 y el orígen de los intelectuales" y J. Marichal, "La generación de los intelectuales y la política (1909-1914)", ambos en J. L. Abellán *et al, La Crisis de Fin de Siglo:
Ideología y Literatura. Estudios en Memoria de Rafael Pérez de la Dehesa* (Barcelona, 1974),
pp. 17-28. E. Inman Fox, *Ideología y Política en las letras de fin de siglo (1898)* (Madrid,1988), *passim* pero espec. pp. 13-24 y 233-258. P. L. Shaw, *The generation of 1898 in
Spain* (New York,1975), espec. pp. 1-82. Al parecer, la invención del término, "generación del 98" fue orteguiana y buscó impulsar "la reforma intelectual y moral", pero de
la España de 1914: *vid.* V. Cacho Viú, "Ortega y el espíritu del 98", en *Revista de Occidente,* nº 48-49 (Mayo, 1985), pp. 9-53. Sobre el regeneracionismo como movimiento cultural, ver Pedro Cerezo Galán: "El pensamiento filosófico. De la generación trágica a la
generación clásica. Las generaciones del 98 y del 14" en *Historia de España Menéndez*

que confundir con autoritarismo lo desmesurado, y hasta disparatado, del tono de una protesta política cuyo fondo quiso formularse desde supuestos y plataformas democráticas[123]. La solución dictatorial se consideró "una palabra hueca" (Costa), "un paso atrás y el regreso al narvaísmo sin Narváez y al cesarismo sin César" (Sellés)[124]. "Pensar en redenciones milagrosas –se recalcaba– en un hombre salvador [...] es pensar en un imposible[125]" (Costa). Porque "los pueblos no se regeneran, ni se han regenerado nunca con la dictadura; [...] un pueblo se regenera a sí mismo o no lo regenera nadie" (Echegaray)[126]. Aunque alguno, como el Obispo de Salamanca, culpara de lo ocurrido al liberalismo, o predicara la regeneración "por la oración y la penitencia" (Cardenal Cascajares), abogando por sustituir los partidos liberales del turno por otro católico-nacional de "fuerzas sanas"[127], lo cierto es que los líderes de la protesta siguieron creyendo –y asegurando– que "España quer[ía], no un *dictador*, sino un *gobernante* de verdad que encarn[ara] la ley [y] que [fuera] coeficiente de libertad"[128] (Costa). Salvadas algunas excepciones notorias, la generalidad del dictamen regeneracionista fue que el expedien-

---

Pidal, vol. XXXIX: *La Edad de plata de la cultura española, 1898-1936*. Madrid: Espasa Calpe, 1993, tomo I, págs. 131-315.

[123] En nuestro tiempo, algunos especialistas han querido encontrar los orígenes del fascismo español en el 98 y el movimiento regeneracionista, particularmente en Costa: que yo sepa, el primero en acuñar la idea fue R. Iglesia, "El reaccionarismo político de la generación del 98", en *Cuadernos americanos*, nº 5, (México, 1947), *vid.* también E. Tierno Galván, *Costa y el regeneracionismo* (Barcelona, 1961); R. Pérez de la Dehesa, *El pensamiento de Costa y su influencia en el 98* (Madrid, 1966), A. Saborit, *Joaquín Costa y el socialismo* (Murcia, 1970); G. Fernández de la Mora, *Ortega y el 98* (Madrid, 1979). La mejor y más cumplida argumentación en contra de esta tesis, en J. Romero Maura, "Il Novantaotto Spagnuolo", en *Rivista Storica Italiana*, LXXXIV, I, pp. 32-56. De contemporáneos, *vid.* M. Azaña, *Hispania*, I, (enero-diciembre, 1918); y en *La Opinión*, (Valladolid), Clarín (24 Septiembre 1898), Echegaray (15 noviembre, 1898) y 13 abril 1899.

[124] Costa *apud El Heraldo de Aragón*, 25 febrero 1899; y E. Sellés, "La levita romántica", en *El Español*, 15 febrero 1898.

[125] Costa *apud El Liberal*, 18 octubre 1898.

[126] Echegaray *apud La Opinión*, 15 noviembre 1898.

[127] Obispo Salamanca *apud La Cruz*, T.I, (1898), pp. 455-460; e *idem*, p. 202 (Cascajares) y *El Tiempo*, 1 marzo 1898.

[128] Costa: *El Heraldo de Aragón*, 25 febrero 1899.

te de implantar la democracia yugulando el liberalismo era "tal como aprender a nadar en seco" [129].

Fue una respuesta que tuvo su sentido y tiene su explicación. Mal podían los españoles estar desengañados con "lo que no se practica-[ba]" [130], sino se falsificaba: el sistema democrático-parlamentario, "al que ahora pretenden algunos atribuir responsabilidades de nuestras amarguras, como si en España se hubiese ensayado alguna vez lealmente" [131]. Combatían lo que consideraban los defectos, la falsificación del sistema, no la naturaleza del mismo ni sus principios. Como dijera Azaña, los regeneracionistas eran moralizadores, no innovadores[132]. El ya famoso novelista asturiano, Clarín, supo resumir cumplidamente el razonamiento: "los carlistas –decía– se han puesto de acuerdo para echar la culpa de todo al parlamentarismo". Pero, se preguntaba Clarín, "si el parlamentarismo sobra, ¿qué otro sistema se quiere? Que vengan los carlistas con su unidad católica, su federalismo de ópera histórica y sus *per*curadores *(sic)* [...]. A lo menos, sino una cortapisa, Cánovas tiene un rodeo, un requisito formal en las Cortes, para poder hacer lo que quiere [...]. El sistema parlamentario tiene defectos, como todos los sistemas conocidos, pero no tiene culpa de lo que pasa aquí. No hay para qué ensartar tonterías con el pretexto de la guerra de Cuba y Filipinas: [lo que sucede] no es por culpa del parlamentarismo; sino por culpa de la nación, floja y displicente" [133]. En esta inteligencia, la receta –bien o mal formulada, peor o mejor aplicada, que esa es cuestión de otra naturaleza– iba de suyo: "¡a la regeneración por el sufragio!" [134] –como rezaba uno de los breviarios de

---

[129] *La Época*, 12 Enero 1876, recorte encontrado –y subrayado– entre los papeles de Costa: AHN, Diversos Títulos y Familias, C102.

[130] *El Imparcial*, 6 diciembre 1884 *apud:* recorte, subrayado, entre papeles Costa: AHN, Diversos Títulos y Familias, C102.

[131] *El Español*, 15 diciembre 1898.

[132] M. Azaña: *¡Todavía el 98!* (1923). Madrid: Biblioteca Nueva, 1977, p. 42. L. Alas *Clarín*, en *La Opinión*, 24 septiembre 1896. V. Cervera: *La regeneración por el sufragio.* (Palma de Mallorca, 1899). Joaquín Costa, en *El Heraldo de Aragón*, 25 febrero 1899. Joaquín R. Maura: *La rosa de fuego...*, p. 38.

[133] Clarín, *apud La Opinión*, 24 septiembre 1896.

[134] *Vid.* V. Cervera, *La regeneración por el sufragio* (Palma, 1899), *passim*. El trabajo está pomposamente dedicado a la campaña política de las Cámaras. Casi idénticas palabras, en Costa a *El Liberal*, 13 octubre 1898. *Vid.* también *La Opinión*, (Valladolid), 11 abril 1899: "sino ejercitamos el voto [...] acabaran por quitárnoslo".

las Cámaras de Comercio y Liga de Productores, centros de la protesta contra "los partidos políticos [del turno], agrupaciones de hambrientos" y "enjambres de vividores, charlatanes y tahures de la política"[135], había que oponer "un partido nacional, que [fuera] verdaderamente del pueblo, que no [fuera] de Fulano o Mengano, en una palabra, que [fuera] impersonal [...]", "[...] acallando, reprimiendo y barnizando los pujos y conatos de vanagloria, rebeldía y cabecillismo, que son la gran pasión en las sociedades decadentes". A eso obedece –aseguraba Costa– el pensamiento de la Cámara [...] porque a los pueblos no los hacen Rómulos y Pelayos, se hacen a sí propios o no llegan a ser jamás"[136]. Ese, según Pablo Iglesias, fundador del partido socialista, era "el partido que hac[ía] falta"[137]. Como ha escrito Romero Maura, "no hubo [...] césares omniscientes, ni misiones históricas, ni nacionalismos rimbombantes, ni irracionalismos escapistas. No se acudió a ninguna de estas filosofías del miedo a lo moderno, a la industrialización y al liberalismo, que ya asomaban en Rusia, Alemania o Italia"[138]. Tampoco se buscó ahogar la frustración de una claudicación en un sueño imperialista pasado o presente como en el Portugal posterior a la "data afrontosa" del *ultimatum* inglés de 1890[139].

De esta suerte, no hay que entender el 98 como resaca nostálgica del imperio perdido o reacción aislada y pesimista, sino amarga, cáustica y despiadada, una crítica "feroz" (Azorín) pero afirmativa en el fondo[140] y cuya finalidad, según Altamira, era precisamente "combatir el pesimismo"[141]; una crítica "que derruía los valores tradicionales [pero] anhelaba una España nueva"[142]. Ya advertiría el propio Azorín en un artículo paradigmático que "cuando se acusa a ese grupo de pesimismo se

---

[135] AFOG: Cervera a Spottorno, 30 julio 1898; y Costa: *El Liberal,* 18 octubre 1898.

[136] Nota manuscrita de Costa: ANH, Diversos, Títulos y Familias, C103; y Costa a Altamira, 6 agosto 1898, *Ibíde.*

[137] Vid. *Vida Nueva,* 23 agosto 1898.

[138] J. Romero Maura, *La rosa, op. cit,* p. 38.

[139] F. Catroga, "Decadência e Regneraçao no Imaginário do Republicanismo Português dos finais do século XIX", *Los 98 Ibéricos, op. cit,* III, p. 427. V. Alexandre, " A política colonial em finais de Oitocentos. Portugal e a Sacralizaçao do Império", *Los 98 Ibéricos, op. cit,* I, pp. 69-84.

[140] P. Laín Entralgo, "La reacción de los intelectuales", en P. Laín Entralgo y C. Seco Serrano, *España en 1898. Las claves del Desastre* (Barcelona, 1998), p. 307.

[141] Altamira, *Psicología, op. cit,* p. 40.

[142] Azorín en *ABC,* 10 febrero 1913.

comete un error"[143]. Según las posteriores generaciones de intelectuales y profesionales progresistas, Costa "ha[bía] enseñado e[l] patriotismo del dolor"[144] (Ortega y Gasset). Pero –advertían– "reconocer la verdad no es nunca un acto pesimista"[145] porque "la crítica [...] prepara la posibilidad de una nueva vida"[146]. Se trataba de "diagnosticar los males de la Patria para poder curarles"[147] (Sánchez Albornoz). De este modo, su "amargura [fue] punto de partida"[148] sin caer en "el temperamento fatalista [puesto que] pensaban que los pueblos renac[ían]"[149]. Eran, en suma, críticos implacables pero "optimista [s] en lo que afecta[ba] al porvenir"[150]. Su discurso tenía un trasfondo histórico y una proyección de futuro. En la medida que "h[ubo] conciencia de la culpa nacional"[151] (Unamuno), al 98 siguió también un "examen de conciencia nacional"[152] (José de Carracido) que buscaba la expiación por vía de contrición imitativa: la modernización. Para redimir sus culpas –las de la derrota– el pueblo español no eligió el cilicio retrospectivo sino las vidas ejemplares; o, si seguimos con el símil psicoanalítico, hizo, de quién le castigaba, valor paradigmático. El mundo euroatlántico se convirtió en el modelo a seguir[153]: ¡"paso al norte"!, iba más allá de la simple consigna estética de una revista de pintura (*La Luz*), al punto que el propio Costa abogó por tomar "del enemigo, el consejo"[154] "dejando a un lado el falso

---

[143] P. Laín Entralgo, *1898*, en Universidad Complutense, 21 octubre 1998.

[144] J. Ortega y Gasset, *Textos sobre el 98* (Madrid, 1998), p. 164.

[145] *Ibidem*, p. 98.

[146] *Ibidem*, p. 188.

[147] C. Sánchez Albornoz, *España, un enigma histórico* (Barcelona, 1956,1981), p. XI.

[148] Ortega y Gasset, *Textos, op. cit*, p. 98s

[149] *Ibidem*, p. 75.

[150] *Ibidem*, p. 41.

[151] *Apud* M. Ciges Aparicio, *Los vencidos* (Madrid 1910).

[152] *Apud* J. M. Sánchez Ron, "España y la Ciencia: dos momentos", en *Boletín de la Institución Libre de Enseñanza*, II época, diciembre 1977, núms. 28-29, p. 26.

[153] La propuesta, apenas tres años después de finalizar la guerra, de que se adoptaran para España las reformas que los EE. UU. estaban introduciendo en Puerto Rico, no deja de ser chocante y, en todo caso, señal de un ambiente que podrá caracterizarse como se quiera menos como resentido y pesimista: *vid. El Heraldo de Madrid,* 16 agosto 1901. Algunos extranjeros no dejaron de señalar el fenómeno: cfr. Colajanni, *Latins et Anglo-Saxons. Races supérieurs et races inférieurs* (París, 1905), p. 67.

[154] J. Costa, "Mensaje y programa de la Cámara agrícola del Alto Aragón", en *Reconstitución y europeización de España y otros escritos,* (Madrid, 1981) p. 16.

patriotismo, debemos inspirarnos en el ejemplo que nos han dado los Estados Unidos", se proclamaba en las Cortes [155]. El modelo propuesto por los regeracionistas era el Dr. Cajal, él mismo antiguo combatiente en Cuba, insigne y dedicado investigador que obtuvo el Premio Nobel de medicina por sus descubrimientos histológicos."La generación de 1898 [...] inten[tó] resucitar los poetas primitivos (Berceo, Juan Ruiz, Santillana); rehabilit[ó] a Góngora [...]; se declar[ó] romántica en el banquete ofrecido a Pío Baroja con motivo de su novela *Camino de Perfección;* s[entía] entusiasmo por Larra y en su honor realiz[ó] una peregrinación al cementerio en que está enterrado [156] [...], mientras que a Galdós le apodaban "don Benito el garbancero", a Pereda quisieron ofrecerle "¡un banquete... en contra!" [157] y a Don José de Echegaray, el venerable pero ligero dramaturgo de la generación anterior, se le condenaba a"representa[r] una España pasada, muerta, corroida por los prejuicios y la supercherías, salteada por los caciques, explotada por la burocrácia concusionaria, embaucada por falsas reputaciones" (Azorín, Baroja, Unamuno, Machado, etc.) [158]. Los militares ya no componían el arquetipo heroico. "Más conquista la reja de un arado que la espada del guerrero", rezaba la divisa de la Cámara Agraria de Monzón. Los nuevos héroes eran "los del telar" (Santiago Rusiñol) [159] y "la otra España" (Maeztu) del futuro estaba en las fábricas de Bilbao la inaguración de las cuales consideraba en aquellos años Unamuno más importante que la conquista de Granada (sic.) [160]. El ambiente mayoritario, hasta en el gobierno de turno, era renunciar a "las vanidades y sujetarse a la realidad, abandonar la mentira y desposarse con la verdad" (Silvela) [161].

De hecho, la fórmula costista de "reconstitución y europeización de España" contenía los elementos fundamentales de la agenda de la modernización que el país hubo de poner en práctica a lo largo del siglo XX. Quizá por todo ello, lo agónico y morbosamente "esencialista"

---

[155] E. Vincenti, DSC: 23 junio 1899.

[156] Azorín, *op. cit, ABC,* 10 febrero 1913.

[157] L. Carandell, "Las tertulias de café", en *Memoria 98, op. cit,* p. 292.

[158] L. Carandell, "Echegaray, víctima del 98", *Memoria 98, op. cit,* p. 308.

[159] *L'Heroe: drama en tres actos* (Barcelona, 1903).

[160] J. Romero Maura "II Novantotto Spagnolo. Note sulle Ripercussioni Ideologiche del Disastro Coloniale", *Rivista Storica Italiana* LXXXIV (1972) pp. 32-52.

[161] F. Silvela, "Sin pulso", en *El Tiempo,* 16 agosto 1898.

del regeneracionismo español pudo, a diferencia de otros casos, formular un rosario de propuestas con espíritu pragmático e intención práctica –independientemente, que no pocas de ellas se nos antojen hoy día ingenuas, contradictorias y hasta delirantes. Por eso, la guerra de 1898, entre España y los Estados Unidos, conserva, aún hoy, alguna relevancia, en la medida en que, la reacción que siguió a la misma, informa mucho de la filosofía política y la retórica españolas hasta nuestros días. En otras palabras, el discurso de posguerra articula lo que ha sido la ortopedia de modernización ibérica, casi hasta el presente: "la política hidráulica", con que se inauguró el siglo, y que todavía hoy continua[162]; las obras públicas de la dictadura de Primo de Rivera; el énfasis y esfuerzo pedagógico de la II República[163]; la política de industrialización del régimen del general Franco[164]; e, incluso, hasta las obsesiones –y realizaciones– por la convergencia económica y la vocación europeísta de los gobiernos de la democracia actual, son difícilmente inteligibles sin las resonancias que siguieron a la guerra de 1898[165].

Pero el regeneracionismo, amén de propedéutico, fue profundamente crítico. Enemigo del pasado, fustigó sin piedad historia y mitos nacionales, creando un estilo casi masoquista, desgarradamente autocrítico que, con los años, vino a convertirse en una forma torturada de retórica nacionalista.Los regeneracionistas no sólo querían acabar con –o sustituir a– los gobiernos del turno. El 98 también fue "el aniquilamiento de la historia de España"[166] con un "¡Muera Don Quijote!" (Unamuno) o echando "doble llave al sepulcro del Cid"(Costa)[167]. Según escribió luego

---

[162] E. Fernández Clemente, "De la utopía de Costa a la intervención del Estado: un siglo de obras hidráulicas", UIMP, 26 agosto 1998.

[163] E. Lamo de Espinosa, "Pedagogos, intelectuales y científicos: educación y cultura entre dos siglos", UIMP 26 agosto 1998.

[164] J. L. García Delgado, "Perfil económico de un siglo", UIMP 24 agosto 1998.

[165] J. Mª Serrano, "La modernización del sector exterior. Una tarea cumplida", UIMP 25 agosto 1998.

[166] Ortega y Gasset, Textos, op. cit, pp. 187-188.

[167] Costa "Al País", apud AHN, Diversos, Títulos y Familias, C105. El Cid y el Quijote fueron dos de los arquetipos de la mitología nacional más vapuleados por las soflamas regeneracionistas. Vid., p. e., "Doble llave al sepulcro del Cid". Por entonces, Azorín encontraba "insoportable" el Siglo de Oro español, apud Litvak, Latinos, op. cit., p. 48. Unamuno: "dió un ¡Muera don Quijote!": Obras Completas (Madrid, 1958), IV, p. 23. El texto original en Vida Nueva (nº 3), 26 junio 1898. España debe de dejar de ser

Azaña "parecía que los españoles vomitaban las ruedas de molino que durante siglos estuvieron tragando"[168]. Iconoclastas del pasado, fueron quizá la primera generación, pero no la última, "que no negoció con los tópicos del patriotismo"(Ortega y Gasset)[169] Hasta los artistas rechazaron la ficción de "un arte de recuerdos" (Leopoldo Torres Balbás)[170]. Posiblemente, la ciclópea aventura americana vino a significar, andado el ochocientos, mucho después de la pérdida del continente y al filo de la celebración del IV Centenario Colombino, un hito miliar en la formación de los mitos y del imaginario colectivo nacional. Y Cuba pasó a encarnar, de algún modo, intereses y sentimientos nacionales. "Pasaron años [...] y un sólo buque repatrió a España los restos del descubridor del continente americano y cuando esos restos arribaron á tierra sólo recibiéronles los otros restos de un gran pueblo"[171]. De esta suerte, la pérdida de Cuba era la de España, desde entonces, un país viejo y decrépito, consumido y hundido, "uno de los más ruínes e incómodos arrabales del planeta", en palabras de Costa[172]. Hispania fuit, el título de un libro de la época puede servirnos de ilustración y epitafio de aquella circunstancia. "España, sola y desfallecida con las sombras augustas de sus grandes hijos muertos que ya no da[ban] calor ni compañía"(Costa)[173], como Fernando Ossorio en *Camino de Perfección* (Baroja), deambulaba en busca de su vitalidad por un yermo ruinoso de pueblos sombríos y ciudades levíticas "amodorradas" (Unamuno). Los regeneracionistas no fueron piadosos con su circunstancia. Desde el 98, los intelectuales progresistas españoles mostraron un grado de insatisfacción con su realidad nacional y una exigencia de perfección más general y profunda, quizá, que el de sus congéneres europeos. Según ellos, España no e[ra] nación libre y soberana. No ha[bía] Parlamento ni partidos; ha[bía] sólo oligarquías. El gobierno por los peores: exclusión de la élite o aristocracia natural. La prerrogativa regia no funciona[ba]; y falta[ba] un poder que reprimi[era], o si-

---

"quijotesca", en J. de Etola, "Sobre el desastre nacional y los vicios de nuestras instituciones militares", en *La Revista Contemporánea* (Mayo, 1902), 194-201.

[168] *España,* 17 noviembre 1923.

[169] Ortega y Gasset, *Textos, op.cit,* p. 34.

[170] Apud D. Rodríguez Ruiz, "El alma de las calles", *Memoria 98, op. cit,* p. 291.

[171] NC, 19 enero 1898.

[172] Costa, "Mensaje y programa", *op. cit,* pp. 7-8.

[173] Costa "Al País", *apud* AHN, Diversos, Títulos y Familias, C105.

quiera moder[rara], [a] la oligarquía. Estado social de barbarie, co-
rrelativo de aquella forma bárbara de gobierno. Pasividad del pueblo
[...] En suma, la revolución esta[ba] por hacer.[174] Fueron, pues, despiadada, ácida, hasta grotescamente críticos de una nación que consideraban
"volatilizada [por] tres siglos de error y de dolor"[175]. Si en Francia los
adolescentes de la *débâcle* se consideraban "vencidos antes que nacidos"
(Charles Péguy)[176], en España las generaciones "iniciadas en la vida a la
hora del desastre postrero"[177] creían partir de una "hacienda destrui-
da"[178] y querían que "España [fuera] otra cosa de lo que e[ra] y lo que
fue"[179]. Hicieron leña del pasado y *tabula rassa* del presente. A España había que "recoger[la] del arroyo donde la han arrojado muerta o mori-
bunda sus tutores, después de haberle dilapidado su fortuna"[180]. Se sintie-
ron robinsones "crea[ndo] el mundo de la nada"[181]. "Aspiraba [n] a transformar radicalmente nuestro pueblo"[182]. Ese era "el camino de la resurrección de España [...] para fundar[la] otra vez" (Maetzu). Pero como
observara D. Claudio Sánchez Albornoz, "las invectivas de la llamada generación del 98, al margen de la aspereza de sus trallazos críticos, rezuma-
ban amor por la patria"[183], desde un patriotismo, aunque agónico, "serio,
digno [y] sólido [que] no bullanguero"[184] profundo y sincero, respetable
y bien intencionado, pero nietzcheano, en que España no era "el pasado y
el presente; [sino], por el contrario, algo que todavía no exist[ía] [...],
una cosa que ha[bía] que hacer"[185]; como cantara el poeta, para ellos no
era "patria el suelo que se pisa, sino la tierra que se labra" (Machado).
   Con todo −y a salvedad de algunos contraejemplos de carácter pe-

---

[174] J. Costa: *Oligarquía y caciquismo...*, pp. 77 y 125 y s. Epígrafes de la Memoria.

[175] Ortega y Gasset, *Textos, op. cit,* pp. 75 y 98.

[176] V. Cacho Viú, "Francia 1870-España 1898", *Revista de Occidente,* marzo 1998,
núms. 202-203, p. 33.

[177] Ortega y Gasset, *Textos, op. cit,* p. 75.

[178] *Ibidem,* p. 191.

[179] *Ibidem,* p. 164.

[180] Costa, "Mensaje y programa", *op. cit,* pp. 15-25.

[181] Ortega y Gasset, *Textos, op. cit,* p.188.

[182] Sánchez Albornoz, *España, un enigma, op. cit,* p. VIII.

[183] *Ibidem,* p. VIII.

[184] Azorín, *apud* Laín, "reacción de los intelectuales", en Laín y Serrano, *España
1898, op. cit,* p. 307.

[185] Ortega y Gasset, *Textos, op. cit,* pp. 100 y 191.

riférico, en el doble sentido de la palabra (Gabriel Alomar, p. e.)[186]– las pretensiones antropológicas de la literatura regeneracionista española tuvieron más bien un alcance metafórico. El razonamiento que dominó el caótico y contradictorio baratillo intelectual regeneracionista no fue tanto el *estéreos* del tipo como el condicionante de un medio poco propicio –sobrepenalizado por los defectos de la incultura y la ignorancia[187] (el otro gran tema regeneracionista, prestado por los institucionistas)– sobre el *homo hispanicus*. Por eso, porque medio y política eran variables y los españoles reformables, podían recetarse arbitrios que remediaran al "enfermo". Desde esta óptica, pues, lo destacable del regeneracionismo español no es la metáfora neodarwinista *à la* Nordau, sino la obsesiva fijación con las desventajas geográficas –geológicas e hídricas[188], ha-

---

[186] Cfr., P. Gener, *Cosas de España* (Barcelona, 1903); y V. Gay, *Constitución y vida del pueblo español* (Madrid, 1905); V. Almirall, *Lo Catalanisme* (Barcelona, 1886).

[187] En el 98, se consideró que habíamos sido vencidos por un pueblo más próspero y más culto. En este sentido, se recogió la idea francesa de que *on a eté veaincu par le maître d'école* (en nuestro caso, *americain*): *vid.* Costa a *El Liberal*, 18 octubre 1898 y el prólogo de Santiago Alba a E. Demolins, *En qué consiste la superioridad de los anglosajones* (Madrid, 1899), p. XXXI. Probablemente, la idea más concreta es original de H. Taine, *Notes sur l'Anglaterre* (París, 1876) pero quien le había dado cuerpo filosófico armado, con enorme éxito e influencia, fue E. Renan, *La réforme intellectuelle et morale* (París, 1871). La obsesión por "la escuela" (Costa) y la educación (Giner), se acentuó desde entonces, pero era un tema que venía desde los krausistas. *Vid.*, p.e., R. Altamira, *Ideario pedagógico* (Madrid, 1933). Maestros e intelectuales desplazaban al sacerdote como los nuevos conductores de un pueblo desorientado y perdido en la travesía: *vid.* Javier Varela, "Literatura del Desastre", *apud. IUOG, op. cit.*, p. 22. Los liberales consideraron que era suya la responsabilidad por haber dejado la enseñanza en manos de los curas: *vid.* E. Madrazo, *¿El pueblo español ha muerto?* (Santander, 1903), p. 131; y AA: Moret a Alba (s.f. pero C 1900). La idea de que el "pecado" no era tan "original" como "católico" es belga aunque su difusión sea francesa: *vid.*, J. Weyrich, "L'inferiorité économique des nations catholiques", en *Revue Sociale et Catholique* (Mayo, 1898). J. Sergi, *La decadencia de las naciones latinas* (Barcelona, 1901), también plantea el tema en términos de la enseñanza clerical (además del militarismo), igual que L. Bazalgette, *A quoi tient l'inferiorité française* (París, 1900). Un ejemplo de lo propio en España, en R. Álvarez Sereix, "El porvenir de la raza", en *Revista Contemporánea* (Julio-Septiembre, 1895), pp. 355-367.

[188] No sólo J. Costa –en *Política hidráulica* (Madrid,1911) o en *El arbolado y la patria* (Madrid, 1912)– basta una rápida ojeada al repertorio regeneracionista para certificar que el *medio* es tema principal: cfr.: J. Senador Gómez, *Castilla en escombros* (Valladolid, 1915); *idem, La canción del Duero* (Valladolid, 1919); R. Macías Picavea, *Tierra de Campos*, 2 vols. (Madrid, 1897-1898).

bría que decir para precisar– y las estrategias adecuadas, políticas y económicas, para su transformación. No había sólo una historia que borrar y un presente que transformar. Había que "cambiar hasta la geografía de la Patria" (Moret). Los hombres del 98 fueron, en efecto y ante todo, una *mixtura* de ingenieros, geólogos y geográfos *sui generis*. Basta ojear la literatura de la época (recuerdese a César Moncada, el héroe hidraúlico de Baroja[189] o las memorias de Madariaga) para comprender que el ingeniero se había convertido en el nuevo mito de la España urbana y en el objeto deseo de las señoritas casaderas de la burguesía ibérica, como sugiere el modélico galán galdosiano en *Electra*. El espíritu ingenieril del 98 tenía sus preferencias y obsesiones muy marcadas. La vaca era animal totémico y símbolo de progreso; la oveja bestia esquilmante y ejemplo del atraso castellano, del mismo modo que se denostaba el cereal de secano y se ensalzaba la selvicultura de coníferas. El culto al Guadarrama –con su liturgia de peregrinación biológica, amor a la naturaleza y vida deportiva– y la adoración de los pinos de Valsaín que consagró D. Francisco Giner[190], cantó el verso machadiano[191] e impresionó la paleta de Beruete, era, además de un programa económico, una pedagogía moral. El Sistema Central y los montes cantábricos fueron los bosques teutónicos de los neorrománticos españoles. La naturaleza espectacular e imponente pero dura y nevada de la montaña *salvaje* debía *salvar*, regenerar al español que volvía apestado –física y moralmente– de la fétida y asfixiante manigua cubana. En 1918 se inauguraría el primer parque nacional español, precisamente en Covadonga y con ocasión del duodécimo centenario de la legendaria batalla, para que también de allí arrancara la reconquista del paisaje y del alma nacional. En definitiva, pues, con el 98 "la tierra se transfigur[ó] en paisaje"[192]; un "paisaje pedagogo" (Ortega y Gasset), cargado de simbolismo político y hasta moral[193]. De esta suerte, los motivos paisajísticos fueron algo más que un tema de inspiración poética o plástica. Eran una manifestación del "problema español": "un exámen de conciencia nacional" (Ortega y Gasset)

---

[189] P. Baroja, *César o nada*, (Madrid, 1927), *passim*.

[190] *Vid El País*, 6 abril 1998 (Madrid, p.7).

[191] A. Machado, *Campos de Castilla* (Madrid, 1933).

[192] Laín, *España 1898, op. cit*, pp. 315-316.

[193] F. Giner de los Ríos, "Paisaje", *Boletín de la Institución Libre de Enseñanza*, I., (1918), pp. 54-61.

"La generación de 1898 ama[ba] los pueblos y el paisaje"[194] un paisaje del que no se buscaba tanto su descripción como su impresión, su proyección simbólica: "la realidad no importa, lo que importa es nuestro ensueño[195]", confesó Azorín en un arranque de romanticismo. Basta ojear texto y dibujos de *La España Negra*, el libro que Regoyos y Verhaeren publicaron precisamente en 1898, o repasar el debate posterior sobre la "cuestión Zuloaga" (cfr. el tratamiento casticista y crítico a la vez que el pintor vasco dió a tipos y paisajes populares)[196], detenernos en algunas descripciones en que Unamuno o Azorín, Machado posteriormente, subliman, con gran belleza, el carácter primitivo, a la vez grandioso y sobrecogedor del paisaje castellano, para entender que aquellas generaciones de intelectuales y profesionales urbanos "s[oñaban] con la imagen de una España [...] germinal [...] y europea"[197]pero, como sus congéneres del norte de Europa cuarenta años atrás, vivían hechizados por "la España decrépita [...], parásita [...] y vieja"[198], esa España profunda del campo y los pueblos que se resistía a morir, repugnante y terrible, pero vigorosa y fascinante a la vez para la retina neorromántica[199] de aquellos escritores. De la recia masculinidad de la cordillera cantábrica, de las limpias e infinitas llanuras castellanas y del alma primitiva pero sana del "pueblo dormido"[200], de "la intrahistoria" (Unamuno) en definitiva, debía brotar el vigor regenerativo "de la raza" –hoy léase cultura– nacional. Dice bien José Carlos Mainer cuando afirma que los noventayochistas inventaron el nacionalismo estético español"[201]. Un repaso somero del elenco de títulos regeneracionistas nos convencerá enseguida de las obsesiones agraristas de sus autores y de las intenciones transformadoras del enjuto medio físico peninsular que abrigaban los noventayochistas. El mayor (desequilibrio hídrico) o menor acierto (abogar por

---

[194] Azorín, "1898", *op. cit*, ABC, 10 febrero 1913.

[195] *Apud* Laín, *España 1898, op. cit*, p. 314.

[196] F. Calvo Serraller, "Ciudad y paisaje", *Memoria 98, op. cit*, pp. 277-282 y el excelente ensayo de J. Tusell, "La estética de fin de siglo", en *Paisaje y figura del 98* (Fundación Central Hispano, 1998), 1998), esp. p. 32.

[197] Ortega y Gasset, *Textos, op. cit*, p. 144.

[198] *Ibidem*, p. 198.

[199] Para el neorromanticismo del 98 *vid*. "La bohemia literaria española", *Memoria 98, op. cit*, pp. 302-303.

[200] J. Alvarez Junco, "La crisis de 1898", Fundación Pablo Iglesias (1998).

[201] "Crisis de fin de siglo y literatura", *Memoria 98, op. cit*, p. 298.

una estrategia de explotación intensiva en un medio típico de *dry farming* extensivo, confundiendo, en definitiva, producción con productividad) en análisis y propuestas, no debe oscurecer el foco central del *ritornello* regeneracionista: la ruptura definitiva con la *laudatio* isidoriana o alfonsina –todavía muy presente en la hagiografía liberal-nacionalista ochocentista[202]– y el regreso a una *lamentatio* por la pérdida de España (1898), castigo de "la culpa nacional"[203] que una expiación imitativa debería "transformar" en *resurectio* de la España perdida[204], "africanizada", sino por la concupiscencia del romance, por el atraso de sus gobiernos, y reconquistada por virtud del riego cerebral (la escuela, donde, según Costa, "estaba la mitad del problema español"[205]) y agrícola (los embalses): en suma, y en palabras de Cajal, "cultivar intensamente los yermos de nuestra tierra y de nuestro cerebro[206]".

Desde el 98, pues, la geografía –y la historia– de España, sobre todo la de Castilla, presentaban "un suelo semiafricano" (Costa), un paisaje miserable, decrépito y enjuto, cegado por las sombras de un pasado polvoriento y abrasado entre grietas de sedienta desolación. El hecho de que ésta, en una revuelta de grandiosidad, fuera reconvertida en una forma espiritual y abstracta de exaltación nacionalista, puede apuntarse a la genialidad literaria y plástica de los noventayochistas sin necesidad de confundirse con el anterior argumento.

En este sentido, la idealización de las agrestes montañas del norte o de las adustas llanuras castellanas no debe interpretarse en clave de casticismo retrógrado. Antes bien, sería precisamente de la mirada al paisaje español con retina europea –como indicaba Unamuno– de donde surgiría una sensibilidad de verdadera regeneración progresista.[207]

---

[202] *Vid.* p. e. M. Lafuente y J. Valera, *Historia General de España. Desde los tiempos primitivos hasta la muerte de Fernando VII*, T. I (Barcelona,1877), pp. 1-2. También, "no sin cierto recogimiento", *vid* L. Mallada, *Los males de la patria y la futura revolución española* (Madrid, 1998), *passim.*

[203] *Vid.* Ciges, *Vencidos, op. cit.*

[204] *Vid.* p.e. J. Costa, "Muerte y resurrección de España (¿Por qué ha caído?)" epílogo de *Tutela de pueblos en la historia,* (Madrid, s.f.), pp. 313-358.

[205] Joaquín Costa: "Mensaje y programa…", *op. cit,* pp. 21 y 25.

[206] *Apud.* J. Gómez Mendoza, "La preocupación por los recursos del territorio. Entonces y ahora", en *Boletín de la Institución Libre de Enseñanza*, IIª época, diciembre 1997, núms. 28-29 y p. 92.

[207] M. Unamuno, *En torno al casticismo* (Madrid, 1996) pp. 59-61 y 166 (cita), 169-

De hecho, caída en buenhora la hojarasca neodarwinista y disipado mucho del disparate arbitrista, los temas de la modernización de España siguieron marcados –y siguen aún– por la partitura compuesta en la airada resaca de 1898.

Llegados a este punto miliar de balance y arqueo, quizá fuera pertinente advertir que en la agenda de modernización española iniciada en 1898, rigurosamente articulada hacia 1914 pero descalabrada en 1936 y penosa, trabajosamente retomada apenas en 1950, coincidieron todos los partidos y grupos políticos españoles hasta el presente, ya fueran afines y aliados, o bien opositores y adversarios o incluso hasta enemigos y contrincantes, naturalmente eligiendo cada uno de ellos aquella partitura noventayochista que más le agradaba o convenía. Acertados o no –que esa es consideración de otro linaje– lo cierto es que, desde una perspectiva centenaria, los programas del 98 se han visto básicamente cumplidos. En alguna medida, podría afirmarse que espectacularmente. Cien años después, en la España de hoy, en que la escolarización hasta los 16 años es total, estudian más de millón y medio de universitarios, cifra superior a la de la población activa agraria actual y a la de alumnos de secundaria en 1930, años aquellos en que acudían a las aulas universitarias una población estudiantil similar a la que hoy día cursa estudios de doctorado. Al finalizar la primera década del siglo XX, la tasa de analfabetismo era del 50 por ciento (más del 70 en 1870), mientras que hoy no supera el 5 por ciento, concentrándose en un segmento de edad de mayores de sesenta años. Desde 1995, España es ya el quinto país del mundo en producción de libros. En 1877, la población que residía en núcleos de más de 10.000 habitantes no superaba el 20 por ciento del total; hoy día, las cifras se han invertido literalmente. Más de la mitad de la población activa trabaja hoy en servicios. España ha superado el 80 por ciento de la renta media de la Europa más próspera y es hoy el octavo o noveno país industrial del mundo; el sexto o séptimo en agua embalsada –la gran aspiración de los regeneracionistas en la España sedienta de hace un siglo. España tiene hoy, en fin, una de las economías más abiertas del mundo en una sociedad libre, democrática y crecientemente cosmopolita. No merece la pena seguir. Pero no es ex-

---

170, con la excelente introducción de J. Juaristi (sobre todo pp. 42-42) y la interpretación en J. L. Bernal Muñoz, *La mirada del 98* (Madrid, 1998), p. 13.

traño que una transformación de tal envergadura llevara al presidente Aznar a la siguiente afirmación "creo que Ortega ahora estaría a gusto en su patria". En todo caso, quede claro que el logro no ha sido un suceso (préstesele a la etimología el mordiente anglicista de la palabra). Como nos relata con elegancia José Luis García Delgado, más bien se trata de un largo proceso en perspectiva histórica braudeliana de *long durée*. Iniciado quizá en los años sesenta del ochocientos, tomó carta de naturaleza programática a caballo de siglo, se vio gravemente truncado mediados los treinta y novecientos cuarenta y retomó aceleradamente la carrera desde hace ya medio siglo, con tasas medias anuales de incremento de renta de la población cercana al 4 por ciento, para hacer eclosión en nuestros días de manera aparente.[208]

Sin duda, el camino recorrido ha sido muy considerable, sólido y profundo. Tiene razón Felipe González, mirando hacia atrás sin ira y revanchismo, ¡es tanto lo que hemos superado! Sin duda, España es hoy un país razonablemente próspero, plural, libre y tolerante. Pero, las soluciones de unos problemas generan sus propias contradicciones o resucitan e intensifican viejas querellas. Quizá el tema, *el problema* de nuestro tiempo sea hacer compatible la alternancia democrática estable con una *articulación territorial*, viable, funcional y compartida (Fusi). Es harto improbable que España deje de ser un país democrático; pero no es imposible que deje de ser un país. Al fin y al cabo, la estrategia del nacionalismo totalitario consiste en forzar a la realidad plural un dilema falso y reduccionista entre identidad nacional y democracia, queriéndonos imponer, otra vez después de tantas décadas y padecimientos, la más española y castiza de las economías del poder: aquella que introduce la violencia como moneda política de curso legítimo. Desgraciadamente, no deberíamos engañarnos con una ecuación optimista falsa. A veces las opciones que no se plantea la realidad no son positivas y resultan estériles concesiones, siempre insatisfechas, alimentadas por el buen deseo de conciencias cristianas y liberal-democráticas, atormentadas por un vago sentimiento de culpa por no haber hecho lo suficiente. Lo cierto es que la evidencia empírica demuestra que de mayores cotas de autogobierno no se ha seguido una disminución de la violencia (del mismo

---

[208] José Luis García Delgado, *Un siglo de España: La economía*. (Madrid, 1999), *passim*.

mo modo que, en el plano político y entre los partidos del nacionalismo no violento, la más profunda descentralización que se ha conocido en Europa occidental tampoco ha derivado en mayor integración y lealtad constitucional). Y ello ha sido así, porque el asunto no se dirime en el terreno de la soberanía y los votos: nos guste o no, me temo que el problema que hoy se nos plantea no sea el de redefinir el *sujeto de soberanía*. Por eso, tampoco creo que "La autodeterminación s[ea] la paz", como afirman algunos (Eguibar). Porque los mili[tantes] –así se apellidan ellos mismos– de la violencia no se han dejado –ni se dejarán– convencer por la matemática electoral como expresión de una voluntad democrática. Los militares nacionalistas miden su éxito o fracaso, en eso, en términos bélicos; y sólo la victoria, o derrota militar, *lato sensu* podrá convencerles. Los sesudos argumentos de corte constitucional o democrático carecen, pues, de sentido último para ellos. Son coartadas, cuando mucho objetivos tácticos. Del mismo modo –y con las mismas tácticas de estudiada combinación entre terrorismo y elecciones, acoso a los discrepantes y ofertas de tregua– que la autodeterminación de las minorías alemanas del Reich fue nunca objetivo prioritario del partido nazi en los treinta, tampoco el objetivo estratégico del nacionalismo autoritario de nuestros días ha sido ayer la autonomía, no es hoy la autodeterminación, ni será mañana siquiera la independencia. Tengo el firme convencimiento que el dilema con que hoy se nos confronta –y el objetivo estratégico que se persigue– atañe a la *naturaleza del poder:* el de un poder militar, totalitario y excluyente.

PATRIOTAS Y CONSTITUCIONES CUBANAS DEL SIGLO XIX

LEONEL A. DE LA CUESTA

Me parece indispensable dar a conocer en España, tanto como sea posible, a los hombres (y a las mujeres) que lucharon por la libertad en Cuba, pues he comprobado que son poco conocidos, inclusive a nivel universitario. Si para muestra vale un botón, como reza el dicho popular, pongo dos por ejemplo, el del Embajador Pablo de Azcárate, diplomático e historiador, de obediencia republicana, y el del profesor y polígrafo don Manuel Fraga Iribarne. Dos hombres de talento, de bien diversas corrientes ideológicas y que, curiosamente, pasan por alto la labor y las virtudes –y casi hasta la existencia– de los patriotas del 68 y del 95; salvo por lo que se refiere a la figura apostólica de José Martí. Hace años Fraga prologó la compilación de constituciones cubanas que editara el Dr. Andrés M. Lazcano, Presidente de Sala de la Audiencia de La Habana.[1] Este prólogo indignó a varias instituciones criollas como la Academia de la Historia de Cuba, el Colegio Nacional de Abogados y la Universidad de La Habana. En su respuesta, el Dr. Elías Entralgo Vallina, catedrático de Historia de Cuba de la propia universidad habanera, señaló, entre otras cosas, que el entonces director del Instituto de Cultura Hispánica, al citar en su trabajo una investigación de Entralgo sobre la Guerra de 1868, no había consignado ni uno solo de los treinta y cuatro méritos que el catedrático habanero hubo de anotar en el haber de los revolucionarios cubanos, pero que "fue a escoger precisamente el apunte de uno de los defectos [pero] sin [siquiera] reproducirlo en forma textual".[2] Por su parte, el Embajador Azcárate en su libro *La Guerra del 98*, fue más allá.[3] En sus más de doscientas páginas no trata para nada de las luchas iniciadas noventa años antes del hecho bélico que historia. Su única referencia al respecto, es constatar, al final del libro y en forma

---

[1] Andrés María Lazcano y Mazón. *Las Constituciones de Cuba* (Madrid: Ediciones Cultura Hispánica, 1952), pp. VII-XLII.

[2] Elías Entralgo y Vallina "El resentimiento de un prólogo", *Lecturas y Estudios* (La Habana: Comisión Nacional Cubana de la UNESCO, 1962), p. 285.

[3] Pablo de Azcárate. *La Guerra del 98* (Madrid, Alianza Editorial, 1968), 219 pp.

caprichosa que en la Cuba de hoy se "rinde el culto que justificadamente merecen las grandes figuras de la guerra contra la dominación española en el siglo XIX." [4] En Cuba siempre se ha rendido tributo tanto a las grandes figuras como a los soldados de a pie que participaron en las luchas emancipadoras. Además, en relación con la hermana nación puertorriqueña, el señor de Azcárate afirma: "En ningún momento la población de Puerto Rico había mostrado descontento con la dominación española." [5] Este aserto se repite varias veces. Evidentemente, el señor Embajador no se ha enterado del Grito de Lares, ni de la labor de los patriotas puertorriqueños tales como Baldorioty de Castro, Juan Ríus Rivera y el médico José Emeterio Betances de quien, por cierto, se ha dicho fue el autor intelectual del magnicidio de Cánovas del Castillo. [6]

No puedo a fuer de justo negar que hay historiadores españoles como el Embajador Rubio, los señores Varela Ortega, Prieto Benavent, Hernández Sánchez-Barba, y otros que han tratado con serenidad las difíciles relaciones entre ambos países, y otros intelectuales que se han dedicado al estudio profundo y cabal de nuestro José Martí, como lo son, entre los mayores, el ilustre profesor y polígrafo don Guillermo Díaz Plaja y, entre los más jóvenes, el Prof. Carlos Javier Morales.

De todas maneras he creído mi deber iniciar este curso con un análisis de los que laboraron –asi le llamaban "laborantes"– por la libertad y la democracia en el archipiélago cubano. En torno a ello cabe preguntarnos; ¿cuándo aparecieron estos luchadores en la escena política?, ¿cuál fue su raza y su extracción social?, ¿cuál su sexo?, ¿cuál su ideología política?, y ¿a qué partidos, bandos o coaligaciones se asociaron?

Las primeras rebeliones armadas contra el Gobierno colonial, la de los negros esclavos de las minas de El Cobre y la de los vegueros habaneros, ocurrieron a principios del siglo XVIII. [7] Sin embargo, no dejaron secuela en la realidad política –fáctica o pensada– del país. También es un antecedente aislado las luchas de los criollos –personificados en el

---

[4] *Ibid.*, p. 193.

[5] *Ibid.*, p. 147.

[6] Véase el libro de Frank Fernández *La Sangre de Santa Águeda. Angiolillo, Betances y Cánovas. Análisis de un magnicidio y sus consecuencias históricas.* (Miami: Ediciones Universal, 1994), 186 pp.

[7] Véase la *Historia de Cuba* de Calixto Carlos Masó, publicada en Miami, Florida, por Ediciones Universal en 1976, especialmente pp. 70, 76 y 77.

inmortal Pepe Antonio, de Guanabacoa– al momento de la toma de La Habana por los ingleses en 1762. En Cuba, la actividad política se aduna al inicio de la Guerra de Independencia de España y, en el plano intelectual, corresponde al grupo de los criollos nacidos entre la toma de la capital cubana por los británicos y las expediciones invasoras de Narciso López; se trata del grupo que encabezan don Francisco de Arango y Parreño (1765-836), el Dr. Tomás Romay (1769 -1849), el Pbro. José Agustín Caballero de la Torre (1771-1835), el Regidor Manuel de Zequeira y Arango (1769-1846), el canónigo Bernardo O'Gaban (1782-1836), el Pbro. Félix Varela y Morales (1787-1853), y el polígrafo José Antonio Saco (1797-1879).[8] Dadas las circunstancias, la vida política cubana nace con la invasion napoleónica de España y ha de continuar uncida a los vaivenes de la política de la Metrópoli, pero tiene características propias; por ejemplo, si según los historiadores liberales Fernando VII fue el peor rey de España, para Cuba resultó un déspota benévolo. A partir de 1814 la hábil política del capitán general don Francisco Dionisio Vives hacia los criollos les permitió cierto grado de participación en el gobierno insular y la libre discusion de las ideas políticas, mas sin permitir su aplicación práctica. Como podía esperarse nunca hubo conexión entre las teorías de la dirigencia blanca y las espontáneas insurecciones de los esclavos de las dotaciones. La experiencia haitiana de 1804 estaba muy cerca.

El inicio de la Guerra Grande en 1868 marca la verdadera entrada en acción, aunque imperfectamente coordinada, de todos los elementos que componían la población cubana. Fraga Iribarne en su mentado ensayo califica la contienda del 68 como una "guerra de caballeros afincados", y afirma, además, que en la Guerra del 95 "intelectuales y campesinos pobres llenaron sus huecos", es decir, los huecos dejados por aquella brillante oligarquía terrateniente, que de modo bien poco egoísta enarbola los principios liberales y se bate por una idea teórica de libertad y progreso; sigue diciendo Fraga que en el 95 "se levantará una nueva clase dirigente, menos patricia, más distante de la tradición, más burguesa".[9] Lleva algo de razón el estadista gallego al juzgar la clase social de la que

[8] Las biografías de estos patriotas están consignadas en el tomo corespondiente del *Diccionario Biográfico Cubano* de Fermín Peraza Sarausa, catorce tomos, publicado en Coral Gables, Florida, EE. UU. en 1964.

[9] *Op cit.*, p. XV.

proviene la dirigencia de la Revolución del 68, pero a mi dictamen su análisis "se queda corto", como decimos en Cuba. La participación fue como dije total. Es cierto que el núcleo rector del alzamiento tanto en Oriente como en Camagüey provenía de criollos blancos, ricos, cultos, graduados algunos en Europa y los EE. UU., pero hubo muchísimo más. En este año en que se cumplen ciento treinta años del toque de la campana de La Demajagua se ha de tener un recuerdo para Carlos Manuel de Céspedes, el Padre de la Patria, y para Ignacio Agramonte, el Bayardo.

Como dice Entralgo:

> A pesar de que, por tradición y hasta por herencia, debían tener endurecida la sensibilidad social en el respeto intangible a la propiedad privada bajo el concepto romanista del uso, disfrute y abuso de la misma, expusieron sus grandes bienes de fortuna a las represalias –sospechables por conocidas– de las autoridades políticas españolas (al cabo tal riesgo se remató en las confiscaciones de bienes) y libertaron a sus esclavos. Estas dotaciones negras de los ingenios azucareros nutrieron las filas de los soldados de la insurrección.[10]

Pero a los negros, manumitidos primero privadamente por sus amos y después, en general, por ley revolucionaria, se sumaron pronto otros grupos populares, esos pobres que Fraga limita a la Guerra del 95.

En primer lugar, un nutrido grupo de militares dominicanos entrenados en belicología decimonónica por el Ejército español durante la reanexión de Quisqueya. A la cabeza de éstos hay que anotar a Máximo Gómez Báez, futuro generalísimo de los ejércitos criollos, a Modesto Díaz, mariscal de campo de las reservas dominico-españolas, al general Pedro Díaz, a Luis Marcano y a muchos más. A esos antillanos se le unen negros y mulatos libres cubanos como Antonio de la Caridad Maceo y Grajales, futuro lugarteniente general, y sus hermanos Marcos y José, también Quintín Banderas, Jesús Rabí, Guillermo Moncada y varios otros que escalarían al generalato antes del fin de la Guerra Grande. Todavía hay más. Participan en las operaciones bélicas hermanos de las demás naciones hispanoamericanas como Juan Ríus Rivera, puertorriqueño, los peruanos José Payán y Leoncio Prado, el colombiano José Rogelio Castillo, los venezolanos José María Aurrecochea, José M. Barreto y Armando Manvit. De norteamérica también llegó ayuda desinteresada

---

[10] Elías Entralgo y Vallina. *Perioca Sociográfica de la Cubanidad* (La Habana: Edit. Jesús Montero, 1947), pp. 33 y 34.

en las personas de los cubano-americanos Adolfo y Federico Fernández Cavada, veteranos de la Guerra Civil estadounidense, de Thomas Jordan, oficial graduado de West Point, y de Henry Reeves, "el americanito", joven casi adolescente. De Europa inclusive nos llegaron efectivos con el irlandés William O'Ryan y el francés Joseph de Beauvilliers a la cabeza. Para dar una idea de lo omnicomprensivo del movimiento del 68 en lo social y en lo étnico, baste recordar que entre los extranjeros autorizados por la Constitución de 1901 para ser Presidente de la República sin haber nacido en Cuba se encontraban, no sólo Máximo Gómez Báez, sino también el general Carlos Roloff, judío nacido en Polonia y el capitán José Bo, asiático nacido en la China. Finalmente, hay que consignar que la justicia de la causa cubana fue tan obvia que hasta hubo españoles que se incorporaron a las fuerzas mambisas, como el coronel Diego Dorado, andaluz, y el isleño Manuel Suárez, que no lucharon contra su patria sino contra los malos gobiernos que sufrían por igual criollos, canarios y peninsulares.[11] Hasta ahora les he hablado de hombres de todas las razas y extracciones sociales, pero también luchó –¡y de qué manera!– la mujer cubana.

En la mejor tradición de María Pita y de Agustina Domenech, la capitana Luz Palomares García tomó parte activa en combates y batallas. Otras se fueron al monte a acompañar a sus esposos como Bernarda Toro de Gómez, Manana, esposa del generalísimo Máximo Gómez, ella junto con Concha Agramonte y Mariana Grajales ofrendaron a la patria los hijos nacidos de sus entrañas.

En la Emigración Revolucionaria se destacaron muchas mujeres, recordemos los nombres de la periodista Emilia Casanova y el de Martha Abreu de Estévez, paradigma de la mujer rica que puso su fortuna a la disposición de los luchadores por la libertad, y el de Ana María Aguiar, de familia pobre, que ofrendó lo único que tenía; su propia vida.[12]

Pero lo más interesante y menos conocido de la participación de la mujer en la Guerra del 68 pertenece al ramo de la historia de las doctrinas socio-politicas. Me refiero a la intervención de Ana Betancourt de

---

[11] Para más datos sobre estos patriotas remitimos al lector nuevamente al *Diccionario Biográfico Cubano,* ya citado.

[12] Los datos sobre estas mujeres provienen del libro de Vicentina Elsa Rodríguez de Cuesta *Patriotas Cubanas.* Segunda edición corregida y aumentada. (Pinar del Río: Heraldo Pinareño, 1952), 196 pp.

Mora en la Asamblea de Guáimaro. Ana, agente de la Revolución en Camagüey, pidió permiso para dirigirse a los creadores de la Constitución de 1868 y les dijo:

> Ciudadanos:
>
> La mujer cubana en el rincón oscuro y tranquilo del hogar esperaba paciente y resignada esta hora sublime, en que una revolución justa rompe su yugo, le desata las alas.
>
> Todo era esclavo en Cuba: la cuna , el color, el sexo.
>
> Vosotros queréis destruir la esclavitud de la cuna, peleando hasta morir si es necesario.
>
> La esclavitud del color no existe ya, habeis emancipado al siervo.
>
> Cuando llegue el momento de libertar a la mujer, el cubano que ha echado abajo la esclavitud de la cuna y la esclavitud del color, consagrará también su alma generosa a la conquista de los derechos de la que es hoy en la guerra su hermana de caridad, abnegada, que mañana será, como fue ayer, su compañera ejemplar.[13]

Aunque en apariencia un ruego, el vocabulario escogido y la ocasión aprovechada parece hacer de este discurso más que una súplica, una exigencia. Recuérdese, además, que fue pronunciado hace ciento treinta años, a los diez años, apróximadamente, de haberse promulgado en España la ley que hacía obligatoria la primera enseñanza para la mujer, en un sitio perdido de la geografía antillana y con poquísimos antecedentes. Fue un eco claro de la acción de la francesa Olympe de Gouges quien en 1791 redactara su *Déclaration des droits de la femme et de la citoyenne*.[14] Ni la una ni la otra consiguieron nada efectivo pero, Olympe perdió la vida en 1793 por mantener sus ideas mientras que Ana Betancourt recibió los parabienes de los patriotas reunidos en Guáimaro.

Creo haber probado la magnitud de la participación popular en la Guerra del 68.Todos los autores están de acuerdo en que la misma aumentó notablemente en la del 95. A lo étnico y de género –como dicen ahora– hubo de agregarse lo obrero.

En relación con el aspecto racial Entralgo ha manifestado:

> Un factor étnico, aún no estudiado en general y mucho menos en su aplicación a aquellas circunstancias, resulta decisivo entonces: el mulato. Los

---

[13] *Op cit.*, p. 131.

[14] Véase para mayor información sobre esta feminista francesa la obra de Eulalia de la Vega *La mujer en la historia* (Madrid: Anaya, 1992), pp. 46 y 47.

negros, a medida que se iban liberando, salían, huían más bien, de los campos
–recuerdos para ellos de seculares tormentos– y se establecían en las poblaciones, donde siempre se les había tratado mejor. El contacto entre grupos más
numerosos de gentes blancas y negras produjo un gran aumento de los mulatos. El proceso de mulatización en sus varios matices estaba en su apogeo al hacerse esta nueva llamada independentista. Y a ella respondió, por abajo y por
arriba, con cantidades de muchedumbre mulatera y con calidades de dirección
mulatizada, nuestro mulataje... La invasión –que ha sido sin lugar a dudas el esfuerzo colectivo más notable realizado hasta hoy por los cubanos– fue un empeño mulato, por los hombres y por los nombres, por sus soldados anónimos y
por sus jefes famosos.[15]

Y aún se podría ahondar más en la participación del negro y de la
mujer. Baste decir que aparte de la presencia femenina en la manigua,
muchísimo más activa en el 95, con mujeres tales como Isabel Rubio,
Adela Azcuy y Regla Socarrás de Prío, por mencionar sólo a tres de mi
provincia pinareña, hay que hacer constar la actividad femenina en la organización de los clubes revolucionarios que sirvieran para proporcio-
nar recursos humanos y económicos a los soldados de la insurrección.[16]

También es menester apuntar que en la Guerra de Independencia, dirigida por el Partido Revolucionario Cubano de Martí, tuvo participación activísima el obrerismo organizado. No fueron fáciles las relaciones iniciales entre los anarquistas y los separatistas dada la actitud
apartidista de los primeros.[17] Sin embargo, en enero de 1892 los anarquistas celebran un Congreso Regional cubano donde acuerdan que:
"sería absurdo que el hombre que aspira a la libertad individual se opu-
siera a la libertad colectiva de un pueblo;"[18] y se incorporan a la lucha in-

---

[15] Entralgo, *Perioca*, etc., *op cit.*, pp. 43 y 44.

[16] Además de las obras de Masó y Rodríguez de Cuesta puede consultarse el artículo del cubanólogo francés Paul Estrade " Los clubes femeninos del Partido Revolucionario Cubano", *Anuario del Centro de Estudios Martianos,* La Habana, 10/1982, pp.
175-201, ambas inclusive. Allí aparecen largas listas de las patriotas y los clubes que dirigían y animaban.

[17] Para mayor información al respecto véase de Gerald Poyo: "The Anarchist Cha-
llenge to the Cuban Independence Movement" *Cuban Studies/Estudios Cubanos,* University of Pittsburg, Winter 85, pp. 34 y ss.

[18] Para mayor información al respecto, véase de Frank Fernández "*Historia.* Los
anarquistas cubanos (1865-1898)" *Guángara Libertaria,* Miami, Florida. Invierno, 1984,
Vol. V, No. 17, pp. 4-7, ambas inclusive. La cita anterior aparece en la página 5.

depedentista con líderes del calibre de Enrique Messonier, Carlos Baliño y Ramón Rivero.[19]

Para cerrar este segmento sobre los patriotas –y las patriotas– de
nuestras guerras libertarias, quisiera referirme a un problema de ética
política que se encadena a la segunda parte de este trabajo, me refiero a
la ideología y acción políticas de los actores de la lucha por la libertad
en Cuba. En otras palabras ¿a quiénes debemos llamar patriotas? Para
contester a esta pregunta clave apelo al gran maestro de todos los cubanos, a José Martí. El 14 de abril de 1893 escribió en su periódico *Patria*:
"La primera cualidad del patriota es el desistimiento de sí propio; la desaparición de las pasiones o las preferencias personales ante la realidad
pública, y la necesidad de acomodar a las formas de ella el ideal de la
justicia". Y ya antes, el 14 de marzo de 1892, también en *Patria*, había establecido: "El patriotismo es un deber santo cuando se lucha por poner
la patria en condición de que vivan en ella más felices los hombres". Así
resulta que "el desistimiento de sí propio" y el objetivo de hacer que en
ella "vivan ... más felices los hombres" son las dos caracteristicas del patriotismo. Volveré a esto más adelante. ¿Cuáles son los cauces por los
que discurre la vida política cubana en el siglo XIX? El Prof. Ramón Infiesta los resumió así:

> Hay quienes se conforman con esperar del gobierno metropolitano la rectifica-
> ción de sus métodos y por ende, la satisfacción de las necesidades insulares mediante
> una adaptación del *status quo* a las realidades coloniales: son los *reformistas*. Otros van
> más allá y opinan que es posible, bajo la supervisión superior y el alto control y vigilancia
> de la Metrópoli, confiar a los habitantes de la Isla el estudio y acuerdo de su problemáti-
> ca particular: son los *autonomistas*. En fin, existen aquéllos que entienden que única-
> mente entregando a los hijos de la Isla la determinación de su futuro político es que se
> solucionará la permanente crisis de la Colonia: son los *separatistas*. Y cuenta, junto a estas
> tres maneras de opinión, la de aquéllos que, desconfiando de la posibilidad de que Cu-
> ba sea independiente, que no creyendo que España otorgue los elementos de libertad
> necesarios para constituir un régimen autonómico, y viviendo convencidos de que los
> partidarios del *status quo* y los intereses creados impedirán en todo momento aquellas
> reformas necesarias para que Cuba supere el estancamiento político en que la mantie-

---

[19] Algunos connotados dirigentes anarquistas también lo fueron del PRC martiano, entre otros: Juan de Dios Barrios, Ambrosio Borges, Gualterio García, Francisco
María González, Ángel Peláez, Luis M. Pérez, Teodoro Pérez, José Dolores Poyo, Pablo
Rousseau, Ramón Santana y Pastor Sergada entre otros; según afirma Frank Fernández
en su artículo mencionado en la nota precedente.

nen sus problemas legales y económicos, deliberadamente no resueltos, se deciden por la incorporación a la Unión Americana, dentro de la cual, esperan encontrar libertad, justicia, comprensión económica y protección de intereses: son los *anexionistas*.[20]

Todo ello, como también apunta el mencionado autor, dentro de una problemática donde junto al tema de la opción política figuran el problema económico-social de la esclavitud y el más económico del fin del monopolio mercantil peninsular.

Retomo ahora la cuestión apuntada antes y me pregunto: ¿podemos considerar patriotas a los anexionistas? La pregunta no es fácil de contestar. José Antonio Saco, el gran paladín contra la anexión, subrayó con acierto que con toda posibilidad la anexión de Cuba a los EE. UU. hubiera significado la absorción de aquélla por éstos. Postulaba el ilustre bayamés–. "...yo quiero que Cuba sea para los cubanos y no para una raza extranjera..."[21] Pero esto no era ciertamente lo querido por hombres como Gaspar Betancourt Cisneros, Miguel Teurbe Tolón, Miguel Aldama, Leonardo Santos Suárez, Domingo Goicuría y otros. Desde la óptica del siglo XX estos cubanos nos parecen equivocados, ingenuos quizá, pero, en la mayoría de los citados, su deseo de conseguir la felicidad entre los cubanos y su relativo desinterés –variable, concedo, según cada caso– me inclina a incluirlos en la nómina de los patriotas. Patriotas errados mas sinceros y por ello subsumibles en el *dictum* martiano según el cual "el hombre sincero tiene derecho al error".[22]

No voy a hacer la apología del Autonomismo pues ya la han hecho plumas más brillantes que la mía. Recordaré tan solo que el historiador marxista Elías Entralgo –ya citado– dice al respecto: "Las clases medias cubanas ... encontraron en esa tendencia política su vehículo de expresión,"[23] pero al mismo tiempo apunta: " ... hay que recordar aquí, que los autonomistas no fueron indiferentes a la tragedia de ciertas clases populares, que no escatimaron esfuerzos racionales de propaganda –la prensa, la tribuna política y parlamentaria...– para limar las últimas cadenas de los negros esclavos, las cuales lograron romper en 1886 con la

[20] Ramón Infiesta Bagés. *Historia Constitucional de Cuba* (La Habana: Cultural, 1951), p. 62.

[21] En carta de José Antonio Saco a Gaspar Betancourt Cisneros, *el Lugareño*, publicada en el libro *Contra la anexión* (La Habana, 1928), t. II, p. 10.

[22] *Patria*, Nueva York, 8 de septiembre de 1894.

[23] Entralgo, *Perioca Sociográfica de la Cubanidad, op. cit.*, p. 40.

abolición del Patronato".[24] Entralgo distingue entre el Autonomismo y el Anexionismo al reconocer que el primero no fue "el movimiento aislado de un grupo distinguido que concentraba casi todas sus actividades en la capital de la Isla, sino que se organizó como partido político con dirigentes y afiliados nacionales y locales hasta los últimos rincones del país."[25] Se trató de hombres ilustres que:

> "Tuvieron una actitud eminentemente racionalista, subordinándole la voluntad y subalternándole la sensibilidad. Por eso, amurallados en la razón, petrificados en la razón, condenaron enérgicamente las manifestaciones de la violencia; las expresiones del instinto, de pasión, de emoción o de intuición que les salieron al paso con la Guerra Chiquita, o que se les fueron encima con la insurección del 95."[26]

El filósofo del derecho cubano Antonio Sánchez de Bustamante y Montoro –si bien parte interesada– afirmó que el separatismo de Martí y el autonomismo de Montoro (su abuelo) no eran sino "dos sistemas arquitectónicos diversos para construir el Estado nacional."[27] Que ello es cierto lo prueba cómo el gran patriota, filósofo y pedagogo Enrique José Varona fue primero autonomista y después separatista. Itinerario que siguieron muchos de los que hoy figuran como beneméritos de la Patria.

Estos cuatro movimientos: reformista, separatista, autonomista y anexionista marcan los derroteros políticos de Cuba en la pasada centuria los cuales, integrados en la historia general del archipiélago, constituyen una búsqueda de la libertad de carácter dialéctico o cuasi dialectico, búsqueda que, según el hispanista y cubanólogo británico Hugh Thomas, constituye la esencia de lo cubano en materia política.[28] A esta lucha dialéctica por la libertad hay que añadirle –creo– un corolario: el constitucionalismo. Cada vez que entre cubanos se manifiesta la vivencia política, las ideas rectoras se plasman en una carta constitucional. La excepción fue el reformismo por su propia naturaleza y quizás haya

---

[24] *Ibid.*, p. 41.

[25] *Op. cit.*, p. 39.

[26] *Op. cit.*, p. 40.

[27] Antonio Sánchez de Bustamante y Montoro *La ideología autonomista* (La Habana, 1933), p. 8.

[28] Hugh Thomas *Cuba. The Pursuit of Freedom* (Nueva York: Harper & Row, 1971), pp. 1491-94 y *passim*.

quien crea que la verdadera excepción la constituyó el Partido Revolucionario Cubano de Martí, pero su programa, junto con el Manifiesto de Montechristi, sirvieron de base a la Constitución de 1901.

   ¿Cuáles fueron estas constituciones? Por orden cronológico y filiación ideológica, tenemos: la constitución de Joaquín Infante (separatista, 1810 o 12); las constituciones autonómicas del Pbro. José Agustín Caballero de la Torre (1811), la del Regidor Claudio Gabriel Zequeira (1812) y la del Pbro. Félix Varela y Morales (1823); la constitución en apariencia separatista pero para muchos anexionista de Narciso López y Urriola (1850); las constituciones separatistas de Guáimaro (1868), de Baraguá (1878), la de Jimaguayú (1895) y la de La Yaya (1897).[29] Todas ellas correspondieron a la ideología liberal en su manifestación republicana. Todas ellas intentaron organizar la sociedad política en función del individuo a fin de defenderlo del poder omnímodo del Estado personificado en los monarcas absolutos de derecho divino, y ello mediante una escrupulosa división de los poderes del Estado y una enumeración de los derechos individuales anteriores y superiores al mismo. En Cuba, a diferencia de Argentina, México y Brasil, no hubo partidarios de la monarquía parlamentaria como forma de gobierno aunque, paradójicamente, Cuba sea el país latinoamericano con el mayor número de naturales que haya contraído matrimonio con miembros de las casas reinantes europeas. Hoy se cuentan en número de ocho.[30]

   El análisis detallado de nuestras cartas constitucionales ha sido objeto de un libro que publiqué hace casi un cuarto de siglo. Resulta imposible glosarlo en unos pocas líneas mas intentaré destacar brevísimamente las principales características de las constituciones más importantes.

   La Constitución de Guáimaro fue la primera acordada por una asamblea electa. Consistía en 29 artículos de los cuales uno solo constituía la parte dogmática; se aseguraban las libertades de culto, imprenta,

---

[29] Hay tres compilaciones de las constituciones que han regido en Cuba o fueron escritas con tal fin: Antonio Barreras-Gil y Martínez-Malo *Textos de las constituciones de Cuba (1812-1940)* (La Habana: Minerva, 1940), 622 pp. Andrés María Lazcano y Mazón *Las Constituciones de Cuba* (Madrid: Ediciones Cultura Hispánica, 1952), 1066 pp., y Leonel-Antonio de la Cuesta *Constituciones cubanas. Desde 1812 hasta nuestros días* (Nueva York: Ediciones Exilio, 1974), 539 pp. Los datos sobre las constituciones que acabo de enumerar están tomados de este último libro.

[30] La cifra es provisional pues estoy trabajando en este asunto.

reunión, enseñanza y petición y se agregaba que la cámara legislativa no podría atacar ninguno de los derechos inalienables del pueblo pero no se definían éstos. Como parte orgánica, 19 de los 28 artículos se destinaban a reglamentar las facultades de la Cámara y reducía a un mínimo las funciones del ejecutivo. Los generales quedaban sometidos a los dictámenes del poder legislativo. Reflejaba este curioso ordenamiento las pugnas surgidas dentro de los patriotas: el ejecutivismo de Carlos Manuel de Céspedes se oponía al parlamentarismo de Ignacio Agramonte. El predominio del parlamentarismo en una situación de guerra contribuyó en no poco a la falta de éxito de la Guerra del 68, pero señaló el triunfo del civilismo frente al militarismo.

La Constitución de Jimaguayú. Se firmó el 16 de septiembre de 1895, tras la entrevista de La Mejorana entre Martí, Maceo y Máximo Gómez. En esta reunión se había vuelto a plantear el conflicto entre lo civil y lo militar. Martí, civilista, se oponía a Maceo que quería dar mayor peso al sector militar, si bien el Apóstol le concedía una mayor participación a los generales en la conducción de la guerra. Gómez parecía mostrarse ecléctico. Esa fue la actitud que predominó. Con 24 artículos estructuró la Republica en Armas en derredor de un organismo llamado Consejo de Gobierno donde se confundían los poderes ejecutivo y legislativo. La lucha armada la dirigían los generales pero el Consejo podía intervenir si las operaciones bélicas tenían repercusiones políticas. Carecía de parte dogmática. Regiría por dos años.

En esos dos años –la nueva carta fue firmada el 29 de octubre de 1897– ocurren con la rapidez de una cinta cinematográfica multitud de hechos trascendentes en la historia patria. El 22 de octubre de 1896 se inicia la invasión de las provincias occidentales dirigida por Gómez y Maceo. El 17 de enero de 1896 resigna el mando el general Martínez Campos tras fracasar en su campaña de pacificación. El 10 de febrero llega a Cuba Valeriano Weyler y una semana después dicta un bando en que ordena la reconcentración de pacíficos. Los mambises responden con la táctica de la tierra quemada. El 8 de agosto de 1897 ocurre el magnicidio de Antonio Cánovas del Castillo. Pocos días después de promulgada la nueva constitución, el 1ro de noviembre de 1897, Weyler es reemplazado por el general Ramón Blanco y Arenas, y el 23 del propio mes Maceo concluye la invasión con la toma del pueblo de Mantua en Pinar del Río.

La Constitución de La Yaya. Esta carta en opinión de Enrique Hernández Corujo "es de los textos constitucionales revolucionarios el más completo", pues modifica la parte orgánica de su predecesora con fundamento en la experiencia de dos años de lucha, y adiciona la parte dogmática de que la otra carecía. Aparecen el *habeas corpus*, la libertad de religión, de enseñanza; el derecho de petición; el principio de igualdad ante el impuesto; la inviolabilidad del domicilio; el sufragio universal y las libertades de reunión, opinión y asociación. Contenía 48 artículos, el doble de la de Jimaguayú.

La vigencia de esta carta fue breve. Un nuevo aluvión de acontecimientos aceleran el fin de la contienda: El 1ro de enero de 1898 se establece el Gobierno Autónomo de la Isla; el 9 de febrero se publica una Carta del Ministro español en Washington con expresiones poco halagüeñas para el presidente McKinley; el 15 de febrero vuela el acorazado Maine en la bahía de La Habana; el 21 de abril se rompen las hostilidades entre España y los EE. UU. y el 16 de julio capitula Santiago de Cuba y termina el segmento hispano-cubano-americano de la Guerra de Independencia.

Tras casi tres años de ocupación militar, el 21 de febrero de 1901, se firmó la primera de las Constituciones cubanas del siglo XX. Esta carta resultó el primer mito político de la naciente república pues su cumplimiento fue el vértice de la vida cívica hasta la caída de Machado en 1933. El resto de la década del treinta estuvo dominado por el tema de dotar al país de una nueva Constitución, única nota común en los programas de Batista y Grau. La Constitución de 1940 se convirtió en las décadas de los cuarenta y los cincuenta en el primer mito político del país y fue invocada por Grau, Chibás, Prío, Batista y Fidel Castro. Ha sido el último de nuestros documentos constitucionales democráticos.

Como se ha visto la historia política de Cuba es, como todas las historias nacionales, el resultado de la compleja participación de ideas y de fuerzas, unas internas y otras externas. A las últimas me he tenido que referir sólo de pasada.

Para terminar, permítaseme señalar que una constante en la lucha por la libertad y el constitucionalismo cubanos ha sido el bregar siempre con un itinerario histórico singular y único. Por eso cada victoria de la libertad ha costado ríos de sangre y esfuerzos ingentes. Durante más de treinta años luchamos en el siglo XIX; llevamos casi cuarenta en éste que ya se nos acaba. Yo tengo fe que si en el XIX triunfamos imperfectamente, próximamente triunfaremos cumplidamente. Esa es mi fe, la fe que iluminó a tantos patriotas; la fe que se plasmó en nuestras constituciones; la fe que nutre nuestra esperanza –y esperar, dijo Martí, es vencer.

LA PRIMERA REPÚBLICA: (1899-1921)

LEOPOLDO FORNÉS BONAVÍA

Cuba había quedado exhausta al finalizar la Guerra Grande en 1878, que los historiadores dieron en llamar la Guerra de los Diez Años. Reducido el esfuerzo militar independentista a las provincias del este, principalmente Camagüey y Oriente, la *Paz del Zanjón* fue firmada por la mayoría de los jefes, líderes y caudillos insurrectos. Como contrapartida, el Gral. Arsenio Martínez Campos, conocido en España por el Pacificador. A pesar de la *Protesta de Baraguá* pronunciada por el valiente caudillo militar Antonio Maceo Grajales y la llamada *Guerra Chiquita* encabezada por el Gral. Calixto García, que terminó en fracaso, Cuba pudo restañar parte de sus heridas entre 1880 y 1894 y disfrutar de un período de relativa calma y libertades políticas relativas acordes con la Restauración alfonsina española. Estas hubieran podido sentar de inmediato las bases de una autonomía sólida y duradera similar al *Acta de Dominio* que la Gran Bretaña victoriana había concedido, graciosa e inteligentemente, a su colonia canadiense en América del Norte en 1867.

A pesar del indudable talento político de Antonio Cánovas del Castillo, artífice de la Restauración a partir de 1876, su visión de los territorios bajo la Corona española del Mar Caribe y del Océano Pacífico dentro del contexto geopolítico en que se desenvolvían y de los nuevos poderes imperiales emergentes en su tiempo, no alcanzó a ver el futuro con nitidez ni en Asia ni en América. Y todo ello a pesar de la nueva presencia del imperio japonés, surgido de la revolución Meiji; de la nueva talasocracia americana imperial (en imitación de sus ancestros británicos) y de la presencia de la autocrática Rusia zarista tanto en la Alaska rusa hasta 1869 como en Puerto Arturo, China, en la última década del siglo XIX. Es esta nueva presencia imperial la que llevó a los grupos dirigentes estadounidenses –expansionistas o no, "jingoístas" o no– a plantearse su futuro como la gran nación que después de su guerra civil comenzaba a perfilarse.

El Africa completa había quedado repartida en la *Conferencia de Berlín* de 1884 por los poderes imperiales europeos, en franca competencia "leal" hasta aquel momento. El emergente y flamante imperio, en este caso una república con ideas de la ilustración, economía capitalista liberal y una ética enraizada en el ideal masónico, observaba preocupada lo que a su alrededor sucedía entre las grandes potencias imperiales. Para las fuerzas vivas, para los dirigentes, para los jefes militares, sobre todo para los marinos más conscientes de la nueva república imperial, el año crucial pudo ser 1895.

Dotada de costas en ambos océanos observaba en su flanco meridional cómo a Cuba, su proveedora de azúcar y de muchos productos tropicales, volvían las llamas de la guerra independentista en febrero de 1895 pero, sobre todo, la tea "redentora" que quemaba *sus* cañaverales. En China el imperio japonés había derrotado a la vieja oligarquía de los mandarines y les había impuesto el reparto mediante el *tratado de Shimonoseki* el 17 de abril de 1895.

En ese mismo año, la flota de Su Graciosa Majestad se desplazaba hacia las fronteras entre la Venezuela oriental y la Guayana inglesa. A punto estuvo la todavía imperfecta flota norteamericana de tener que enfrentarse con los avezados marinos del viejo león británico, la eficaz flota de Su Majestad, gran temor norteamericano durante todo el siglo XIX.

Dos años más tarde, a finales de 1897, la flota imperial alemana ocupa en China la bahía de Kiao-Chow. El imperio zarista ocupa Puerto Arturo, ciudad ubicada en el extremo de la península entre la frontera septentrional de Corea y el territorio chino. Ante tal despliegue la Gran Bretaña se percata en primer lugar de la lejanía que implica para su flota sus prósperas colonias asiáticas, las nuevas presencias imperiales y por otro lado en el fácil acceso que tenían los nuevos EE. UU., gracias a sus puertos del Océano Pacífico (San Diego, Los Angeles y San Francisco). El Foreign Office ya está informado de la ley naval que el Ministro de Marina alemán Alfred von Tirpitz hace aprobar al parlamento y al Kaiser a finales de marzo de 1898.

La Gran Bretaña sondea a los EE. UU –de los que recibe sólo evasivas. Es temeroso el presidente MacKinley. Su deseo es que la flota de la república sirva de parapeto y valladar a los imperios europeos en Asia. Cuba, la isla grande, ubicada en el flanco sudeste de los EE. UU., desde donde se domina todo el Mar Caribe, queda condenada por la lógica geopolítica de los imperios– de la que los EE. UU. no sólo no puede escapar sino de la que decide formar parte –y pasa, en virtud de la Guerra

Hispano-Cubano-América acaecida entre abril y agosto de 1898, a manos de los EE. UU. y bajo su influjo. De él aún –a pesar de los esfuerzos de determinados sectores– no ha conseguido salir. Aclarada la triste inevitabilidad de la aplastante lógica de que el imperio más fuerte desaloja al más débil tanto en el Pacífico como en el Caribe pasamos a conocer el devenir de la nueva Cuba que surge en enero de 1899, ya separada del gobierno de Madrid, pero bajo la tutela de la nueva Unión americana.

EL PROTECTORADO AMERICANO

Promovido por los liberales de Sagasta tras el asesinato de Cánovas a manos de un anarquista en agosto de 1897 Cuba consigue, aunque tardía, su autonomía. Así, la isla comienza su andadura el 1º de enero de 1898, fecha que se repetirá y será clave en el devenir histórico de este siglo para la isla grande. El autonomismo será breve. Apenas mes y medio después se produce el quizá fortuito pero muy oportuno incidente del acorazado "Maine" durante la noche del 11 de febrero de 1898 en la bahía de La Habana. El desenlace es conocido. La guerra contra España, inocente de ese hecho, es inevitable. La Unión gana en todos los frentes, el marítimo y el terrestre, ayudada en este último por la tropa insurrecta cubana del Gral. Calixto García. El último acto del encuentro se produce con el *Tratado de París* firmado el 10 de diciembre de 1898 entre el Reino de España y la República de América del Norte. Los cubanos son, a partir de ahora, convidados de piedra de su propio devenir. No pueden decidir casi nada en su propio país, que pasa de estar colonizado y controlado económicamente por España a estar "protegido" por los EE. UU.

Sin embargo, conscientes John R. Brooke y Leonard Wood, los dos gobernadores americanos sucesivos, de que la isla tenía una voluntad independentista –ahora frustrada– y una personalidad propia ya formada y diferente de la española, deciden apoyarse en personalidades ilustradas de los grupos independentistas, de algunos autonomistas y a veces hasta de españolistas para recuperar la economía de la rica colonia. Wood desde Oriente, donde era gobernador y el Gral. Brooke desde La Habana, desde los mismos 1899 promulgan una serie de leyes que conceden a la población cubana más libertades de las que jamás tuvieron. Así el derecho de reunión, el de expresión, el de religión, y en especial, la adquisición del "habeas corpus". Brooke primero y Wood después se apoyarán en los cubanos civiles ilustrados y blancos en su inmensa mayoría además de contar con ilustres políticos y militares negros como Juan Gualberto Gómez, Martín Morúa Delgado y el Gral. Agustín Cebreco entre otros. Brooke realiza un censo en 1899 que arroja casi 1.600.000 habitantes, unos 400.000 menos que en 1894 consecuencia de la guerra y de la tristemente célebre *reconcentración* del General Weyler. Esta medida, si bien militarmente dio sus resultados para los intereses de la metrópoli, puso políticamente al gobierno de España en la picota y decidió al pueblo definitivamente a favor de la independencia.

Al acceder a la gobernación de Cuba el Gral. Wood en noviembre de 1899 emprende varias tareas con la ayuda de brillantes cubanos. Lo primero son *las ordenanzas sanitarias* para la limpieza de vehículos, viviendas, edificios, alcantarillado, pozos negros; puso muchos inodoros hasta entonces un lujo de los patricios. Ordenó poner a los inmigrantes que comenzaron a llegar masivamente por barco en cuarentena y así prevenir las enfermedades. Con los hallazgos del Dr. Carlos J. Finlay, que había descubierto el ciclo de la fiebre amarilla, erradicó tan terrible enfermedad de la isla y de la zona caribeña. También encargo la obra docente al erudito Enrique José Varona y a los pedagogos Alexis E. Frye y Matthew E. Hanna quienes pusieron en práctica una reforma escolar notable.

Percatado el gobernador Wood de que el país ya tenía una consciencia nacional y una lucha de treinta años tras de sí dio inicio a una reforma política propiciando la elección de una Asamblea Constituyente que dotó al país de su primera Carta Magna, la de 1901, la primera tras la separación de España.

Tres defectos presentaba a nuestros ojos esta carta magna: en primer lugar un exceso de poderes sobre el ejecutivo; el problema siempre latente de la reelección, fuente de abusos, y una coletilla limitante de la soberanía que fue incoporada el 12 de junio de 1901 la cual permitía, entre otras cosas, que los EE. UU. interviniesen militar e institucionalmente en el país si las circunstancias así lo exigían según el gobierno de Washington: la enmienda propuesta por el Senador Orville Platt. La Constitución nacía enmendada. Con una votación realizada en una comisión de constituyentes cubanos donde catorce votaron a favor, aceptada más por pragmatismo que por convicción, contra once que se opusieron, se aceptó la inclusión de la tristemente célebre enmienda, omnipresente en la vida republicana hasta 1934.

Wood, militar y político también pragmático, decide organizar la celebración de elecciones en el país para dotarlo así, finalmente y ya enmendado, de un gobierno cubano. Celebradas el 31 de diciembre de 1901 en éstas se elige a un candidato único apoyado por la mayoría de los caudillos militares y algunos de los autonomistas más destacados en la persona de Don Tomás Estrada Palma, el delegado del Partido Revolucionario en los EE. UU. desde la muerte de José Martí en 1895, presidente de la república en armas en 1876 y de religión cuáquera, que ya llevaba 20 años de exilio en los EE. UU. a sus espaldas. Su contrincante en las elecciones, el General Bartolomé Masó, hombre también de inmenso prestigio, había retirado su candidatura. Aunque estaba apoyado por nacionalistas, radicales y población negra, decide retraerse en un acto de funestas consecuencias para el futuro de la República por estar en desacuerdo con la famosa enmienda y porque consideraba que la comisión de escrutinios estaba compuesta en su mayoría por estradistas.

Primera presidencia de Cuba: Don Tomás Estrada Palma

El presidente Estrada comenzaba a gobernar en solitario el 20 de mayo de 1902 con el apoyo del Gral. Máximo Gómez, José Miguel Gómez, Alfredo Zayas, el Gral. Manuel Sanguily y otros líderes militares y civiles. En poco tiempo consiguió que la economía se recuperase a través de una política de austeridad, de ahorro y sin grandes gastos militares, logrando ahorrar ya en 1905 unos $24 millones, cifra nada despreciable por entonces. Fue la única vez que en la república la cifra de maestros superó a la de militares. Así, a través de una inteligente política de fomento de la inmigración europea, pactada en la Paz de París con los americanos y tolerada por la población cubana en general, la economía del país –descapitalizados los cubanos por el esfuerzo de guerra– quedaba el comercio en gran parte en manos españolas; y las inversiones agrarias e industriales y azucareras en manos norteamericanas, los únicos que tenían capital y tecnología suficientes para impulsar la industria.

Sin embargo, en sus aspectos más negativos, esa inmigración irrestricta provocó ya a finales de 1902 una huelga general cruenta debida a la prioridad que en ciertos trabajos se seguía dando a los emigrantes españoles sobre los cubanos, blancos o negros. Los senadores Martín Morúa y Ricardo Dolz, conscientes del problema, uno negro y el otro blanco, redactaron un proyecto de ley que estableciera proporciones para dar trabajo a muchos cubanos. Esta recibió carpetazo y el olvido hasta ser desempolvada en 1934.

El gobierno de Estrada firmó con los EE. UU. entre fines de 1902 y 1903 un *Tratado Permanente con los EE. UU.* por el cual cedía por 99 años las bases carboneras de Bahía Honda, al norte de Pinar del Río y la de la zona de Caimanera en la bahía de Guantánamo, la última de las cuales los cuerpos armados de los EE. UU. aún conservan. Asimismo, la isla de Pinos quedaba bajo su tutela, manteniéndose así hasta 1925.

Pero los vientos políticos comenzaron a encresparse al querer el Presidente Estrada reelegirse desde principios de 1905. Nombrado un "gabinete de combate" dirigido por el General y abogado Fernando Freyre de Andrade, éste concibió la idea de crear un Partido Moderado para reelegir a Don Tomás y conminó a funcionarios y al pueblo en general a "moderarse", es decir, a inscribirse en el partido y comprometer su voto forzosamente.

La oposición a tan omnímoda medida coercitiva no se hizo esperar y el propio General Máximo Gómez encabezó un nuevo movimiento de oposición: el Partido Liberal. Sin embargo, los hombres gozamos de un tiempo en esta Tierra y Gómez ya había cumplido su misión como caudillo militar. Falleció en junio de 1905, apenas un mes después de comenzar su campaña, el hombre que hubiera podido aglutinar a los cubanos dado el inmenso prestigio de que aún gozaba.

En su lugar se enfrentaron a los moderados la mucho más dudosa candidatura del General José Miguel Gómez como presidente y Alfredo Zayas como vicepresidente, ambos encabezando las dos facciones del Partido Liberal. El caso del candidato a vicepresidente era especialmente sangrante pues había estado mezclado en desfalcos y en la compra de bonos de pago a los veteranos de la guerra a bajo precio. Más tarde, durante la presidencia de ambos candidatos la corrupción alcanzó cotas nunca vistas en Cuba, como ya veremos.

La campaña fue especialmente coercitiva, sangrienta y espuria. Estrada fue reelegido sin oposición el 1º de diciembre de 1905 junto con el General Domingo Méndez Capote en la vicepresidencia. Ante esta flagrante violación del proceso democrático la reacción liberal, la oposición de entonces, no se hizo esperar.

LA GUERRA DE AGOSTO: EL LEVANTAMIENTO LIBERAL DE 1906

El presidente Estrada tomaba posesión el 20 de mayo de 1906 y sólo un mes después el Comité Central Revolucionario del Partido Liberal, compuesto por los generales José Miguel Gómez, José de Jesús Monteagudo, Carlos García Vélez, el Com. Demetrio Castillo Duany y los civiles Juan Gualberto Gómez (negro), Martín Morúa Delgado (negro) y Alfredo Zayas decidieron organizar un levantamiento mezclado de civiles y militares para cuyo éxito hicieron promesas que difícilmente podían cumplir y dar así trabajo a los sectores negros veteranos de la independencia que habían sido marginados por el gobierno interventor y por el de Estrada Palma.

La insurrección estalló cuando el 19 de agosto de 1906 el General Faustino "Pino" Guerra se alzó con el apoyo de muchos negros entre los poblados de Artemisa y Consolación del Norte tomando la población pinareña de San Juan y Martínez. Asimismo fue apoyada en la provincia de La Habana por el General Enrique Loynaz del Castillo cuya tropa se acercó a La Habana. El presidente Estrada no tenía un gran ejército que oponer pues era una situación que no había previsto. No obstante, el General Jesús Rabí, de raza negra, apoyó al presidente con los efectivos que tenía a su alcance. La primera víctima importante fue la del General Quintín Banderas, hombre rústico y valiente, ya de 73 años, que había peleado durante medio siglo por la independencia del país desde que desembarca Narciso López a mediados de siglo y que se había visto sometido en la paz a una marginación humillante. No obstante, el país, los radicales del país, en general, se habían acostumbrado a resolver sus problemas con las armas. Después de haber tomado Arroyo Arenas, cerca de La Habana, con su grupo de alzados, fueron sorprendido por la tropa gubernamental mientras dormía con algunos compañeros de armas y macheteado hasta morir.

Con el propósito de provocar la intervención algunos sectores liberales comenzaron a destruir propiedades americanas y británicas para que los EE. UU., en virtud de la Enmienda Platt, expulsasen del poder a Estrada y su grupo político.

El gobierno norteamericano, a la sazón bajo el mando del General Theodore Roosevelt, no deseaba otra intervención para no deteriorar su imagen, algo empañada por haberse involucrado en la secesión de Panamá en 1903 y por la intervención en Santo Domingo que había propiciado en 1905. Querían ser mediadores no interventores, como habían demostrado en la Paz de Portsmouth firmada en 1905 para poner término a la guerra entre rusos y japoneses, donde estos últimos se alzaron con la victoria sobre la vetusta flota del Zar.

El 8 de septiembre de 1906 el Secretario de Estado cubano Juan O'Farril, junto con Frank Steinhart, de la embajada americana, solicitaron dos barcos de guerra disuasorios en el puerto habanero. Roosevelt opta por enviar a William H. Taft, secretario de defensa, y a Robert Bacon, subsecretario de estado, con el objeto de parlamentar con las partes en conflicto. En las conversaciones con Domingo Méndez Capote, el vicepresidente, y con Alfredo Zayas, este último muestra a los enviados las falsificaciones de las boletas electorales y convence a los interventores. Los veteranos presentan un plan para que renuncien todos menos Estrada Palma, de reconocida honestidad administrativa. Pero el presidente comete el error histórico de no aceptar ya que estimaba testarudamente y sin ninguna visión política que los americanos debían apoyarle. Desconfiaba de la honestidad de los liberales, no sin fundamento. Por ello, encolerizado con la situación y cediendo a la fuerza de la rebelión, presentó su renuncia irrevocable al congreso el 25 de septiembre de 1906 contra la opinión del grupo de presión de los veteranos y de los consejeros de Roosevelt. Estrada prefiere entregar los dineros ahorrados a los norteamericanos que a los liberales. Otro error por el que la historia le pasará cuenta. Ante el vacío de poder Taft hace una proclama a los cubanos el 29 de septiembre de 1906 y nombra un gobierno provisional. Es la segunda intervención.

LA SEGUNDA INTERVENCIÓN AMERICANA

En virtud de la enmienda Platt incorporada a la constitución de 1901 gracias a la idea pragmática de que había que comenzar la andadura republicana de Cuba como fuera, el gobierno de Washington había intervenido naval, militar e institucionalmente en Cuba pero las circunstancias sientan un precedente peligroso. El gobierno cubano ha renunciado ante una rebelión armada; en vez de establecer negociaciones solicita la intervención de un poder foráneo creyendo recibir su apoyo. Los americanos se decantan por los liberales, uno de los dos contendientes en esta suerte de corta guerra civil. Taft se marcha del país y nombra al abogado Charles E. Magoon a partir del 10 de octubre de 1906. Otra consecuencia negativa para el país lo constituye que algunos sectores negros marginados del país, que constituyen el 30% de la población pero el 33% de los votantes, cobran consciencia como raza pero no como nación, contrario a la enseñanza martiana de que "cubano es más que blanco y más que negro". Magoon gobierna en estrecha unión con Steinhart, funcionario de la embajada americana, emigrado alemán que se estaba haciendo dueño del transporte público por tranvías de La Habana. Para gobernar nombra 2 comisiones consultivas en diciembre de 1906, una con norteamericanos y otra compuesta de liberales, en los cuales se va a apoyar. El gran temor de Estrada, que ingenuamente prefirió a los americanos, se hace realidad en los americanos, y los dineros ahorrados por el ex-profesor desaparacen pronto hasta caer en una deuda de $50 millones debido a una nueva modalidad de corrupción que inaugura Magoon: pagar a personas afines por trabajos que no realizan. Ha nacido "la botella". Cuba deviene un paraíso fiscal de las inversiones y la inmigración española continúa su flujo ininterrumpido. Con parte de los fondos ahorrados por Estrada, Magoon crea un ejército permanente a cuyo frente pone a casi toda la oficialidad liberal.

Sin embargo, consciente de que su mandato no puede ser eterno ordena en 1907 la realización de un censo de cara a unas previsibles elecciones. Este da un saldo de algo más de 2 millones de cubanos. Al propiciar la creación de nuevos partidos como el nuevo Partido Conservador, el Liberal Histórico de José Miguel Gómez, Ferrara y Morúa, junto con el Liberal escindido del anterior y bajo el liderazgo de Zayas comete el error de legalizar el nuevo Partido Independiente de Color, partido compuesto por negros radicales dirigidos por Evaristo Estenoz. Sus consecuencias se verían años más tarde. En las elecciones municipales de agosto de 1908 se comprueba la gran mayoría que abarcan los dos partidos liberales, frente al nuevo Partido Consevador dirigido por el

General Mario García Menocal. Las elecciones de noviembre de 1908 son un reflejo de las opiniones del país. Los liberales juntos triplican en voto a los conservadores. El General José Miguel Gómez de presidente y el ex- autonomista Alfredo Zayas barren en las elecciones frente a más de medio millón de votos de los conservadores y unos pocos miles del P.I.C. Magoon entrega el poder a un presidente Gomez, liberal, que ha ganado las elecciones en buena lid, con el apoyo y la esperanza de la mayoría de los negros, que esperan de él que corrija su apurada situación de marginados.

LA SEGUNDA PRESIDENCIA: JOSÉ MIGUEL GÓMEZ Y LOS LIBERALES

El gobierno de los liberales, que tantas expectativas había suscitado, pronto generaría gran rechazo entre la población. Gómez puso en funcionamiento una Ley Escolar y fundó Granjas- escuela para técnicos agrícolas, creó una Marina de Guerra inexistente al mandar hacer en los EE. UU. los cruceros "Cuba" y "Patria"; también permitió la Lotería Nacional y las peleas de gallos, ambas muy populares pero prohibidas tanto por los gobernadores americanos como por el presidente Estrada. Pero son más los aspectos negativos que comienzan a aparecer en el horizonte político. La corrupción económica, tan generalizada ya durante el anterior gobierno de Magoon, se hace endémica. Zayistas y miguelistas se pelean de nuevo porque estos últimos reciben más y mejores "botellas" del nuevo presidente. Surge así una nueva cantidad de negocios turbios –en Cuba los denominan "chivos"– en relación con la adjudicación de las colecturías de la lotería entregadas a sus partidarios y opositores "amables". Además, se harán famosos, a través de la prensa que los denuncia, los "chivos" (chanchullos) de los terrenos del Arsenal, de Villanueva , del Capitolio así como el de los dragados de la bahía de La Habana. Los caricaturistas más mordaces representan al presidente Gómez paseando por la tarde, no a un perrito, sino a un chivo viejo y peludo. La reacción no se hace esperar y el gobierno de Gómez aprueba una Ley de Defensa Nacional que le sirve en realidad como ley "mordaza" contra la prensa opositora, aprobada en enero de 1910 la cual establece el control rígido de cualquier información. Al mes siguiente el gobierno comete un error aún peor que legalizar el P.I.C y es ilegalizarlo, en febrero de 1910, para que no pueda participar en la próxima contienda electoral. Las ilusiones con que el negro había elegido a los liberales, incluso los más moderados, van desvaneciéndose.

El senador negro liberal Martín Morúa Delgado promueve una enmienda que prohíbe constituir partidos sobre la base del color de la piel. Es la famosa enmienda Morúa, que aparece en la Gaceta Oficial el 14 de mayo de 1910, un mes después de la muerte de su autor y promotor. Con ello queda ilegalizado el P.I.C. El PIC dañado, bajo la dirección de Estenoz, lanza una campaña que le vale a su presidente ingresar en prisión y comparecer ante los tribunales. Dada la índole política del asunto el abogado conservador General Fernando Freyre de Andrade le defiende y le saca libre de cargos por supuesta conspiración. Conservadores y liberales se siguen disputando el voto negro.

LA GUERRA DE 1912

Después de haber participado en la rebelión cívico-militar de 1906 junto a los liberales y de haber visto el PIC legalizado por el gobernador Magoon, la gota que colma la copa de la frustración de los sectores negros radicales es la ilegalización de su propio partido y una enmienda liberal promovida por Morúa, senador negro del Partido Liberal, que prohíbe crear partidos sobre la base del color. En la lucha por invalidar la enmienda Morúa los líderes del PIC, encabezados por Estenoz y el Cor. Pedro Ivonnet, se convencen de que la única forma de lucha es la insurrección. Una vez más surge en la mente de los cubanos la rebelión armada como solución. Pero Estenoz comete un error político garrafal al apelar al gobierno norteamericano y a la enmienda Platt para que el gobierno cubano respete los derechos de los negros. En Cuba, la mayoría de los cubanos detestaba la enmienda Platt, incluso aquellos sectores que votaron en su favor, como una limitación flagrante a la soberanía de un país que había peleado tanto por su independencia. Se ha afirmado reiteradamente por algunos historiadores que conservadores y ciertos sectores anexionistas, aún muy fuertes en la economía, estaban detrás de las acciones del PIC. El PIC podía estar manipulado por ambos con fines espurios.

A la sazón, el Consejo Nacional de Veteranos, dirigido por el Gral.

Emilio Núñez, promueve casi un levantamiento en protesta por la preferencia dada en ciertos trabajos que detentaban inmigrantes españoles y "guerrilleros cubanos", tal como se denominaba entonces a los cubanos que habían empuñado las armas en favor de España durante la contienda de 1895-1898. Pero esta protesta es abortada por la clara amenaza de intervención realizada por la propia embajada de los EE. UU. La presión sobre el gobierno de Gómez era violenta pero no se llegó en enero de 1912 a ningún choque armado con los veteranos por las amenazas de intervención.

No fue así la suerte con los militantes del PIC. Estos deciden alzarse en armas en mayo de 1912, recurren a la rebelión y a un pronunciamiento por la zona de La Maya, al norte de Santiago de Cuba, con el propósito, probablemente inconfeso, de provocar una nueva intervención americana de la que se beneficiarían indudablemente los partidarios de la anexión a la Unión. El PIC luchaba por los derechos legítimos de los negros; los anexionistas los utilizaban para conseguir la fusión con el águila americana y los conservadores los manipulaban para derrocar a los liberales. La tragedia estaba servida.

El 19 de mayo estalló la insurrección en La Maya, Guantánamo y Holguín, pero también en Sagua la Grande y Cruces en Las Villas. A los alzados se incorporan unos 2.000 hombres bajo la dirección de Evaristo Estenoz y Pedro Ivonnet. De inmediato el presidente Gómez envía miles de soldados hacia Oriente en un tren blindado así como a los flamantes cruceros "Patria" y "Cuba", con órdenes drásticas y estrictas de evitar cualquier intervención y reprimir sin contemplaciones a los insurrectos.

El Consejo de Veteranos, hace sólo unos meses inconforme, apoya al gobierno liberal, haciendo de mediadores los Generales Agustín Cebreco (negro) y Mario García-Menocal (blanco). Entretanto, inquieto el presidente Taft por los acontecimientos decide enviar con carácter preventivo una flota que recala en Cayo Hueso en espera de órdenes y tres acorazados al sur de Oriente, cuyos soldados desembarcan en labores de policía para cuidar de las propiedades norteamericanas costeras. La turbulencia política y militar provoca la violencia de determinados sectores racistas en La Habana y Regla. Estos llegan a atacar a algunos negros en la calle al objeto de lincharlos. En los combates de Oriente se quema el poblado de La Maya el 1 de junio de 1912. Perseguidos los rebeldes negros por los Grales. Monteagudo y Mendieta, la tropa de Gómez los sorprende durmiendo y liquida físicamente a unos 150 de ellos. Estenoz cae prisionero y, al parecer, se suicida o es asesinado, pero Pedro Ivonnet, se sabe, es conducido prisionero y en el camino cae asesinado por el suboficial Arsenio Ortiz, al parecer por orden del Gral. Monteagudo. La guerra se salda con unos 3.000 muertos negros entre militares alzados y civiles de la zona, apoyaran o no a los alzados, según se dice. Nunca se sabrá con exactitud. El PIC había quedado desecho para siempre. Las ilusiones de los negros por conseguir un mundo más justo en una Cuba independiente también.

El gobierno de Gómez había evitado la intervención con gran brutalidad contra los insurrectos negros y había conseguido evitar la intervención institucional y administrativa, pero había quedado tocado del ala, tanto el presidente como su partido. Convocadas las nuevas elecciones presidenciales en noviembre de 1912 los conservadores presentan al General Ingeniero Mario García Menocal y Deop para la presidencia junto con el filósofo Enrique José Varona en la vicepresidencia. El presidente Gómez, harto de las presiones del poder, decide no presentarse a la reelección y lleva de candidato presidencial, sin demasiada convicción, a Alfredo Zayas, que pierde los comicios ante el candidato conservador.

LA TERCERA PRESIDENCIA DEMOCRÁTICA: EL GENERAL MARIO GARCÍA-MENOCAL

El triunfo electoral es para el General Mario García- Menocal y Deop quien se lanza en una política general moralizante desde el 20 de mayo de 1913 en que toma posesión del cargo. Si bien es el primero que logra gobernar dos períodos presidenciales completos, su primer período, como vamos a ver, es infinitamente más positivo que el segundo.

En una rápida semblanza, Estrada Palma en su personalidad es la sencillez y el ahorro personificados; Gómez es el populista criollo, simpático y algo heterodoxo en sus manejos. Menocal (así se le conoce popularmente) es el gran señor cubano dotado de un autoritarismo que emana de una personalidad con don de mando, naturalidad, seductora y amistosa. Durante muchos años, hasta su muerte, acaecida en 1941, intervendrá entre bambalinas más de una vez en la política del país. Acti-

vo desde el año 1906 había sido Jefe de Estado Mayor del General Calixto García y jefe del 5º cuerpo Habana-Matanzas. Ya en la paz fue administrador del "Central Chaparra", inmenso y nuevo ingenio, el más
grande del mundo, que dirigió con mano firme. Ingeniero Civil por la
Universidad de Cornell destacó en la guerra pues fue el vencedor en la
victoria de Las Tunas que consiguió su tropa dirigida por él frente al
ejército español. Salió elegido bajo el lema: "Honradez, paz y trabajo".
El pueblo, con cierto retintín, le llamaba el Mayoral, que resaltaba su carácter popular y autoritario, por una tonada política que se tarareaba en
aquellos años.

En el campo de la educación fundó 7 escuelas normales, una por
provincia y una escuela del hogar en la capital. A partir de su mandato
el profesorado es elegido por concurso de oposición. Asimismo comenzó una política social que le llevó a aprobar leyes de retiro para los trabajadores de comunicaciones. Especial mérito tiene, a pesar de ser el representante de un gobierno conservador, el haber promulgado una ley
de divorcio décadas antes que en otros países teóricamente más adelan-
tados.

Fundamental fue en economía la ley de creación de la moneda nacional en 1914, puesta en funcionamiento en 1915, primera moneda legal que sustituía a las pesetas y dólares circulantes hasta entonces y que
mantuvo la paridad con el valor del dólar hasta 1961 en que comenzó a
devaluarse. Las inversiones norteamericanas continuaron principalmente en la banca y en el azúcar, tanto en los centrales como en la propiedad de tierras, al punto de que llegaron a controlar más de la mitad
de la producción. En manos de los españoles permanecían las inversiones comerciales dado que tenían los contactos con las casas madre en la
Península. Para llevar a cabo esas medidas se consiguieron en 1913 y
1914 empréstitos con la Banca J.P.Morgan de los EE. UU..También en la
sanidad mandó construir, a través de su Secretario de Sanidad, el Dr.
Emilio Núñez, el enorme conjunto de hospitales que se denominó "Calixto García" en honor del jefe militar de Oriente, fallecido el 11 de diciembre de 1898 en Washington. La inmigración continuó su flujo ininterrumpido de españoles para los trabajos urbanos, pero también de
haitianos y jamaicanos para los trabajos rurales relacionados con la caña
de azúcar.

Un aspecto algo más sombrío se produjo en su administración con la construcción de infraestructuras. Los ferrocarriles duplicaron su pasaje y la carga transportada pero, a pesar de la tendencia moralizadora, en el caso de las carreteras éstas se cobraban pero no se construían. Sólo existían en el papel. En lo internacional el gobierno tuvo que hacer frente al estallido de la Gran Guerra en Europa en agosto de 1914. Ante ésta el gobierno, siguiendo el ejemplo marcado por Washington, se declaró neutral. Pronto se abandonaría esta actitud pero entre tanto, los productos agropecuarios y mineros de Cuba aumentaron su precio. Fue una gran bonanza que, no obstante, incrementó los precios de los productos básicos y encareció la vida. Esto traería consecuencias sociales y políticas lo cual aumentó la actividad de anarquistas, anarcosindicalistas y socialistas españoles y cubanos, como reacción a la triste realidad social de los desposeidos.

Al igual que Estrada Palma, Menocal y sus amigos conservadores concibieron en 1916 la idea de la reelección. Un error político a todas luces. Político avezado, aunque seducido por el poder y la adulación de supuestos amigos y colaboradores, no ignoraba los peligros a que se exponía. A lo que no pudo sustraerse fue a las presiones cada vez mayores de la embajada norteamericana en la persona del Ministro de EE. UU. Mr. Gonzáles, hijo de un independentista cubano refugiado en EE. UU. durante la gesta del 1895-1898. Sus presiones para que continuara en el poder y sus amenazas veladas de intervención llegaron a ser hasta groseras. Ante la reelección Varona, su vicepresidente, se retiró de ésta por lo que tuvo que llevar en su segunda candidatura al Gral. Dr. Emilio Nuñez, su Secretario de Sanidad. El propio Gral. Loynaz del Castillo escribió una carta a Menocal donde le señalaba entre otras cosas que:"el principio de la no reelección es el más firme sostén de la paz".

El General fue a la reelección en noviembre de 1916 contra el partido liberal el cual, aparentemente, perdió las elecciones, aunque al parecer las ganó realmente en cinco de las seis provincias. Al ser trasladadas las urnas electorales en las oficinas de Correos dieron el "cambiazo" y Menocal y los conservadores resultaron ganadores. La reacción liberal, una vez más ante una reelección espuria, no tardó en producirse. Como en 1906, pero con otras circunstancias nacionales e internacionales.

La sublevación de febrero de 1917: la tercera intervención

Ante el hecho consumado del "pucherazo" postal la cúpula liberal, furiosa porque se le escamoteara una victoria, no vio otra salida que una nueva revuelta, a pesar de la espada de Damocles que significaba la enmienda Platt. Una vez más se pretendía solucionar una injusticia a balazos. La violencia política heredaba de las guerras independentistas del siglo XIX la tradición sublevacionista.

El Gral. José Miguel Gómez y su hijo Miguel Mariano marcharon en su yate por Batabanó, al sur de La Habana, con rumbo hacia Camagüey, aparentemente de pesca. Desembarcado por el sur de la provincia de Camagüey se le unieron dotaciones militares de las dos provincias orientales si bien esta vez los civiles respondieron de forma limitada. No era el estallido popular de 1906 contra los moderados. El campamento habanero de Columbia se sublevó pero pronto fueron sofocados. Zayas se desmarcó de la rebelión y se refugió en Cambute, lo que le valió que el pueblo le motejase como "el agachado de Cambute" haciéndole objeto de escarnio por su cobardía.

Las tropas al mando del Gral. Gómez se enfrentaron a las tropas gubernamentales en Trilladeras el 8 de marzo de 1917 a orillas del río Jatibonico en Las Villas y las vencieron. Pero algo más tarde los liberales alzados se vieron cercados –ya existía un ejército profesional– en Campo de Caicaje situado entre Placetas y Santa Clara. Gómez se rindió, si bien los Grales. Machado, Mendieta y Figueroa no lo hicieron. Se produjeron varios fusilamientos acallados por la censura de prensa, impuesta por Menocal al suspender las garantías constitucionales en virtud de la cual también mandó cerrar varios periódicos proliberales.

A apenas un mes de que Norteamerica declarara la guerra a Alemania y justo cuando se producían cambios fundamentales en Rusia que cambiarían la faz de la Tierra, a los liberales se les ocurría dirimir sus diferencias –muy justificadas por cierto– de esa forma, sin tener en cuenta el factor de las tensiones internacionales.

El presidente Woodrow Wilson declaraba que no reconocería a ningún gobierno de "revolucionarios" justo en el momento en que la guerra submarina total se ejercía contra barcos mercantes y de pasajeros americanos y de otras nacionalidades neutrales. Menocal aprovecha la ocasión para acusar a los liberales de "germanófilos", es decir de partidarios de Alemania y Austria en la contienda contra Gran Bretaña y Francia.

El levantamiento liberal fracasó porque sólo fue una sublevación militar, por ciertas demoras inexplicables de Gómez, por el apoyo norteamericano decidido a Menocal y por la rapidez del ejército y de la policía, cuerpos ya muy numerosos y experimentados.

Hubo desembarco de "marines" estadounidenses en las poblaciones de Manzanillo, Guantánamo, El Cobre, Nuevitas, Preston y en el propio Santiago de Cuba, uno de los puntos por donde se evacuó a los sublevados liberales, pero en labores de policía. No obstante, institucionalmente tampoco hubo intervención, sólo presiones, ya que Menocal controló pronto la sublevación a finales de marzo de 1917. Justo a tiempo. La tradición popular conoce esta sublevación, bastante seria, como "La Chambelona", nombre de una tonada política de los liberales y de la orquesta que la tocaba en aquellos tiempos.

SEGUNDA PRESIDENCIA DE MENOCAL

Los EE. UU. declaran la guerra al Imperio alemán el 6 de abril de 1917, por las pérdidas cada vez mayores en la guerra submarina total contra barcos neutrales y para contrabalancear la presencia de la revolución socialdemócrata rusa. Aunque Rusia no se retiró de la contienda, sus frentes se debilitaron notablemente por la propaganda del Partido Bolchevique, basándose en que era una guerra imperial para cambiar la correlación de las fuerzas y el reparto colonial surgido en la conferencia de Berlín de 1884.

Cuba y su gobierno declaran la guerra al Imperio alemán al día siguiente y de inmediato se produce una bonanza económica ya que sus productos pasan a ser solicitados por los EE. UU. y aumentan las demandas de Gran Bretaña, Francia e Italia beligerantes contra las fuerzas de los Imperios Centrales. El azúcar pasa a aumentar su cotización ya que no sólo es un alimento básico, sino también material estratégico para la fabricación de explosivos. En agosto de 1918 el gobierno cubano impone el impopular servicio militar que no abolirá hasta mediados de 1919.

Para hacer frente a las demandas de la guerra el gobierno Menocal crea la Junta de Subsistencias y los Permisos de Exportación y Racionamiento. Simultánea a la bonanza económica por mayores ingresos el mayor circulante produce un aumento consecuente de los precios de los productos básicos lo que repercute también en un alza de los precios de la vivienda. Reaparecen los problemas sociales con mayor vigor. La sensibilidad social del gobierno sigue reflejándose en leyes de retiro del poder judicial, de los trabajadores escolares, de las Fuerzas Armadas y de la Policía. Por último, entre 1919 y 1920, ya terminada la guerra, se redacta una ley de regulación del turismo y al año siguiente una ley de retiro de los veteranos, que solucionó parcialmente el acuciante problema de los veteranos de la independencia más necesitados.

La guerra en Europa termina con el armisticio firmado el 11 de noviembre de 1918 pero la depauperada Europa sigue necesitando los productos de Cuba y de otras partes. Para regular los precios del azúcar surge la Comisión Internacional del Azúcar, ya que no sólo es un alimento, sino componente de explosivos de alta potencia, es decir, artículo esencial de guerra.

El gobierno convoca a las elecciones parciales en 1918 y se producen fraudes donde "votan" hasta los fallecidos que no habían sido dados de baja de las listas. De nuevo los liberales piden la mediación electoral de los EE. UU. y éstos envían para ello al Gral. Enoch Crowder. Sólo con gran dificultad el gobierno de Zayas, ya en 1923, logrará desembarazarse de las intromisiones reiteradas –algunas increíbles– de este político norteamericano.

No obstante, Crowder ordena un censo electoral, que arroja un total de 2.889.000 habitantes en la isla. Para las próximas elecciones redacta un código electoral que ve la luz el 19 de julio de 1919, aceptado por los liberales. Es en este período que se inaugura el nuevo Palacio Presidencial, que pronto pasa a ser residencia presidencial. Menocal y su familia lo inauguran.

En el partido liberal miguelistas y zayistas siguen a la greña y el 31 de mayo de 1919 Zayas es destituido de la presidencia de los liberales. La definitiva escisión liberal histórica se produce el 22 de enero de 1920. Zayas constituye su Partido Popular Cubano, que sus enemigos motejan como "Los Cuatro Gatos" por su baja militancia. El tradicional Partido Liberal sigue bajo la batuta de los miguelistas encabezados por el Gen. Francisco "Pino" Guerra.

Durante la última etapa del segundo gobierno del Presidente Menocal se produce lo que la histoiografía cubana llama "La Danza de los Millones" que, aunque efímera, va a crear inmensas fortunas y a sumir en la pobreza a miles algo después. El precio de la libra de azúcar es de 2,64 centavos de dólar en 1914. Con la guerra sube a 3,31 cent. Para 1918 ya está en 4 cent. pero a partir de febrero de 1920 la subida es vertiginosa: a 9 centavos la libra. En abril su precio se duplica y en mayo alcanza un máximo de 22 centavos la libra. La tendencia alcista ha llegado a su clímax y comienza a descender. Ya en agosto es de 11 centavos aunque sólo dos meses después, a principios de octubre de 1920, vuelve a los tres centavos de 1915. La quiebra del sistema no se hace esperar. Numerosos préstamos solicitados no podrán ser devueltos. Quiebran los bancos cubanos, las bancas locales y las cajas de ahorros cubanas y españolas. Sólo resisten los bancos americanos e ingleses. El gobierno se ve en la imperiosa necesidad de declarar una moratoria bancaria el 10 de octubre de 1920 hasta febrero de 1921 para poder rehacer la economía. Es la ruina de miles de hacendados, agricultores, comerciantes y pequeños propietarios tanto cubanos como españoles. Sólo resisten los más fuertes. Son "las vacas flacas".

Conforme aumenta la pobreza en el país producto de la bajada vertiginosa de los precios aumenta la actividad obrera. Ya se han producido huelgas de noviembre de 1918 a marzo de 1919 entre los portuarios de la bahía de La Habana y en algunos centrales clave. Para los líderes obreros es la cárcel. Para los líderes españoles la expulsión, a veces tan numerosas que la embajada española, que ya existía, protesta contra éstas.

El comunismo es un movimiento obrero incipiente, escisión de la socialdemocracia. En América Latina sólo hay un partido comunista, el de la Argentina. Pero entre el 14 y el 16 de abril de 1920 se reúne en el Teatro Payret de La Habana el Primer Congreso Nacional Obrero, dominado por los probolcheviques. En su seno surge la idea de la creación de una Central Obrera Unica.

Cuba ha entrado con buen pie en el concierto internacional de naciones por lo que deviene fundadora de la Sociedad de Naciones con sede en Ginebra. Representando al país el Coronel Cosme de la Torriente. Entretanto, la Cámara de Representantes aprueba las coaliciones de partidos para lo cual el Partido Popular de Zayas, aquellos llamados "cuatro gatos" se unen con el poderoso Partido Conservador fomentado por Menocal, que abandona el poder. Zayas, el nuevo presidente de la Liga Nacional, gana las elecciones a fines de 1920 y recibe el 20 de mayo de 1921 de manos del Presidente García-Menocal un país casi en bancarrota y una actividad obrera que crece.

EL PERÍODO REPUBLICANO INTERMEDIO Y LA CRISIS DE LA DEMOCRACIA (1920-1933)

ADOLFO RIVERO CARO

INTRODUCCIÓN

En 1920, el mundo acaba de salir de la I Guerra Mundial, una catástrofe sin precedentes en la historia de la humanidad. El fin de la guerra significó enormes cambios en el mapa del mundo. El imperio alemán, el imperio austro-húngaro y el imperio ruso desaparecieron. Enfrascados en una lucha a muerte, las potencias habían centralizado vastos poderes en sus gobiernos. Esto hizo que después de la I Guerra Mundial cobrara cada vez más fuerza la idea de que los gobiernos debían jugar un papel clave en la solución de los problemas sociales. Exigencia que se hacía más perentoria porque, tras los enormes sacrificios de la guerra, la gente aspiraba a algún tipo de compensación. El triunfo de la Revolución Rusa, por otra parte, le dio un formidable impulso moral y una sólida base de apoyo material a los movimientos revolucionarios anti-capitalistas.

El II Congreso de la Internacional Comunista (la Tercera Internacional) reunido en Moscú en 1920 dedicó buena parte de sus deliberaciones a convertir las teorías de Hilferding-Lenin en guías prácticas para la acción revolucionaria en lo que hoy se llama el Tercer Mundo. Según esas tesis las supuestas relaciones de igualdad entre naciones soberanas ocultan la esclavitud de la gran mayoría de la población mundial a manos de una minoría insignificante: la burguesía y la "aristocracia obrera" de los países capitalistas avanzados. Sin la destrucción del capitalismo a escala mundial, sería imposible abolir esa opresión y esas desigualdades entre las distintas zonas del globo. Ahora bien, de ahora en adelante, la evolución política del mundo y la historia van a girar en torno a la lucha de los países capitalistas avanzados (imperialistas) contra el poder revolucionario soviético el cual, para sobrevivir y vencer, deberá agrupar en torno suyo a todas las vanguardias proletarias y, además, a todos los movimientos nacionalistas de los territorios coloniales y dependientes, convenciéndolos de que sus intereses coinciden con la preservación y promoción del poder soviético, y con el progreso y eventual triunfo de la revolución mundial.

Estas reflexiones, por supuesto, no eran más que un consuelo teórico ante el fracaso de la tesis de la revolución proletaria mundial porque, pese a todas las esperanzas, la revolución había fracasado en Alemania y ni siquiera las fuerzas de las armas había podido imponerla en Polonia. Ante la frustración en el Occidente desarrollado, los PC deberán realizar una política "de estrecha unidad con todos los movimientos de liberación nacional, determinando en cada caso la forma de esa alianza, según el estadio de desarrollo que tenga el movimiento comunista (en cada colonia o país dependiente) el estadio de desarrollo del correspondiente movimiento de liberación nacional. "Será preciso explicar constantemente que sólo el triunfo mundial del poder soviético podrá resultar en una verdadera igualdad de las naciones... Será preciso apoyar todos los movimientos disidentes (dondequiera que aparezcan) tales como el nacionalismo irlandés, las reivindicaciones de los negros norteamericanos, etcétera... Sin el control de esos mercados y campos de explotación, el capitalismo no podrá mantenerse... Los superbeneficios derivados de las colonias (y de los países dependientes) son el soporte principal del capitalismo moderno, mientras no privemos al capitalismo de esa fuente de ingresos, no será fácil para el proletariado de los países capitalistas avanzados destruir el orden capitalista..."

La enorme importancia de estas tesis es que se convirtieron en la Gran Explicación del atraso de América Latina en relación con Estados Unidos. Ese problema, siempre latente, había recibido un intento de respuesta en el famoso libro *Ariel* de José Enrique Rodó (1900), en el que se contraponía la civilización "materialista" de Norteamérica con la elevada "espiritualidad" de América Latina. La pseudo explicación marxista, sin embargo, resultaba mucho más satisfactoria intelectualmente. Su influencia se ha extendido hasta nuestros días convertida en la "teoría de la dependencia", posición oficial de la CEPAL durante las últimas décadas. Según ésta, el subdesarrollo es un consecuencia del sistema económico mundial en que los países industrializados del "Centro Hegemónico" explotan a los países subdesarrollados de la "Periferia" a través de la monopolización de la producción de bienes industriales "sobrevalorados" por compañías transnacionales que obligan a la Periferia a producir productos primarios "subvalorados", drenándolos de recursos. Obviamente, hay que evitar las inversiones extranjeras, el vampiro que nos chupa "las venas abiertas de América Latina". La similitud con las tesis de la Comintern de 1920 es evidente.

La Gran Guerra tuvo varias consecuencias importantes: fortaleció la ancestral tendencia a concentrar poderes en el gobierno; provocó una revolución de las expectativas en las principales naciones de Occidente, fortaleció considerablemente las tendencias anti-capitalistas que, hasta entonces, se habían mantenido prácticamente informes. Entre los intelectuales, se popularizó la idea de que el capitalismo había originado esa guerra terrible. Las guerras, por supuesto, habían existido siempre. Lo nuevo era el desarrollo tecnológico traído por la revolución industrial que, aplicado a la guerra, había llevado a ésta a niveles de destrucción sin precedentes.

En América Latina estas influencias ideológicas no hicieron más que fortalecer el rechazo a nuestro incipiente capitalismo entre los intelectuales, así como fortalecer el ancestral sentimiento de dependencia de la Corona típico del imperio español, trasmutado ahora en dependencia del gobierno, al que se ve como agente potencial de ingeniería social.

LOS RUGIENTES VEINTE

No se puede hablar de la historia de Cuba sin una referencia constante a Estados Unidos. En este país, los años 20 son decisivos. Es una época de transformaciones sin precedentes donde irrumpen en la vida cotidiana el automóvil, el cine, la radio y las cadenas de tiendas. Es la época del nacimiento de la sociedad de consumo. También es la época de Picasso, de T. S. Eliot, de Joyce, de Freud, de Wittengstein. De Ernest Hemingway, John Dos Passos. De Jack Dempsey y Babe Ruth. Del nacimiento y popularización del jazz.

En esos años, Estados Unidos conoció una prosperidad frenética y sin precedentes así como también la peor depresión de su historia. Las décadas entre las dos guerras vieron la maduración y momentánea crisis de otra etapa de la revolución capitalista. Sus efectos influyeron decisivamente en el estilo de vida de todo el planeta.

En aquellos años en Estados Unidos se comenzaron a experimentar los problemas de una *sociedad de consumo*. La producción, mercadeo y acumulación individual de una serie al parecer sin fin de bienes y servicios pasó a convertirse en la principal preocupación de la vida diaria y, prácticamente, en una religión secular. Y aunque las raíces de este proceso se encuentran en la creación de un mercado continental y el ascenso de las grandes empresas en el último tercio del siglo XIX, los años después de la I Guerra Mundial vieron la increíble difusión del automóvil, la masificación de los bienes de consumo gracias a la invención de la línea de montaje (1913), la popularización de los pagos a plazos, el uso masivo de los anuncios y el creciente poder de la radio y el cine. Todas estas transformaciones provocaron un éxodo hacia las ciudades con los naturales problemas que origina una urbanización masiva y sumamente rápida.

Esta época es conocida en Estados Unidos como *The Roaring Twenties* (Los Rugientes Veinte). La guerra había traído enormes cambios a la sociedad norteamericana. Toda una generación se había infectado con el espíritu de disfrutar porque mañana se puede morir. Mientras cientos de miles de soldados partían para el frente cientos de miles de mujeres ocupaban sus puestos y salían a trabajar fuera de sus hogares. Había habido una epidemia de rápidos matrimonios y de otras relaciones menos convencionales. Dos millones de soldados americanos se habían visto muy cerca de la muerte y muy lejos de los severos códigos morales de los Estados Unidos de la época. Miles de mujeres habían participado en la guerra como enfermeras. Era imposible que esta generación regresara a sus casas para proseguir la misma vida que anteriormente. Los jóvenes se habían sacrificado y ahora querían divertirse. Las mujeres se iban liberando de los gravámenes domésticos con la popularización de las lavadoras y planchas eléctricas; con la proliferación de los alimentos enlatados. Ante la vieja costumbre del ahorro, se impuso la venta a plazos. El corset desapareció tan rápidamente como el pelo largo. Las mujeres empezaron a votar, a fumar y a beber junto con los hombres, pese a la Prohibición. Entre 1910 y 1928, la tasa de divorcio se duplicó. El prestigio de los dirigentes políticos como grupo, y hasta de las instituciones democráticas mismas, como los parlamentos, sufrió enormemente. Se les consideraba responsables de la horrible matanza. Es una época de gran revisión de valores. Las ideas de Freud se convirtieron en una verdadera manía nacional. En 1920 prácticamente no había radios, en 1922 había cientos de miles. Los teléfonos también se popularizaron extraordinariamente.

La impetuosa expansión económica desarrolló un verdadero culto popular al hombre de negocios, al arriesgado empresario. Los Rotarios se fundaron en 1905 y en 1930 tenían ya 150,00 miembros. Por otra parte, las noticias de la Revolución Rusa y el peligro de su posible expansión por el resto de Europa provocó el llamado *Red Scare o* "Miedo a los Rojos". Estados Unidos seguía siendo en esa época un país profundamente religioso, muy poseído de lo que Max Weber llamó "la ética protestante del trabajo".

Sin embargo, la urbanización y el desarrollo de los medios de comunicación de masas también había hecho crecer verticalmente el número de intelectuales, los mismos de los que Alexis de Tocqueville había escrito:

> "Su modo de vida llevó a estos escritores a dar rienda suelta a las teorías abstractas y las generalizaciones relativas a la naturaleza del gobierno y a confiar ciegamente en ellas. Por vivir como vivían, bastante alejados de la práctica política, carecían de la experiencia que hubiese podido moderar su entusiasmo. Por lo tanto, dejaron de percibir por completo los obstáculos bien reales que existían incluso en el camino de las reformas más dignas de elogio, como tampoco calcularon los peligros que encierran hasta las revoluciones más saludables... Como resultado de ello, nuestros hombres de letras se tornaron más osados en sus especulaciones, más adictos a las ideas generales, y los sistemas..."

Una excelente, aunque ácida, descripción de la vida típica en Estados Unidos de la época puede encontrarse en dos famosas novelas de Sinclair Lewis: *Main Street* (Calle Mayor, 1920) y *Babbitt* (1922). Las novelas fueron una sensación nacional y provocaron una súbita toma de conciencia sobre una realidad y movilizaron las fuerzas dispuestas a cambiarla. Esto tendría su contrapartida cubana en Carlos Loveira y Miguel de Carrión. Entre los intelectuales se fue popularizando un profundo desprecio por la burguesía y sus valores, un rechazo a la homogeneización típica de ese período de la producción industrial, un escepticismo religioso, un odio a cualquier tipo de imposición moral a través de las leyes, un ansia de mayor libertad sexual así como, por supuesto, una total hostilidad a la Ley Seca. Estas ideas iban penetrando lentamente en la población norteamericana y también se irradiaban al resto del mundo.

La República

En 1895 la población de Cuba se estimaba en 1.800.000 habitantes, el censo general realizado por el gobierno norteamericano en 1899 declaró 1.572.000 habitantes, de los cuales medio millón eran analfabetos. Teniendo en cuenta el posible crecimiento normal, la guerra había causado, en algo más de tres años, unas 400.000 víctimas. De ellas había no menos de 100.000 niños, lo que habría de tener profundas consecuencias demográficas. El país estaba en ruinas; ferrocarriles, puentes y líneas telegráficas habían sido destruidos. De las riquezas de 1895 quedaban un 15% del ganado y 207 de 1.100 centrales y trapiches. Si en 1894 se habían producido 1.086.000 toneladas de azúcar, en 1899 se produjeron 314.000. De medio millón de tercios de tabaco producidos en 1894, no se llegó a 90.000 en 1898. Se estima que el país perdió las dos terceras partes de sus riquezas, y más de la quinta parte de su población. Por otra parte, las condiciones higiénicas eran deplorables y existían mortales enfermedades endémicas como la fiebre amarilla. En 1899, sólo en La Habana, hubo 1,300 casos de fiebre amarilla que ocasionaron 322 muertes. En la Universidad de La Habana sólo había 300 estudiantes y muy pocos alumnos asistían a los institutos de segunda enseñanza. En 1899, sólo quedaban 541 escuelas primarias en todo el país cuando en 1895 funcionaban 910.

La Conferencia de Paz entre Estados Unidos y España, en la que se decidía la situación jurídica de Cuba, origen de la guerra hispanoamericana, se efectuó en París sin participación de ningún representante del Gobierno de Cuba en Armas. Lógicamente, esto humilló y decepcionó a los patriotas cubanos. El Tratado de Paz fue firmado el 10 de diciembre de 1898 sin reconocer el derecho del pueblo en armas a conquistar el poder, castigar a los criminales de guerra, confiscar las riquezas ilegítimamente adquiridas o efectuar las reformas que el país necesitaba. Ni siquiera se mencionaba la lucha de los cubanos por su independencia.

El gobierno norteamericano no reconoció al gobierno de Cuba en armas, y el Ejército Libertador nunca se hizo cargo del poder como por derecho propio le correspondía. Es muy probable, que con su poderosa influencia, Estados Unidos hubiera podido conseguir sus objetivos económicos y políticos en Cuba sin necesidad de recurrir ni a la intervención militar ni a la Enmienda Platt. Pero la joven república nor-teamericana estaba viviendo un momento de incontenible expansión. La intervención americana produjo resultados mixtos. Se hizo una gran labor en el terreno de la salud pública y la educación: los proble-mas sociales más sencillos de atajar. La erradicación de la fiebre amarilla fue un logro histórico. En el terreno de la educación se abrieron cente-nares de escuelas primarias así como escuelas normales, institutos de se-gunda enseñanza y nuevas facultades universitarias. Se aprobó el llama-do plan Varona que modernizaba los cursos de estudio y que fue nom-brado en honor de Enrique José Varona, el filósofo y patriota que había sido Secretario de Educación en el gabinete del general Wood.

Al terminar la guerra de independencia, los españoles mantuvie-ron intactas todas sus propiedades en Cuba, inclusive las que habían ex-propiado a los mambises como represalia durante la guerra. Con la lle-gada de la paz americana, los capitales españoles se vieron en una posi-ción privilegiada para fortalecerse y expandirse mientras que los cuba-nos que había combatido por la independencia quedaron en la miseria. Esto aparejó consecuencias sumamente negativas, y constituyó una de las principales fuentes de la famosa corrupción de la república.

Generales, coroneles, oficiales, todos acostumbrados a mandar y de enorme prestigio social, carecían de tierras y capitales. Como los ex-tranjeros controlaban la industria y el comercio, los puestos públicos pa-saron a ser casi la única forma de enriquecimiento para los cubanos. Los veteranos aprovecharon su prestigio social para postularse y llegar a los mismos. Una vez allí, aceptaban sobornos de empresas privadas para darles contratos y ventajas, nombraban en cargos a familiares y amigos, concedían contratos a cambio de dinero, hacían pasar carreteras por determinadas zonas para aumentar su valor y aprovecharse de ello, ven-dían propiedades nacionales a empresas extranjeras a precios inferiores a los que se pudiera haber pedido y daban no a los más capaces sino a los que podían ayudarlos o les habían dado dinero. Es decir, aprovecha-ban el poder para su beneficio personal y no para servir al pueblo. Esto, a su vez, generalizó una actitud de cinismo entre la población en rela-ción con los políticos. En realidad, esta práctica mantenía una continui-dad cultural con el estilo de gobierno de la Corona española en Cuba. Durante toda esta época, los debates no giraban en torno a sistemas ideológicos. Sólo se discutían conductas pasadas e iniciativas concretas sobre temas específicos. En realidad, las ideas liberales eran hegemónicas (...)

La nueva república había progresado extraordinariamente en los primeros 20 años de su existencia, caracterizados por una política de gobierno fundamentalmente liberal. La presencia de grandes inversiones americanas era, por supuesto, un factor fundamental de esa prosperidad. Urbanización había sido la palabra de orden: pavimentación, alcantarillados, introducción del transporte eléctrico (los tranvías), alumbrado moderno, acueductos, continua expansión de la red ferroviaria. En La Habana había 11 periódicos y 7 revistas, entre ellas "Bohemia". Había numerosos periódicos locales en el interior de la isla. El principal periódico liberal de la época era el Heraldo de Cuba. El periódico de los conservadores era La Discusión. En La Habana había 40 cines y 300 en el interior del país. Había 23.000 teléfonos y un cable submarino que nos conectaba con Estados Unidos. Es la época en que Cuba tiene al campeón mundial de ajedrez, José Raúl Capablanca, al campeón mundial de billar Alfredo de Oro y al campeón mundial de espada Ramón Font. Adolfo Luque y Miguel Angel González brillaban en las Grandes Ligas.

Por otra parte, en el segundo período de Menocal había habido más de 200 huelgas que provocaron tanto un aumento de la represión como también la mediación gubernamental. En 1920 se había realizado el Segundo Congreso Obrero Nacional que reclamó entre otras cosas la jornada de ocho horas y salario igual para las mujeres. Criticó la injerencia de Crowder y envió un mensaje de solidaridad "al pueblo de la República Soviética". El incipiente movimiento sindical cubano estaba dividido entre reformistas y anarquistas. Los anarquistas predicaban la lucha de clases, la abolición de la propiedad privada, la no-participación en organismos políticos, la acción directa y el rechazo a toda autoridad. Tenían importante puntos en común con los comunistas. El triunfo de la Revolución Rusa en 1917, sin embargo, había fortalecido extraordinariamente a los comunistas. La práctica parecía darles la razón. Hubo un acercamiento y muchos anarquistas se asimilaron al marxismo. En Cuba, Enrique José Varona dijo que el ejemplo de Rusia era una enseñanza y un estímulo, y el General Eusebio Hernández dijo que "era bolchevique".

EL GOBIERNO DE ZAYAS (1921-1925)

Alfredo Zayas tomó posesión en medio de las llamadas "vacas flacas" cuando el precio del azúcar había bajado hasta 1,75 la libra. Quie-
bras de empresas y masivo desempleo, se unían al disgusto por gobiernos que sólo parecían interesados en el latrocinio. Zayas organizó un
gobierno integrado por conservadores y populares, rebajó el presupuesto y solicitó un nuevo empréstito. El general Enoch Crowder, enviado
del presidente Harding de Estados Unidos, presionó al gobierno para
poner coto a la extremada corrupción y Zayas organizó el llamado gabinete de la honradez. Inclusive firmó un decreto moralizando la lotería.
Pero, en realidad, Zayas se burlaba de las presiones moralizadoras de
Crowder.

Uno de los problemas candentes a la toma de posesión de Zayas
era el de la reelección. En efecto, la Primera Intervención se había producido como consecuencia de la voluntad de reelección de Estrada Palma y luego, pese a sus promesas, Mario García Menocal también se había hecho reelegir. Esta forma de violentar la voluntad popular provoca-
ba alzamientos, derramamientos de sangre e inestabilidad. Por esto el
presidente Warren Harding envió al General Enoch Crowder a Cuba,
con el objetivo de ayudar a redactar un Código Electoral que terminara,
de una vez por todas, con estos incidentes. Crowder produjo puntual-
mente su código aunque no pudo provocar un cambio de mentalidad
entre los políticos cubanos.

En Rusia, esta fue la época del inicio de la Nueva Política Económica (NEP) para enfrentar la hambruna que estaba devastando al país.
Era una política de concesiones al capitalismo y de cooperación con los
empresarios privados. Fue también cuando en el X Congreso del Partido Comunista decretó la prohibición de las fracciones. En 1922 se celebró el Congreso de la Federación Obrera de La Habana, y hubo una importante reunión de la Agrupación Socialista de La Habana en la que la
fracción revolucionaria aceptó las 21 condiciones de la Internacional
Comunista (la III Internacional).

En 1922 se funda la Agrupación Comunista de La Habana con José
Peña Vilaboa y Carlos Baliño. A fines de ese mismo año, se celebró en
La Habana la Sexta Reunión de la Federación Latinoamericana de Me-
dicina. A la misma asistió el Dr. José Arce, rector de la Universidad de

Córdoba, en Argentina. Arce fue invitado a hablar en el aula Magna de la Universidad. El rector se pronunció contra los peligros del imperialismo americano, lo que le hizo instantáneamente popular. El movimiento de Reforma Universitaria, surgido en Córdoba, planteaba algunas reivindicaciones de carácter estudiantil pero, en el fondo, era un reflejo de la voluntad de activismo revolucionario que se estaba popularizando en toda América Latina. Pocos días después, un incidente banal entre un alumno y un profesor provocó una gran protesta estudiantil y la fundación de la Federación Estudiantil Universitaria (FEU). A principios de enero de 1923, la FEU elabora y presenta un pliego de demandas al Rector Carlos de la Torre. El 12 de enero se celebra una asamblea general en la que participa Enrique José Varona. Los estudiantes exigen la expulsión de los profesores que cobran sin dar clases y reclaman la autonomía universitaria. El tono, sin embargo, es inequívocamente revolucionario. El 15, pensando que las autoridades van a cerrar la universidad, se decide la toma del recinto. Por esa época se funda Alma Mater, la publicación de la FEU.

Zayas interviene y se le hacen importantes concesiones a los estudiantes revolucionarios, encabezados por Julio Antonio Mella. Entre ellas está la concesión de la autonomía universitaria y la creación de la Asamblea Universitaria, un cuerpo de profesores y estudiantes para dirigir los asuntos de universitarios, con poder para depurar profesores. Se planteó la celebración de un congreso nacional de estudiantes en ese mismo año.

El Congreso Nacional de Estudiantes se inauguró el 14 de octubre de 1923 en el Aula Magna de la Universidad. Mella había recogido la isla en su organización. Asistieron 53 instituciones con 128 delegados. Hubo ásperos enfrentamientos entre los izquierdistas agrupados en torno a Mella, Alfonso Bernal, Sarah Pascual, Dulce María Escalona y Jorge Vivó y los derechistas agrupados en torno a Emilio Núñez Portuondo, Gerardo Portela y Antonio Iglesias. Mella no pudo dominar el congreso, se rechazaron las alabanzas a los soviéticos aunque se condenaron todos los imperialismos, se protestó contra la Enmienda Platt y se abogó por la autodeterminación de los pueblos. También se aprobó una interesante Declaración de Derechos y Deberes del Estudiante.

Mientras la Universidad jugaba un papel revolucionario, el 8 de marzo de 1923 se produce la llamada protesta de los 13. En el Café Martí de La Habana se reunía frecuentemente un grupo de jóvenes para lo que ellos mismo llamaban "tertulias de intelectuales". Félix Lizaso, uno de ellos, nos ha dicho que se proponían "poner en circulación una nueva sensibilidad, superando el conformismo en política, el modernismo en poesía, el naturalismo en la novela y el discursionismo en la prosa". En uno de los numerosos negocios turbios de la época, el gobierno compró por una cifra exageradamente alta el Convento de Santa Clara. La medida tuvo que ser firmada por el secretario de Justicia Erasmo Regüeiferos. En ocasión de un homenaje a la poetisa uruguaya Paulina Lussi en el Club Femenino de La Habana, se invitó a Regüeiferos para que dijera unas palabras. Enterado de ello, el grupo de jóvenes intelectuales, encabezados por Rubén Martínez Villena, participó en el acto y cuando le dieron la palabra al funcionario, Villena lo interrumpió echándole en cara la corrupción del gobierno. Se produjo un escándalo mayúsculo. Villena se reunió inmediatamente con sus doce compañeros y redactó un manifiesto explicando las razones de la protesta. Los integrantes del grupo decidieron organizarse en el Grupo Minorista. José Antonio Portuondo ha dicho "el minorismo es la creencia de que una minoría de intelectuales es capaz de expresar el sentimiento de la mayoría de la población". Mejor que ella misma, podríamos añadir nosotros. Utilizaron la revista *Social* como vocero del grupo que incluía a Fernando Ortiz, Alfonso Hernández Catá, Carlos Loveira, José Antonio Ramos, Luis Felipe Rodríguez, Emeterio Santovenia, Ramiro Guerra, Regino Pedroso, Félix Pita Rodríguez, Leopoldo Romañach, Amadeo Roldán, García Caturla y otros. El minorismo representó el ingreso de la joven intelectualidad cubana en las lides políticas

En 1923, Mussolini toma el poder en Italia con un programa que era básicamente antiliberal. En efecto, la idea de que los parlamentos no resultaban adecuados para afrontar los graves problemas de la sociedad moderna iba ganando fuerza. ¿Acaso el gran imperio ruso no estaba gobernado ahora por una dictadura proletaria que practicaba una democracia de nuevo tipo?

En agosto se constituye la Asociación de Veteranos y Patriotas, dirigida por el mayor general Carlos García Vélez, hijo del famoso Lugarteniente General. Se manifiestan contra la reelección, por la abolición de la lotería, por el voto a la mujer, el pago puntual de las pensiones a los veteranos y el derecho preferente del obrero cubano a los puestos de trabajo. El centro era un enérgico reclamo en contra de la corrupción. Muchas organizaciones se sumaron al movimiento. En el Consejo Supremo se encontraba Rubén Martínez Villena, Juan Marinello y Julio Antonio Mella. Algunos gremios obreros se sumaron al movimiento pero el más importante de ellos, la Federación Obrera de La Habana no ingresó en el movimiento porque sus estatutos estaban influidos por el anarcosindicalismo. Los Veteranos y Patriotas tenían un claro propósito insurreccional, pero las armas fueron confiscadas en Estados Unidos. En abril de 1924, el coronel Federico Laredo Brú se alzó en Trinidad. Zayas fue personalmente a Cienfuegos y, según afirman testigos de la época, resolvió el asunto repartiendo dinero. La plana mayor de los dirigentes políticos parecía incapaz de afrontar y resolver los problemas de la nueva república.

Por esta época, en ocasión de una huelga en la cervecería La Polar, los huelguistas anarquistas echaron sustancias tóxicas y vidrio molido en la cerveza. El hecho provocó la repulsa popular y dio un golpe prácticamente mortal al prestigio de los anarcosindicalistas.

En enero de 1924 murió Lenin y comenzó el proceso de consolidación del poder de Stalin. En maniobras para evitar que León Trotski tomara el poder, se crea una alianza entre Stalin, Zinoviev y Kameniev. Bujarin, por su parte, se convirtió en el teórico de la NEP y en el principal propugnador del estímulo a los campesinos privados. Es de esta época su famosa consigna de ¡Enriqueceos! En el seno de la Internacional Comunista se propugnaba el establecimiento de un frente unido con la burguesía nacional. La aplicación de esta política en China llevó al ingreso de los comunistas en el Kuomintang, bajo la dirección de Sun Yatsen primero y de Chiang Kai-shek, después. En ese mismo año, Julio Antonio Mella entra a militar en las filas de los comunistas.

A fines del gobierno de Zayas, se consiguió que Isla de Pinos formara parte definitivamente de la República de Cuba.

GERARDO MACHADO (1925-1933)

Desde el fin de la guerra de independencia a 1925, la industria azucarera había crecido 17 veces. En 1925, los capitalistas norteamericanos tenían invertidos 750 millones en Cuba, eran dueños del 40% de los ingenios, y controlaba el 60% de la zafra. Pero en 1925, también el capital cubano era dueño de una tercera parte de los ingenios y de alrededor de una quinta parte de la zafra. Después de 1925, cuando la producción mundial de azúcar excedió la demanda y los precios bajaron, la industria azucarera quedó en una situación difícil. Entre 1926 y 1940, la producción cubana de azúcar disminuyó más de 50 por ciento. Sin embargo, la II Guerra Mundial provocó un aumento de los precios y la producción.

Cuando Gerardo Machado y Morales tomó posesión el 20 de mayo de 1925 era auténticamente popular. La gente estaba cansada de la politiquería de Zayas y pensaba que Machado podría restaurar el principio de la autoridad y, al mismo tiempo, impulsar el desarrollo económico. Machado, en efecto, menos de dos meses después de su toma de posesión ya firmaba la Ley de Obras Públicas que contemplaba un ambicioso plan que incluía la construcción de una carretera central y sus ramales, además de acueductos, alcantarillados y numerosas obras de pavimentación de calles en todo el país. Al frente del programa constructivo estaba un dinámico administrador, Carlos Miguel de Céspedes. La carretera central, de Pinar del Río a Santiago de Cuba, fue una obra de importancia decisiva para la nación. Se comenzó en 1925 y se terminó en 1930. Tenía 1.143 kilómetros de largo y fue un poderoso factor de integración nacional. Al pasar por los pueblos se convirtió en la calle principal, con aceras, desagües y, a veces, hasta con un parque o un nuevo edificio público. Las poblaciones a lo largo de la carretera central atrajeron a la gente del campo que pudo ver por si misma las ventajas de la civilización. También se emprendieron planes para el crecimiento y embellecimiento de la Universidad de La Habana. Su imponente escalinata así como el stadium datan de esta época. Esta fiebre de construcción deslumbró a la gran mayoría del pueblo cubano. Sin embargo, al mismo tiempo, Machado estaba reorganizando discretamente las fuerzas armadas y colocando cuadros incondicionales en todos los puestos clave.

El 16 de agosto de 1925 se funda el Partido Comunista de Cuba, "la vanguardia organizada y consciente de la clase obrera". Hubo 17 delegados. Entre los que estuvieron presentes en la fundación estaban Julio Antonio Mella, Carlos Baliño, Alfonso Bernal del Riesgo, Miguel Valdés, Fabio Grobart, Enrique Flores Magón, del Partido Comunista de México, que era el delegado de la Internacional, y algunos invitados extranjeros.

La batalla ideológica no estaba decidida. Como dijo Alexander Lozovsky, jefe de la sección sindical de la Comintern: "sólo en 1927 o 1928 comenzamos a ver en la mayoría de los países una crisis ideológica entre los anarquistas, que llevó a un cierto número de camaradas anarquistas o anarcosindicalistas a comprender que la revolución no puede hacerse con proclamas, que no pueden hacer huelgas cada 24 horas y que, para combatir a la burguesía, no era suficiente con tener un semanario y unos cuantos cientos de miembros sino que había que tener una organización lo suficientemente fuerte como para combatir y eventualmente derrocar al estado capitalista".

Julio Antonio Mella fue expulsado de la Universidad en 1925 por actividades subversivas. Mella se declaró en huelga de hambre y, en definitiva, fue puesto en libertad y salió de Cuba a principios de 1926. Eventualmente, llegó a México donde ayudó a fundar el Partido Comunista de México.

Machado fue un dirigente complejo. Un hombre sin duda autoritario y brutal pero también muy decidido a buscar el desarrollo del país. Estaba ansioso por buscar las inversiones extranjeras y, sobre todo, norteamericanas, pero de ningún modo podía considerarse como un simple títere de los intereses foráneos. En 1926, por ejemplo, nombró a Orestes Ferrara embajador de Cuba en Estados Unidos con vista a dar una batalla por la revisión del Tratado de Reciprocidad de Cuba con Estados Unidos. Aprovechó que Estados Unidos estaba interesado en un convenio consular, un convenio para la extradición de criminales y otro para impedir el contrabando de licores, narcóticos e inmigrantes ilegales. Machado aprovechó que la Ley de Obras Públicas imponía un recargo del 10% sobre todos los artículos de importación considerados suntuarios y otro del 3% sobre todos los productos de procedencia extranjera, excepto los alimentos. Esto hizo bajar las importaciones. Estableció una Comisión Técnica Arancelaria y en 1927 anunció cambios para proteger y estimular la producción agrícola e industrial. Era la primera vez que Cuba independiente tenía su propia tarifa aduanal, de tipo moderno y elaborada para defender sus propios intereses. La producción de aves, huevos, carnes, mantequilla, queso, cerveza y calzado aumentó notablemente. Asimismo, Cuba concertó varios tratados comerciales (España, Portugal, Japón, Chile) de manera completamente independiente. En 1927 se inauguró el hermoso monumento a las víctimas del "Maine".

Siguiendo viejas tendencias, Machado quiso reelegirse. En 1926 se adoptó la fórmula del llamado "cooperativismo", una versión tropical del fascismo europeo. Se sostenía que la causa de los males del país estaba en su democracia parlamentaria. Machado debía gobernar con todos los partidos existentes, el Liberal, el Conservador y el Popular. En 1927, el Senado y la Cámara adoptaron una Ley de Reforma Constitucional que prohibía la reelección de Machado después de que hubiese estado 10 años en el poder. Machado prohibió que el Tribunal Supremo eligiera libremente a los jueces y magistrados, destruyendo así la independencia del Poder Judicial. Hubo violentas protestas estudiantiles. En la Universidad un grupo de estudiantes se organizó en el llamado Directorio Estudiantil, pero severos consejos de disciplina expulsaron a los dirigentes de las protestas. El coronel Carlos Mendieta salió de su retiro para fundar un partido de oposición llamado Unión Nacionalista que sumó a los disidentes de los partidos que se habían integrado al "cooperativismo'.

En 1927, Chiang Kai-shek lograba poner al país bajo el control del Kuomintang pero, al mismo tiempo, desató una súbita y brutal masacre contra los comunistas, sus antiguos aliados. El gobierno soviético rompió relaciones con él. Trotsky, que había sido expulsado del PC en 1927 y estaba exiliado en Alma Ata, fustigó duramente a Stalin por su actitud de alianza con la burguesía (en la NEP) y lo catalogó como oportunista. Esto hizo que Stalin diera un brusco viraje, y que en el VI Congreso de la Comintern, en 1928, los socialdemócratas fueran proclamados como "el enemigo fundamental" de la clase obrera (socialfascistas). Esta posición se mantuvo hasta la reunión de la Comintern de 1935 y fue la que llevó a los comunistas cubanos, entre otras cosas, a criticar implacablemente a Antonio Guiteras cuando la revolución de 1933. De estos avatares dependía la posición política de los comunistas cubanos.

Machado estuvo en el apogeo de su popularidad durante la VI Conferencia Internacional de Estados Americanos en enero y febrero de 1928. Machado discutió la abrogación de la Enmienda Platt con Coolidge. No acababa de salir de La Habana cuando aparecieron dentro de un tiburón los restos de un agitador izquierdista español llamado Claudio Bouzón. Junto a él, otros tres jóvenes acusados de comunistas habían sido amarrados y arrojados a los tiburones. Irritado por el macabro hallazgo, Machado prohibió la pesca de tiburones.

La espúrea Asamblea Constituyente se reunió el 5 de marzo de

1928. Se ordenó la celebración de elecciones para el 1 de noviembre de 1928, de modo que Machado pudiera ser reelecto por seis años. Los tres partidos del cooperativismo lo postularon y salió sin oposición. El dictador firmó una ley que prohibía la "reorganización de los partidos".

En 1929 se produce el asesinato de Julio Antonio Mella, en México. Mella era una figura conocida internacionalmente y su asesinato perjudicó considerablemente a Machado. En Estados Unidos se produjo el fatídico hundimiento de la Bolsa de Valores y el inicio de la Gran Depresión. Es en esta época, sin embargo, cuando Stalin, consolidado como jefe indiscutido del partido, lanza el Primer Plan Quinquenal. La planificación centralizada soviética parecía la alternativa racional a los altibajos del capitalismo. Ahora bien, como parte de ese famoso plan quinquenal, justamente entre 1929 y 1932, Stalin asestaba un doble golpe contra el campesinado de la URSS: la ofensiva contra los *kulaks* y la colectivización. Pero la ofensiva contra los *kulaks* significó el asesinato o la deportación al Artico con sus familias, de millones de campesinos. Aunque, en principio, eran los más acomodados, en la práctica, eran los más influyentes y los más opuestos a los planes del Partido. Por su parte, la colectivización significó la efectiva abolición de la propiedad privada de la tierra y la concentración del campesinado restante en granjas "colectivas" bajo el control del partido. Esas dos medidas causaron millones de muertes, entre los deportados en particular pero también entre los no deportados en ciertas áreas como Kazajastán.

Luego, en 1932-33 vino lo que pudiera ser descrito como una campaña de terrorhambruna contra los campesinos colectivizados de Ucrania. Se llevó a cabo exigiéndoles cuotas de entrega de granos muy por arriba de lo posible, confiscándoles luego hasta la última onza de alimento e impidiendo que les llegara ninguna ayuda del exterior, ni siquiera de otras áreas de la URSS. Esta hambruna, deliberadamente inducida, produjo todavía más muertes que la llamada ofensiva contra los *kulaks* de 1929-32 y estuvo acompañada por una campaña de obliteración de la cultura nacional ucraniana.

Este período coincide, en Cuba, con los años más duros de la lucha contra Machado. Es paradójico que cuando en Cuba, y en todo Occidente, se desarrollaban las simpatías por la Unión Soviética y sus "racionales" métodos de desarrollo económico, en el campo soviético se desarrollaba una guerra contra los campesinos cuyo número de víctimas fue superior al de las víctimas de todos los países en la I Guerra Mundial. Esa era la realidad que ocultaba la brillante fachada teórica del marxismo-leninismo. Sin embargo, la falacia de que un plan centralizado era la forma idónea de buscar un desarrollo económico armónico sedujo fatalmente desde entonces a la mayoría de los intelectuales occidentales.

Las consecuencias de la Gran Depresión provocaron trastornos en América Latina. En 1930, el presidente de República Dominicana Horacio Vázquez fue derrocado por un golpe de estado militar. En Argentina el gobierno de Hipólito Irigoyen fue derrocado por el general Evaristo Uriburu. En Brasil tomó el poder Getulio Vargas. Muchos exiliados vinieron a Cuba y entre ellos Víctor Raúl Haya de la Torre, líder del APRA. Todos estaban saturados de antiimperialismo. A nuestro continente también llegaban noticias de las luchas contra la dictadura de Primo de Rivera en España.

El partido comunista celebró un congreso el 16 de agosto de 1929 en Manzanillo. En su dirección figuraron César Vilar, como Secretario General, Blas Roca, y Paquito Rosales. En 1930, Machado convocó elecciones parciales para tratar de legalizar su situación pero las mismas provocaron intensos disturbios. Se rompían vitrinas, se pintaban lemas antimachadistas en las paredes, explotaban bombas, se descarrilaban tranvías, se hacían atentados. El terrorismo, por cierto, era nuevo en Cuba donde lo tradicional habían sido los levantamientos armados. El 20 de marzo de 1930 se desarrolló una huelga general en La Habana que sólo consiguió cierto éxito en la capital. Rubén Martínez Villena tuvo que abandonar el país. En esta época se suman al partido Lázaro Peña, tabaquero de La Habana, Aracelio Iglesias, portuario de La Habana, Jesús Menéndez, azucarero de Santa Clara, José María Pérez, Carlos Fernández R., Aníbal y César Escalante y Carlos Rafael Rodríguez.

El 30 de septiembre, una manifestación de estudiantes universitarios fue interceptada y en la refriega fue mortalmente herido Rafael Trejo, lo que dio origen a multitudinaria manifestaciones de duelo popular. Machado suspendió las garantías constitucionales. Se clausuraron los periódicos *Diario de la Marina* y *El País*. La Universidad fue cerrada definitivamente. Los activistas estudiantiles empezaron a desarrollarse como partidos políticos. Tal fue el caso del Directorio Estudiantil de 1927, compuesto por los dirigentes estudiantiles de los años anteriores expulsados en 1927 (Gabriel Barceló, Aureliano Sánchez Arango, Porfirio Pendás, Eduardo Chibás, Ramón Hermida, Edgardo Butari, Inocente Alvarez, Manuel Guillot, Manuel Cotoño, Reinaldo Jordán y Antonio Guiteras.) los dirigentes estudiantiles de 1930 (Roberto Lago Pereda, Rafael Escalona Almeida, Juan Antonio Rubio Padilla, Rubén de León, Manuel Varona, Carlos Prío Socarrás, Ramiro Valdés Daussá, Sarah del Llano, Ramón Miyar y Felipe Pazos) y el Ala Izquierda Estudiantil (Rafael García Bárcena, Porfirio Pendás, Arnaldo Escalona, Justino Lizcano, Eugenio Silva, Pablo de la Torriente Brau, Raúl Roa y Ladislao González Carvajal).

En agosto de 1931, el ingeniero Carlos Hevia, al mando de unos 35 exiliados con pertrechos y municiones entraron en la bahía de Gibara y tomaron la población pero luego el ejército derrota y aprisiona a los expedicionarios. El expresidente Menocal y el coronel Mendieta, en lo que se suponía fuera un alzamiento coordinado, organizaron una expedición que fue a dar a Pinar del Río donde sus integrantes fueron capturados en las ciénagas de Río Verde.

Surgió una nueva organización, llamada el ABC, dedicada al terrorismo que en cierta medida capturó la imaginación popular. El programa del ABC, por cierto, criticaba las inversiones extranjeras. En 1932 asesinan al Dr. Clemente Vázquez Bello, partidario de Machado y se producen terribles represalias. En medio de una creciente violencia, el país se había hundido en la peor crisis económica y política de la historia de la república. En 1933, es electo presidente de Estados Unidos Franklin Delano Roosevelt. Norteamérica empezaba una nueva etapa. Cuba estaba a las puertas de la revolución de 1933.

Conclusiones

En este período aparecen las figuras que van a dominar el escenario político cubano hasta el triunfo de la revolución socialista de 1959. Más importante todavía, es el período en que las ideas socialistas y antiliberales se van popularizando y van conquistando la hegemonía cultural en nuestro país: la idea de que Cuba era un país rico al que se le despojaba de su riqueza (¿quién sino la burguesía nacional y las empresas extranjeras?), la idea de que el estado tenía que intervenir en la "solución" de los problemas sociales, la idea de que la tarea fundamental de los políticos era la distribución de la riqueza social y no el estímulo a su creación, la idea de que la riqueza de unos generaba la pobreza de otros, la idea de que los empresarios son explotadores por definición y que sólo una enérgica intervención estatal puede poner coto a su voracidad, la idea de que poderosos intereses socio-económicos eran responsables de los problemas y dificultades del país aunque no de sus logros, la idea de que esos intereses creados corrompían a todo el mundo y que sólo jóvenes "sin vínculos con el pasado" podrían efectuar los mágicos cambios que necesitaba el país.

Esencialmente, la mayoría de estas ideas provenían de la Ilustración Francesa. Recibieron su forma moderna con el marxismo y se difundieron durante decenios apoyadas por el centro revolucionario anticapitalista que significó la Unión Soviética. La nueva dirección política que se gesta en este período de la historia de Cuba consiguió impresionantes logros pero, en lo fundamental, perdió la batalla de las ideas. Fueron los representantes de las ideas colectivistas y anticapitalistas los que eventualmente consiguieron llegar al poder y establecer su dictadura. No fue un milagro ni un accidente. El terreno ideológico y cultural estaba bien preparado. Los programas de todos los partidos políticos cubanos antes del triunfo revolucionario, fundamentalmente surgidos en este período, eran de inspiración socialista. Todavía hoy, aún en el exilio, cualquier cubano se identifica orgullosamente como "de izquierda" pero nadie se identifica con la misma satisfacción como "de derecha". Y lo peor de todo es que, en ese terreno de las ideas, no parece que hayamos avanzado mucho. Las ideas de la libertad, del liberalismo, siguen siendo minoritarias entre los cubanos. Esa es la gran batalla que tenemos por delante.

APUNTES SOBRE LA SOCIEDAD CIVIL
(1933-1958)

RICARDO BOFILL

Las teorías modernas de los Derechos Humanos no prometen el bienestar, la prosperidad ni mucho menos la felicidad de todos los ciudadanos, como a veces anuncian diversos proyectos políticos. La Declaración Universal de Derechos Humanos propone el enaltecimiento de la dignidad humana mediante el respeto de un conjunto de reglas mínimas de convivencia. Y por sobre todo, los 30 artículos de este ideario de Derecho Internacional y de garantías individuales aspiran a bregar contra los abusos de poder y a mitigar el sufrimiento de las personas.

(Fragmento tomado del informe "El Estado Crítico de los Derechos Humanos en Cuba", remitido por el Comité Cubano Pro Derechos Humanos a Amnistía Internacional el 23 de septiembre de 1978. Firmado por R.B.).

A MANERA DE PROLEGÓMENO

Este texto representa una breve interpretación sobre varios aspectos de la evolución y el progreso de la Sociedad Civil cubana en el período de historia comprendido entre los años 1933 y 1958. No incluye detalles sobre las estructuras de gobierno de la época en cuestión. Tampoco aparecen descripciones de importantes sucesos de la vida nacional cubana de la etapa como fueron, por ejemplo, los asesinatos políticos de Antonio Guiteras, Ramiro Valdés Daussa, Sandalio Junco, Manolo Castro, Jesús Menéndez, Alejo Cossío del Pino, Pelayo Cuervo Navarro, entre otros.

Incluso, en la historia de la sociedad civil cubana de los tiempos que comprende nuestro estudio, falta la descripción de numerosas instituciones culturales, profesionales, artísticas, religiosas y empresariales que ejercieron influencia en aquella sociedad. Por la brevedad requerida para estas líneas no hablamos de la obra de las grandes figuras de la cultura cubana de este segmento de vida nacional como fueron, Don Fernando Ortiz, Jorge Mañach, Ramiro Guerra, José María Chacón y Calvo, Sánchez de Bustamante y Montoro y Sánchez de Bustamente y Sirvén, José Antolín del Cueto, entre muchos más.

Aunque en estas páginas nos referimos a importantes instituciones de la época como el Tribunal de Garantías Constitucionales y Sociales, nos ha sido imposible incluir un estudio riguroso sobre sus características y sus actividades. Acerca de otras instituciones inspiradas en los mismos principios de fiscalizar los posibles abusos del poderío de las autoridades, como lo fueron el Tribunal Superior Electoral y el Tribunal de Cuentas, ni siquiera tenemos espacio para reseñarlos.

Así mismo, en torno a la Constitución Cubana de 1940 sólo incluyo algunas consideraciones concernientes a las perspectivas que creó para fortalecer el Estado de Derecho en la Nación. No obstante, varias de sus leyes complementarias, como lo es el Código de Defensa Social de la República, no las pudimos revisar.

A pesar de estas importantes limitaciones, pienso que a continuación aparecen diversos elementos de juicio útiles sobre una variedad de rasgos de la emergente sociedad civil cubana de 1933 a 1958, que fue completamente pulverizada por el ejercicio de virtual ingeniería de laboratorio social emprendido por el régimen castrista en 1959.

CUBA DE 1933 A 1958: LA SOCIEDAD CIVIL

Nuestro propósito es el de resaltar los antecedentes históricos en este período que sirvieron de hilo conductor para la fundación del Movimiento de Derechos Civiles de Cuba en 1976.

Consideramos que los debates de la Asamblea Constituyente de la República que elaboró la Constitución de 1940 constituyen un ejemplo elocuente de la muestra de la Sociedad Civil Cubana que, de 1933 a 1958, representó la esperanza más firme para el tránsito de la Nación hacia un Estado de Derecho Democrático.

Cuando fundamos el Comité Cubano Pro Derechos Humanos en 1976 expresamos que nos inspirábamos en las ideas que hicieron posible que en la década de los años 40, el Congreso de la República de Cuba legislara para crear el Tribunal de Garantías Constitucionales y Sociales que, de hecho, fue el primer tribunal para la defensa de los Derechos Humanos, tanto los civiles y políticos como los económicos y sociales, de todo el Mundo.

Otra de las libertades ciudadanas fundamentales que se enraizó de manera notable en la sociedad civil cubana de 1933 a 1958 fue la libertad de expresión. La radio, la prensa escrita y la difusión de ideas contestatarias a través de programas políticos, de discursos públicos, de libros y otras manifestaciones intelectuales y artísticas inundaron de manera regular el escenario nacional. Las tribunas de oposición y de crítica sistemática de los abusos de fuerza de las autoridades del país fueron atributos mordaces, pero esenciales, de la incipiente marcha de la sociedad cubana hacia la democracia y el imperio de las garantías individuales.

Las voces en la radio cubana de Eduardo R. Chibás, José Pardo Llada, Luis Conte Agüero, Ángel Cofiño, incluso de Salvador García Agüero y tantos otros severos cronistas de "la crisis cubana" convirtieron a este medio de comunicación de masas en una suerte de baluarte en el ejercicio del derecho a la libre expresión del pensamiento en Cuba. La revista *Bohemia* y numerosos periódicos complementaban un panorama que nos hace pensar que fueron un arma decisiva para la caída de Fulgencio Batista, más decisiva tal vez que los tiros en la Sierra Maestra y en otros sitios de la Isla.

El derecho a la libre sindicalización y el ejercicio de la facultad de huelga por parte de los trabajadores; el derecho de *habeas corpus* y las garantías procesales para todo acusado de cometer algún delito contra el Código de Defensa Social de aquel Estado; el libre ejercicio de la posibilidad de entrada y salida de todos los cubanos al territorio de su patria; la más absoluta libertad religiosa; el respeto jurídico a los fueros ciudadanos para la creación de todo tipo de asociaciones y las normas de derecho civil que propiciaban el funcionamiento de esas entidades de sociedad civilista; el derecho a la propiedad privada y la protección contra el despojo del patrimonio personal, representan el Estado de Derecho que se fue edificando en Cuba desde 1902 y que comenzó a consolidarse a partir de la Constitución de 1940 y del conjunto de sus leyes complementarias. Este fue nuestro marco de referencias y, sobre todo, nuestra fuente de aspiraciones cuando fundamos el movimiento de derechos humanos de Cuba.

Las transgresiones constantes de la ley por parte de los que manipulaban el poder, las violaciones contra la Constitución y contra esos mismos derechos ciudadanos, que acabamos de subrayar, tuvieron lugar en la Cuba Republicana, han sido LA HISTORIA REAL en el proceso civilizador de todos los pueblos del planeta. Es probable que el camino más seguro que los cubanos tuvieron por delante fuera el de la perseverancia en las reformas jurídicas y administrativas que situaran a todos por igual, tanto a gobernados como a gobernantes, bajo el respeto y el dominio integral de la ley. Sin embargo, lo desecharon. Desde la perspectiva del concepto moderno de Derechos Humanos lo que resulta inadmisible es la supresión de todo el cuerpo jurídico que da garantías a las Libertades Inalienables del Ciudadano, a manera de remedio a los desastres que la sociedad cubana, como cualquier otra sociedad, tuvo que enfrentar de 1902 a 1958. Esta pretendida solución -desmantelar hasta el último de los cimientos del Estado Civil de derecho que en su fase inicial existió en Cuba hasta 1958- ha sido la realización más palpable del régimen instaurado en Cuba por Fidel Castro desde 1959. Los resultados que llegan incluso a manifestar una clara amenaza para el futuro de la identidad nacional cubana son de dominio público. Una vez más los candidatos a mesías son trocados y terminan en ángeles exterminadores que a su paso dejan por doquier la visión desoladora de la tierra totalmente arrasada.

Denunciar los horrores contra los derechos humanos sembrados en Cuba por Castro y por sus colaboradores y, también, promover el respeto a lo establecido por la Declaración Universal de Derechos Humanos firmada el 10 de diciembre de 1948, y así abogar por la formación de una nueva sociedad civil cubana con todas las bases jurídicas e institucionales que ya existían, al menos en embrión, en la Cuba republicana, ha sido el clan vital de activismo civilista surgido dentro de la Isla hace más de 20 años.

El período de la historia de Cuba del año 1933 al año 1958 que nos corresponde tratar en los ámbitos político y social se podría intentar resumir expresando que es una etapa de promoción, quizá hasta el paroxismo, de la utopía revolucionaria, y muy en particular, con fuertes matices de surrealismo, de exaltación hasta el delirio de la utopía revolucionaria antiimperialista, anticapitalista y socialista.

Sin embargo, y a contrapelo de esa embriaguez romántica con el proyecto revolucionario, "purificador y justiciero", que las vanguardias políticas cubanas se impusieron llevar adelante sin tomar en cuenta los riesgos en cuanto al precio a pagar, por otra parte el crecimiento y la consolidación económica de toda la sociedad civil criolla, y en primer lugar del empresariado y de la clase media, registró avances que, en algunos indicadores como los de la producción industrial no azucarera, el comercio minorista, la banca y los seguros, el sistema financiero, el comercio exterior, la construcción, los sistemas de transporte y la agricultura no cañera, en varios aspectos podrían considerarse como sobresalientes y hasta espectaculares. Este contexto de aumento sostenido de la prosperidad económica de la sociedad cubana es preciso coronarlo con el continuo crecimiento de la locomotora de aquella economía, es decir, con los avances de la Industria Azucarera. Y en particular con el proceso sostenido de estabilización de este sector productivo que era la primera fuente de empleo, de crédito, de capitalización y, como es natural, de creación de riquezas en la República.

Probablemente, en este orden de realidades nos enfrentamos a una de las primera paradojas de la Nación Cubana que trataremos. Nos referimos a la contradicción que surge del análisis de las cifras de un país que económicamente crece de manera sostenida y de forma evidente va abriendo puertas y creando caminos para el mejoramiento de los niveles de vida de la población y, sobre todo, permite de una manera bastante fluida la movilidad social del individuo, haciendo posible para muchos aspirantes el ascenso en la movilidad vertical de esta sociedad y así la realización de sus aspiraciones. El contrapunto, como diría Don Fernando Ortiz, al instante se nos viene encima cuando las fuentes históricas del período nos permiten constatar que muchos, demasiados, de los proyectos y sobre todo de los discursos de los líderes políticos que casi en mayoría se consideraban líderes revolucionarios de este segmento de Vida Nacional, podrían calificarse de inflamatorias arengas que convocan a la demolición de todas las estructuras sociales existentes y a la búsqueda de la "virtud" y de la "justicia social" permanentemente soñadas como obra exclusiva de las revoluciones.

En esta trama es imprescindible hacer resaltar, también como parte del Contrapunto Cubano a que ya nos referimos, que de 1933 a 1952 el ideario de la Reforma Institucional en materia política, económica y social se anota éxitos importantes. De manera especial, la Constitución Cubana de 1940 es el triunfo del Proyecto de REFORMA que se suponía encausara en un marco de Derecho las propuestas de revolución que surgían por todas partes.

Sin embargo, las aspiraciones ilimitadas al triunfo absoluto en cortos períodos de tiempo y sus secuelas de improvisación, demagogia, violencias verbal y física, corrupción y abusos de poder y sus resultantes de ruptura casi cotidiana del estado de Derecho, podrían estar entre las causas principales de que los éxitos del crecimiento económico de Cuba no establecieran las bases para el afianzamiento de instituciones sólidas en los terrenos políticos y sociales.

Llegar a la cima del poder, del honor, de la riqueza, en Cuba, como en casi todas partes del mundo es una suprema aspiración humana. Pero la temeridad, la falta de escrúpulos y la capacidad de desinformación de la opinión pública por parte de las organizaciones, de los agitadores y de los caudillos políticos y sociales cubanos tuvo perfiles sobremanera destacados.

Las llamadas organizaciones y fuerzas revolucionarias emanadas de la Revolución de 1933 y del golpe de Estado militar de 1952 poseen muchos de esos componentes de disolución social. En no pocos aspectos, el poderoso movimiento sindical cubano que emerge con tintas corporativistas en 1938, también llevó en su vientre esos mismos detonantes que acabarían por demoler el orden social cubano. Sin embargo, no necesariamente éste sería el único desenlace posible. En 1958 la Isla tenía logros que situaban al pueblo cubano en un lugar destacado de la historia de la civilización en las Américas.

A su vez debo apuntar que aunque en Cuba puedan haber existido algunos rasgos de excepcionalidad, sin lugar a dudas la suma de componentes que en 1959 dieron al traste con la República de 1902 y con otras Instituciones Civiles que poseían siglos de funcionamiento ni por asomo son originales. Otros procesos políticos en diversas partes del Orbe después de la Primera y la Segunda Guerra Mundial, han arrojado resultados muy similares al cubano.

Casi es innecesario aclarar que tampoco deseo expresar que toda la debacle que ha originado el castrismo después de la Revolución de 1959 ha sido causada por las conspiraciones de los revolucionarios, de los aventureros y de los malhechores contra el orden institucional cubano. Pero, asímismo caben pocas dudas de que la exageración desmedida de los problemas reales que debía confrontar Cuba, como cualquier otra tierra del planeta, por un lado, hasta la fabricación burda de elementos de tergiversación que hacían creer que la Nación estaba estancada, o peor aún, que retrocedía en todos los órdenes por la otra parte, llegó a permear incluso a quienes debían haber poseído la información sobre el estado real de la Isla.

Esta retórica, al uso en las diatribas políticas de todo el Globo, en Cuba se convirtió en un perpetuo instrumento de agitación de masas por parte de los grupos y de los líderes extremistas y llegó a crear tal ambiente de frustración social que ridiculizó e hizo fracasar el proceso de reformas iniciado con la Constitución de 1940, quehacer reformista éste que habría podido conjurar el trajín devastador de los revolucionarios al estilo de Castro.

Si nos preguntamos cuáles eran las principales brechas económicas, políticas y sociales que nutrían la panoplia letal de los extremistas nos encontramos con áreas trilladas por la metodología del positivismo en las Ciencias Sociales. Las grandes desigualdades y la polarización de la riqueza y la pobreza en los extremos sociales, conjuntamente con la corrupción administrativa y el ejercicio de la violencia por sobre el imperio del derecho en la política, más la dependencia económica de los Estados Unidos, son las respuestas más socorridas pero, por sí solas no pueden explicar todo el origen del malestar que los aspirantes al poder inculcaron perpetuamente en las masas. Incluso, algunas de esas problemáticas y sus emblemas en los proyectos revolucionarios de la época en cierta medida poseían una suma de componentes que, si se estudian con detenimiento podrían explicar muchas de las raíces del progreso tan espectacular que la economía y la cultura cubanas alcanzaron en el período estudiado.

Así, por ejemplo, el triunfo económico de algunos sectores de la sociedad cubana, su opulencia, además de despertar la envidia y el conflicto, también es cierto que hacían surgir la capacidad de superación, de emulación, de competencia del resto de la sociedad en tal grado que hicieron posible que no pocos sargentos cubanos llegaran a generales; que no pocos cortadores de caña, choferos, braceros y dependientes de comercios llegaran a senadores y representantes de la República; que no pocos obreros agrícolas llegaran a ser colonos y propietarios de tierras; que no pocos carpinteros, mecánicos, zapateros y albañiles llegaran a convertirse en prósperos empresarios; que algunos mecanógrafos llegaran a ministros, que decenas de miles de pequeños mercaderes llegaran a ser ricos detallistas, almacenistas, distribuidores, exportadores e importadores de riquezas; que cientos de miles de estudiantes muy pobres llegaran a ser maestros, contadores públicos, farmacéuticos, abogados, ingenieros, médicos, periodistas y expertos agrícolas e industriales, que centenares de miles de cubanos fueran propietarios de sus instrumentos de trabajo, de sus casas y que millones comenzaran a gozar de la igualdad de oportunidades después de 1940.

En esta misma dirección, nos encontramos con que la dependencia económica de los Estados Unidos propició un ritmo de inversiones económicas de tal magnitud que convirtió a Cuba en una de las áreas punteras en todo el mundo en este indicador. Esos mismos vínculos de dependencia de los Estados Unidos llevaron a Cuba la transferencia de tecnologías y conocimientos científicos que situaron a la Isla en los predios de la II Revolución Industrial capitalista, la de siglo XX, y en especial en un escalón cimero en sus sectores de las telecomunicaciones, la electrónica, el transporte y la industria química.

Para entrar en algunos detalles acerca de las realizaciones de las realizaciones de este período debemos comenzar diciendo que junto a la Constitución de 1940 y a sus leyes complementarias, y muy en especial a la filosofía y la práctica jurídicas que crearon el Tribunal de Garantías Constitucionales y Sociales, probablemente el logro más sobresaliente de la Cuba republicana surgida en 1902 sea el concepto de Derecho Civil público y privado. Es decir, el conjunto de leyes que regularon la Sociedad Civil Cubana hasta 1959. Sobre todo, el éxito económico registrado en esta primera etapa del País está indisolublemente vinculado a las garantías creadas por esa legislación civil para las inversiones masivas de capital que caracterizaron el extraordinario crecimiento económico de la República de Cuba. No existe una sola cifra exacta para establecer, definitivamente, el monto real de crecimiento económico cubano entre 1898 y 1958. El problema quizás resida en el tipo de indicadores tomados para el análisis. Sin embargo, cuando Ramiro Guerra escribió la obra *Un cuarto de siglo de evolución cubana,* era evidente que en la Isla de Cuba se había producido lo que más tarde, en teoría económica, se denominó el despegue. No quiere esto decir que ya Cuba avanzara a paso firme para convertirse en miembro del club de los países ricos de la tierra, pero sí que poseía algunos de los índices de desarrollo económico que auguran un futuro de esa naturaleza.

Esa prosperidad estuvo, como apuntamos antes, enlazada a las leyes civiles que promovieron en la República inicial las garantías al Derecho a la Propiedad, y cuando me refiero a este derecho no sólo pienso en la seguridad de las propiedades de los inversionistas extranjeros y de los gran-

des y medianos inversionistas criollos, sino que también estoy hablando
de las adecuadas garantías a la propiedad de que disfrutaban los pequeños propietarios. En estos perfiles de la cuestión cubana eran ejemplari-
zantes los derechos de los colonos azucareros, en relación a su cuota de
caña a vender cada año al ingenio azucarero que le correspondiera.

A partir de 1933 y, muy en particular después de 1940, los Derechos Económicos y Sociales del pueblo cubano fueron un tema de obligada vigencia en las discusiones del Congreso de la República, y registran progresos jurídicos y prácticos que crearon en Cuba un entorno
que permite afirmar que la Nación iba camino de convertirse, de derecho y de hecho, en una nación de corte socialdemócrata.

La Constitución que entró en vigor en la nación cubana en 1907
garantizó los Derechos Civiles y Políticos fundamentales de la época. La
igualdad de todos los ciudadanos ante la ley, con la excepción de la
igualdad política de las mujeres en materia electoral, convirtió a la Sociedad Civil cubana en una de las más avanzadas del mundo en materia
institucional.

La igualdad jurídica, por ejemplo, de todas las razas en Cuba hizo
posible que el negro Martín Morúa Delgado se convirtiera en Presidente del Senado de la República y que, otro negro, Juan Gualberto Gómez,
llegara a ser Vicepresidente del Gobierno y Presidente del Partido Liberal, el Partido más importante de la etapa, todo en las primeras décadas
nacionales.

El Sistema Jurídico que garantizaba la registración y el funcionamiento de los Partidos Políticos y de las Asociaciones de toda índole, incluyendo las gremiales y las de oposición a los Gobernantes del momento, la libertad de prensa, la libertad religiosa, la libre entrada y salida al
territorio nacional y las garantías individuales para el debido proceso
penal fueron DERECHOS HUMANOS FUNDAMENTALES que emanaron de la
Constitución de 1901, y de su legislación complementaria. Las brechas,
la violación flagrante, la burla y el abuso de estos Derechos, en primer
lugar por los propios gobernantes, por el Congreso y no pocas voces por
el mismo Poder Judicial, episodios casi presentes en la evolución de todas las naciones, no alteran el hecho de que los cimientos del Estado de
Derecho, con la normativa y más avanzada en materia civil y política estaban presentes en los textos de la legalidad cubana de esta primera República.

De forma especial, el imperio de la ley regulaba de manera muy clara y con gran sentido práctico las relaciones de propiedad, las relaciones productivas, las relaciones Estado-Individuo y Familia-Individuo, es decir, las relaciones civiles de aquel pueblo. Así las cosas tenemos, en los Juzgados de Primera Instancia y en toda el área de lo Civil del Poder Judicial, el menor índice de quebrantamientos escandalosos de la ley vigente. Existen todo tipo de evidencias históricas sobre lo difícil que era en el período estudiado el atentar contra el Derecho de Propiedad que emanaba en Cuba de los Protocolos Notariales. La escritura Pública de un Notario tuvo un poder en Derecho Civil que sólo fue, alterado primero y destruido después, por las Revoluciones de 1933 y de 1959. Los Registros de la Propiedad de cada Partido Judicial del país que partían de los Catastros Municipales, aunque con mayores fisuras estos últimos, completaban el sistema que regía la espina dorsal de la vida económica del país.

Y he aquí que, precisamente, estos períodos, es decir, del año 1933 al año de 1959, comiencen y terminen con la ruptura transitoria primero, a la caída del Presidente Gerardo Machado en 1933, y con el desplome de 1959, que antecedió la total destrucción de las Instituciones Civiles, de toda la Sociedad Civil y del Estado Derecho basado en los modelos inglés, francés y norteamericano de democracia liberal que se había tratado de ensayar en Cuba, con prometedores avances para tan corto período de historia republicana.

CON EL FUTURO EN LA MEMORIA

Como conclusión, pienso que el triunfo de la insurrección castrista en la década de los años 50 no se debió a la violación masiva como política de gobierno de los Derechos Humanos en Cuba. Estimo que estos Derechos se violaron de manera sistemática por parte de las autoridades policiales, por las fuerzas armadas y por el Ejecutivo de la República. Sin embargo, me parece que la rebelión de Fidel Castro precisamente venció a sus oponentes por la existencia de un Estado de Derecho que, aunque alterado y deprimido, garantizaba un cierto clima de libertades públicas y garantías personales que los castristas y otros grupos de acción armada aprovecharon para no ser exterminados en sus primeros reveses y para reconstruir una y otra vez sus fuerzas hasta alcanzar la victoria.

Fidel Castro fue derrotado en el asalto al Cuartel Moncada en 1953 y decenas de sus seguidores fueron asesinados por el ejército de Batista. Sin embargo, Fidel y Raúl Castro lograron ser presentados a los tribunales y sencillamente fueron a la cárcel por los hechos de violencia que habían ejecutado. La vida institucional de la República continuó su curso y apenas 15 meses después de los hechos del Moncada, congresistas de oposición al Gobierno presentaron un proyecto de Ley en el parlamento cubano que disponía la amnistía de los castristas y de todos los presos políticos cubanos. De esta manera la vigencia de un relativo marco de derechos civiles y libertades públicas en Cuba salvó a los revolucionarios de la muerte y de largos períodos de cárcel. En consecuencia, la policía de Batista trataba de eliminar físicamente a las huestes que le atacaban sabiendo que, si dirigían los casos a los tribunales de justicia, era probable que sus enemigos quedaran en libertad o que sus condenas fueran exiguas.

El ejercicio de la libertad de prensa en Cuba, aunque con interrupciones, hizo posible crear tribunas permanentes para la oposición al Gobierno y para informar a la ciudadanía de la marcha de los combates contra las autoridades.

En siete años de dictadura de Fulgencio Batista en los cincuenta, hubo dos elecciones generales y numerosos opositores ocuparon escaños públicos. En casi cuarenta años de régimen comunista en Cuba no ha habido una sola elección con candidatos independientes que contaran con programas políticos y económicos propios.

Estas son algunas de las demandas mínimas que diversas organizaciones disidentes han reclamado. Tribunales independientes y la vigencia de las garantías individuales. Libertad de expresión y elecciones libres. Serían los primeros pasos para la reconstrucción del Estado de Derecho en Cuba.

LA OTRA SOCIEDAD CIVIL CUBANA

Desde el año 1976 el Movimiento de Derechos Humanos de Cuba inició el esfuerzo para crear dentro de la Isla un espacio civil libre de la voluntad gubernamental, enfrentando así las ansias de control totalitario del estado comunista encabezado por Fidel Castro.

Con no pocos retrocesos y al precio de enormes sufrimientos infligidos a los disidentes por parte del terrorismo castrista, este empeño de los activistas de oposición cívica nacional se ha extendido a todo lo largo y ancho del País.

En aquel año de 1976 sólo existía una agrupación contestaria en Cuba que se enfrentaba a cara descubierta a Castro, exigiéndole el derecho a actuar y a proponer otro modelo político basado en el respeto integral a las libertades fundamentales del ciudadano.

En ese entonces el Comité Cubano Pro Derechos Humanos apenas tenía tres miembros. La cárcel, los tratos crueles y degrantes, la extorsión permanente y las agresiones brutales de una guerra en extremo sucia que Castro desató contra nosotros no pudieron hacer desaparecer nuestra iniciativa de desobediencia civil y resistencia pacífica dentro del territorio cubano. Todo lo contrario. Veintidós años después el CCPDH se ha multiplicado y ahora hay cientos de organizaciones con miles de adherentes en los cuatro puntos cardinales de la Nación. Estas entidades poseen diversos perfiles y áreas de interés, pero todas son librepensadoras y reclaman sus derechos a Castro. Desde los periodistas independientes, los pedagogos, médicos, campesinos, sindicatos hasta partidos de múltiples matices políticos. Todas poseen el denominador común de exigir la vigencia en Cuba de la Declaración Universal de Derechos Humanos firmada por ésta el 10 de diciembre de 1948. Esta cualidad las sitúa en un polo opuesto al orden de corte estalinista sostenido por Castro. Este orden en esencia es violatorio de cada uno de los 30 artículos de la Carta Magna de los Derechos Individuales.

Estas nuevas fuerzas del pueblo cubano, agrupadas para buscar una alternativa a la versión de la dictadura del proletariado implantada en Cuba por Castro, representa una naciente NUEVA SOCIEDAD CIVIL CUBANA.

Esos innovadores retoños de Sociedad Civil que los disidentes están cultivando provienen, entre otras fuentes, del viejo tronco de la Historia de la Civilidad, que la República de 1902 comenzó a fomentar en Cuba. Frente al clima de campamento militar sometido a ley marcial permanente en que Fidel Castro convirtió a la sociedad cubana, nuestro movimiento de Derechos Humanos ha propuesto el tránsito pacífico hacia la Democracia. Este es nuestro proyecto. Todavía estamos en los prolegómenos. Sabemos que la faena es ardua y demasiado larga. Pero el bregar no se detiene.

DATOS SOBRE LA SOCIEDAD CUBANA DE 1933 A 1958

En 1949 en Cuba había 575.000 receptores de radio, lo que representaba un receptor por familia.

La Constitución de la República de Cuba de 1940 dejó establecidas las bases jurídicas para la aplicación de una semana laboral de 44 horas de trabajo efectivo y el cobro del equivalente a 48 horas.

En 1958 los trabajadores de las oficinas bancarias, los de las empresas de Aseguradoras, y los empleados de las oficinas de la Industria Azucarera cubanas trabajaban 40 horas semanales y cobraban el equivalente a 48 horas de labor.

Los asalariados de las fábricas textiles, del transporte por ómnibus y por camiones y los trabajadores telefónicos en 1958 laboraban 35 horas cada semana y cobraban un total de 48 horas.

Todos los empleados de la Compañía Cubana de Electricidad a lo largo y ancho de la Isla en 1958 trabajaban entre 30 y 32 horas cada semana y cobraban 48 horas de labor.

En diciembre de 1958, el Consejo Ejecutivo de la FNTA, la Federación Nacional de Trabajadores Azucareros, el mayor sindicato del País, que contaba con cientos de miles de afiliados en la Industria que era la primera empleadora de Cuba, aprobó un proyecto para someter al Congreso de la República que establecía los cuatro turnos diarios de labor en los centrales azucareros. Es decir, que los obreros trabajarían 6 horas diarias y seguirían cobrando el equivalente de ocho horas de jornal. Este proyecto contaba con el apoyo del Ejecutivo de la CTC, la Confederación de Trabajadores de Cuba y de numerosos congresistas en el Senado y la Cámara de Representantes de la República.

En el año de 1955 el ingreso per cápita nacional cubano creció un 7% y la producción nacional bruta del país también creció un 7%.

De 1950 a 1958 la Confederación de Trabajadores de Cuba y sus federaciones sindicales afiliadas ganaron ocho grandes huelgas nacionales en reclamo de mejoras salariales y de nuevas ventajas en las condiciones de labor para los obreros. De manera especial la FNTA –Federación

Nacional de Trabajadores Azucareros– ganó la huelga llamada de "compensación por la Superproducción de Azúcar", que implicaba el pago de salarios por días de trabajo no laborados, que benefició a cientos de miles de obreros de este sector.

DE LA REVOLUCIÓN AL MODELO TOTALITARIO (1959-1998)

PÍO E. SERRANO

Una de las más notables perversiones que ha producido la reciente historia cubana ha sido de carácter semántico. Me refiero a la apropiación, uso y abuso de las palabras; a la fragmentación esquemática del pensamiento, reducido a un maniqueo dispositivo de disyuntivas elementales; y a la consagración de la falacia y el sofisma como formas habituales de conocimiento. Aspectos sobre los que más adelante podremos detenernos, pero que ahora reservo únicamente para subrayar el carácter improcedente del término "revolución" al referirnos a la totalidad del proceso por el que ha atravesado la isla desde 1959 y al que alude el título que nos convoca, "La revolución castrista en Cuba".

Reconozco como uno de los logros más espectaculares del régimen cubano el de haber sostenido de manera sistemática, en contra de la lógica de la historia y del significado mismo de las palabras, el término "revolución" como signo de autorrepresentación. El régimen ha prolongado así una elástica cobertura semántica que se apropia indebidamente del prestigio de un referente, para muchos, "cargado de futuro", en estado permanente de posibilidad utópica, prolongación indefinida de un presente continuo; una palabra referida a un incesante movimiento que lo transforma todo justificado por una siempre virtual llegada a la aspirada meta.

A este respecto la experiencia cubana es única en la historia si repasamos la cronología que fija el nacimiento, desarrollo y tránsito hacia una nueva etapa de cualquiera de las revoluciones modernas, sean éstas la norteamericana, la francesa, la rusa o la china. En todas ellas, el período revolucionario, generalmente de breve e intensa duración, es acotado en un paréntesis que no suele sobrepasar los diez años. A este período de transformaciones profundas de la organización estatal y social vigente, precipitadas incluso por la violencia, desarrolladas de manera acelerada y con una voluntad irreversible de alterar las relaciones institucionales; a este período destructivo del viejo orden, el propiamente revolucionario, le sigue la fase en la que los revolucionarios advenidos al

221

poder, deben convertir ese poder provisional en gobierno estable, y para ello construir un nuevo orden institucional, que al dar paso a una praxis política debería, de manera sostenida y normalizada, transferir al cuerpo social los postulados de la revolución.

En Cuba, según algunos analistas, la Revolución habría culminado en 1961 con la proclamación del carácter socialista de la misma, después de haber desmontado el antiguo orden institucional y de haber desposeído a la vieja clase dirigente. Sin embargo, para esa fecha, todavía no se habían diseñado las nuevas estructuras institucionales que habrían de sustituir las antiguas. El período de institucionalización comenzará a trazarse a partir de 1968, como consecuencia de las severas exigencias que el nuevo hombre fuerte de la URSS, Leonid Bréznev, impone a los erráticos años de Revolución castrista. La necesidad de garantizar la sobrevivencia económica y el poder político fuerza a los dirigentes cubanos a instalarse formalmente en la órbita soviética, y, con ello, perder su carácter autónomo, su espontaneidad carismática. El proceso de institucionalización dio un primer paso en 1965 con la consagración del Partido Comunista como el instrumento rector único para la ejecución de una política de gobierno.

Demostrando una capacidad extraordinaria para la corrupción del lenguaje y la ambigüedad calculada, el régimen cubano ha logrado mantener en el vocabulario internacional la fórmula sacralizada de "revolución cubana", durante, al menos, las tres últimas décadas en las que ya había perdido los rasgos distintivos de lo que la ciencia política califica como tal. Esta insistencia no es meramente adjetiva, con ella se ha querido obtener, insisto, una percepción del régimen como si estuviera en un constante estado de excepción, de renovación permanente. Un estado en el que no se desea alcanzar una madurez estable y se prefiere proyectar una imagen de romántica aventura que pareciera no tener fin.

Con la estrategia de ocultar el fin de la revolución, desde finales de los 60 la dirigencia cubana ha querido enmascarar la instauración de un régimen totalitario y personalista. Ante la opinión pública internacional se procuraba sostener la corrupción semántica, pues a la revolución, un proceso de tránsito por definición, se le pueden tolerar y disimular excesos que bajo otra forma política no se admitirían. Por otra parte, la sostenida fluencia de exiliados vinculados estrechamente a los órganos de poder político durante las últimas décadas, poco interesados en ser asociados como servidores de un régimen totalitario, insisten reiteradamente, y en beneficio de su propia imagen, en poner fin a la etapa revolucionaria en la fecha en la que ellos se desvinculan del régimen. Contribuyendo todo ello a una mistificación en la que se corrompe la lógica histórica y el régimen se ve renovadamente beneficiado.

La corrupción semántica del término revolución forma parte de una sucesión de perversiones léxicas, de contradictorios discursos paralelos, de la creación de mecanismos encargados del ocultamiento del significado, de la proclamación sucesiva de sofismas y ambigüedades que alcanzaron una extraordinaria eficacia mediática desde los primeros meses de 1959.

Cuando la dictadura de Fulgencio Batista se desmorona en diciembre de 1958, los rebeldes procedentes de la Sierra Maestra, comienzan con dilación calculada un avance triunfal hacia La Habana, un desfile que progresa en intensidad dramática con la llegada de Fidel Castro a la capital una semana después. Se trata de una parada militar de efectos redentoristas y mesiánicos, que posteriormente alcanza su culminación en el momento en el que la ansiada palabra, el esperado verbo redentor –calculadamente postergado– se hace visible en el cuartel de Columbia y el efecto mágico de la paloma que acude al hombro del joven guerrillero consagra el primer acto ritual de una sucesiva escenificación de sí misma que la Revolución cultivará con especial esmero, y del que la posterior instauración del régimen totalitario irá prescindiendo, en la medida en que la fuerza social cohesionadora deja de ser apelativa para convertirse en represiva.

Se ha afirmado con razón que la Revolución cubana ha sido la primera revolución mediática del siglo. Nunca antes un movimiento social de esta naturaleza pudo disponer de tal cantidad de medios masivos de comunicación para su promoción, difusión e instalación definitiva en el poder. Desde los días de Sierra Maestra –recordemos la conocida anécdota por la que Castro se enorgullece de haber engañado al periodista del "New York Times", Herbert Mathews, al hacer desfilar de manera ininterrumpida un pequeño número de rebeldes para causar la impresión equivocada de disponer de una tropa superior a la que realmente existía– Castro se preocupa por el cultivo de su imagen. Con la dramática escenificación de la entrada en La Habana, y las sucesivas concentraciones masivas, a la manera de los autos sacramentales, se efectuaba la representación de un misterio o de una revelación prodigiosa. En unas y en otras siempre estuvieron presentes la prensa escrita, la radio y la televisión para reproducir de manera inmediata y con alcance universal la imagen simbólica, la impronta icónica de los nuevos tiempos.

Esta revolución mediática fue posible gracias a la paradójica circunstancia de que Cuba se encontraba a finales de la década de los 50 en la etapa que los economistas denominan de despegue hacia la madurez económica de las sociedades desarrolladas, y figuraba por ello entre los países punteros de Iberoamérica. Existían en la Isla un aparato de radio por cada 6,5 habitante servidos por 270 estaciones transmisoras; un televisor por cada 25 habitantes para 5 canales de televisión, uno de ellos en color; 101 ejemplares de periódicos por cada mil habitantes servidos por cinco grandes periódicos de alcance nacional y cerca de treinta importantes diarios de ámbito provincial.

El eficaz empleo del discurso visual de la entrada de los rebeldes en La Habana permitió a Castro establecer una de sus primeras apócrifas certidumbres: la caída de Batista se debía a la lucha armada guerrillera. Con el ininterrumpido desfile de rebeldes ante cámaras y micrófonos se borraba la lucha urbana del sector civil del Movimiento 26 de julio, del Directorio Revolucionario y de la Triple A, entre otras fuerzas que diariamente hostigaban la dictadura batistiana. Un sector civil formado por la extensa clase media (profesionales, comerciantes, industriales, obreros especializados) que articulaba la vida económica del país. Esta resistencia cívica urbana, unida a la decisión del Departamento de Estado de EE. UU., en el segundo semestre del 58, de dejar caer la dictadura batistiana serían los factores decisivos de su desplome. El cambio de rumbo de la política norteamericana en el segundo semestre de 1958 se debió, entre otras razones, a que la dictadura ya resultaba incómoda para los influyentes productores de grasas y los arroceros norteamericanos perjudicados por una política nacionalista de Batista en estos sectores, y por la creciente influencia de la prensa norteamericana en la presentación de Castro como una suerte de Robin Hood de los tiempos modernos. Siempre el arte de la representación y de la impostura en la clave de los sucesivos éxitos primeros de Castro.

Al desposeer a la resistencia cívica urbana del protagonismo que le correspondía, Castro se apodera de todo el aparato escenográfico de la revolución triunfante, al tiempo que, gracias a los medios, deslumbra a muchos, encanta a las mayorías y atemoriza a lo que entonces fue una minoría presa del terror revolucionario. Hugh Thomas cifra en 1.330 los fusilados entre 1959 y 1960 y en más de 10.000 los prisioneros políticos de diversa índole.

Pero veamos en una apretada síntesis la evolución de la Revolución en esos primeros años tan importantes para la comprensión integral del proceso.

En 1959 la mayor parte de la población cubana tenía la sensación de que atrás habían quedado siete años de dictadura, cincuenta y dos años de una república cuyos perfiles más nefastos únicamente eran evocados, ocultando celosamente la progresiva línea ascensional en todos los órdenes de esa misma república. Se salvaba, eso sí, la Constitución de 1940, texto fundacional sobre el que vuelve una y otra vez la autodefensa de Castro en 1953, "La Historia me absolverá", uno de los textos constitucionales más avanzados de América, cuya doctrina social había comenzado a consolidarse en la legislación que la desarrollaba, pero a la que aún aguardaban aspectos que la consolidasen. Sin embargo, en febrero de 1959 el régimen revolucionario aprueba por Decreto una Ley Fundamental que reemplaza a la Constitución del 40, de carácter provisional, así se dijo entonces, que cubriría el vacío de derecho que la revolución había provocado. Ya nunca más se volvió a hablar de la Constitución del 40, sino para denostarla.

En aquellos días iniciales se tenía la impresión de que la revolución consistía en un cuerpo acabado, unívoco, sin fisuras, que parecía destinado a preservarse en su propia identidad, no sujeta a cambio o mutación algunos. Apreciación ésta que ha sobrevivido en algunos observadores de la reciente historia de Cuba, ingenuos unos, otros no, admiradores y detractores, quienes puestos a valorar la revolución insisten en la aberrada creencia de estar siempre ante el mismo fenómeno, confundiendo indiscriminadamente los aciertos y los errores de las distintas etapas de lo que en realidad ha sido un proceso sujeto a una sucesión de múltiples identidades. Etapas, por cierto, que se desarrollaban en varios niveles paralelos, no necesariamente comunicados entre sí, y que ha sido uno de los procedimientos, el de la ambigüedad calculada, prevalecientes en la vida política de Castro. Así en los primeros tres años de la Revolución, mientras un nivel adaptado a la táctica exigida en cada momento se expresaba públicamente para asegurar el carácter nacionalista y no alineado de la Revolución; otro, el de la estrategia que Fidel Castro tenía en mente, y sólo compartido con sus más íntimos colaboradores, estaba destinado a la consagración de un régimen marxista.

El primer movimiento de Castro favorable a esta estrategia se produjo en fecha tan temprana como el 6 de enero de 1959, cuando, mediante uno de los primeros decretos del nuevo gobierno, se eliminaron los partidos políticos tradicionales y únicamente se reconocieron como fuerzas políticas los distintos grupos armados que participaron en la caída de la dictadura. Para aliviar la medida, pues el primer gabinete revolucionario estaba integrado en parte por miembros de algunos de aquellos partidos políticos, el decreto anunciaba una convocatoria a elecciones en el término de dieciocho meses. Cumplido el plazo, la consigna programada para ser coreada por las multitudes fue la de "Elecciones, ¿para qué?" y la doctrina política en la que el giro político que se imponía se substanció en la concepción de una "democracia directa". En realidad se daban los primeros pasos para la apropiación de todas las instituciones de la nación para, en su lugar, instaurar y consagrar la figura dominante de Fidel Castro. El eficaz juego combinatorio de táctica y estrategia fue de tal naturaleza que la figura de Castro pareció no empañarse por la sombra del dictador tradicional, sino, más bien, asumía el papel del visionario, del personaje mesiánico cuya tarea es la realización del espíritu de un pueblo, a la manera que se manifiesta la "astucia de la razón" hegeliana.

También en enero del 59 y en un equívoco gesto que debía subrayar su indiferencia ante el poder, Castro se reserva la jefatura del Ejército y designa presidente provisional al magistrado Manuel Urrutia, quien durante el proceso por el asalto al cuartel Moncada en 1953 se había distinguido por su voto particular en favor de los inculpados; y primer ministro a José Miró Cardona, prestigioso político vinculado al Partido Ortodoxo, uno de los más enérgicos oponentes a la dictadura anterior. Pero ya en febrero y julio, el propio Castro, desvirtuando aquel propósito de mantenerse alejado del poder político, acepta la renuncia del primer ministro, opuesto a los fusilamientos indiscriminados, y acusa de deslealtad y traición al presidente, para asumir desde entonces el cargo primero y nombrar en el segundo a Osvaldo Dorticós, un dócil político de provincias cercano al Partido Socialista Popular (PSP), nombre que asumió desde 1944 el Partido Comunista de Cuba, fundado en 1925.

En octubre de este primer año de la revolución, es detenido el comandante de la Sierra Huber Matos, jefe militar de la provincia de Camagüey, acusado de deslealtad a la revolución. Matos, condenado a 20 años de prisión, había escrito una carta a Castro en la que mostraba su preocupación por el asalto al que era sometido el ejército rebelde por miembros del Partido Socialista recién incorporados al proceso revolucionario y cuya presencia fue prácticamente nula durante la insurrección. Durante el operativo de detención de Matos desapareció el avión que conducía a Camilo Cienfuegos, único par de Castro en el afecto mayoritario de la población, circunstancia que habría de quedar en la penumbra de la incógnita.

A pesar de estos inquietantes acontecimientos, estos primeros años de la Revolución se vivieron bajo el reclamo de un discurso que alentaba aceleradas medidas de rescate de la dignidad nacional. Para ello se pone en marcha una legislación que ganaba para el proceso la simpatía y el entusiasmo mayoritarios. De nuevo la eficacia entre la táctica y la estrategia. Entre otras, se firmaron la primera Ley de Reforma Agraria que, con un criterio todavía amplio, restringía la propiedad de la tierra a 400 hectáreas; la Ley de Reforma Urbana, que en una primera etapa reduce los alquileres en un 50% y en su desarrollo posterior estataliza la propiedad inmobiliaria; la Ley de Recuperación de Bienes Malversados, que traspasa al Estado las propiedades de los vinculados a la dictadura; las leyes de nacionalización de las compañías de electricidad y teléfonos, hasta entonces propiedad de empresas norteamericanas; al tiempo que se reducen drásticamente las tarifas eléctricas, telefónicas y transporte público.

La inevitable confrontación con los intereses norteamericanos generó en 1960 la nacionalización de los principales centrales azucareros, de las refinerías, de la banca y de otras 382 grandes empresas, tanto de capital cubano como norteamericano. El vértigo de las nacionalizaciones pareció provocado por el rechazo norteamericano de mantener la cuota azucarera para su mercado, hecho público en julio de 1960. El conflicto alcanzó su punto culminante en enero de 1961, cuando los Estados Unidos decidieron romper las relaciones con Cuba.

Para 1960 ya se habían creado los Comités de Defensa de la Revolución, aparatos de vigilancia integrados por los vecinos de cada cuadra y destinados a un rígido autocontrol de la población.

Los tres primeros años de la revolución transcurrían vertiginosamente. La dinámica de los hechos, todos ellos trascendentales, parecía desplazar la capacidad de asimilación reflexiva de aquella intensa y conflictiva realidad. Desde las filas revolucionarias dos fueron las respuestas a esta calculada política populista y de exacerbación de los sentimientos nacionalistas: una, minoritaria, primero de oposición abierta al rumbo que tomaba el proceso, conspirativa, después; otra, mayoritaria, cuya capacidad de asimilación crítica del proceso quedaba desbordada por aquella sucesión convulsa de aconteceres inéditos.

La primera, la opositora y conspirativa, tuvo sus primeras víctimas entre los que expresaron de manera abierta su oposición en los primeros meses. Fueron los casos de Urrutia, Miró Cardona y Huber Matos. A continuación, Pedro Luis Díaz Lanz, jefe de la Fuerza Aérea Rebelde, escapa a EE. UU. y lanza desde el aire folletos advirtiendo sobre el carácter comunista oculto del proceso. Circunstancia aprovechada para desatar una campaña propagandística sobre supuestas víctimas civiles de estas incursiones aéreas. En uno de los giros hiperbólicos de Castro los vuelos de Díaz Lanz fueron comparados a Pearl Harbor y se culpó a EE. UU. de favorecerlos y encubrirlos. El 26 de octubre del 59, en una gigantesca concentración se oyeron por primera vez las consignas de "¡Paredón! ¡Paredón!" en calculada respuesta a la alocución provocadora de Castro. Sin embargo, el mayor peligro para Castro provino del sector democrático dentro de su propio movimiento. Pronto se sucedieron las siglas de los grupos enfrentados a la revolución: el MRR (Movimiento de Rescate Revolucionario), el MRP (Movimiento Revolucionario del Pueblo), el FRD (Frente Revolucionario Democrático) y el M-30-N (Movimiento 30 de Noviembre). A ellos se incorporaron figuras destacadas de la revolución y de la lucha contra Batista. Fueron los casos de los ex ministros de Obras Públicas y de Agricultura, Manuel Ray y Humberto Sorí Marín, ambos de tendencia socialdemócrata, el sindicalista David Salvador, el político Aureliano Sánchez Arango, los periodistas Luis Conte Agüero y José Pardo Llada, el democristiano José Ignacio Rasco, el dirigente universitario Pedro Luis Boitel, entre otros. Todos ellos forzados a un precipitado exilio o condenados a largos años de prisión en medio de una agresiva campaña de descrédito personal y acusaciones de presuntas colaboraciones con el gobierno norteamericano.

Entre 1960 y 1961 se produjeron alzamientos en la Sierra del Escambray, integrados por ex combatientes de la revolución y otros componentes de distintas filiaciones. Diezmados en una lucha feroz, fueron, además, desacreditados en una campaña que llevó por nombre "la lucha contra bandidos". Como resultado de la campaña del Escambray, miles de campesinos de la zona, que prestaron su ayuda a los rebeldes o que se mostraron indiferentes en la lucha, fueron forzados a trasladarse a Pinar del Río para limpiar la zona de cualquier desagradable sorpresa futura.

Por otra parte, la mayoría de la población era alimentada con un eficaz recurso procedente del reservorio ideológico de la nación, un profundo sentimiento antiimperialista que vinculado a la torpe política del presidente Eisenhower –quien confundiera a Castro con un caudillo latinoamericano al uso–, se declaraba heredera de la humillante interferencia norteamericana en la guerra del 98, de la imposición de la Enmienda Platt, de la injerencia de los procónsules norteamericanos de las primeras décadas, de las frustraciones de la revolución del 33, de la ayuda aportada por EE. UU. al régimen de Batista hasta pocos meses antes de su caída.

Sin embargo, de manera paradójica, la influencia norteamericana en Cuba era apreciable en todas las instancias de la vida cotidiana, tanto en sus aspectos económicos como sociales. De hecho Cuba se encontraba en 1959 entre los tres países más avanzados de América. Se cumplía así una peculiar y contradictoria relación estructural entre ambas naciones que, por una parte, favorecía el progreso económico, material, tecnológico y científico de la isla y que, por otra, desfiguraba los perfiles de la propia soberanía cubana. O sea que si bien la mayoría de la población cubana se identificaba por la memoria acumulada con un sentimiento antiimperialista, sin embargo, por el bienestar material que le producían sus estrechas relaciones con EE. UU. y el amplio consumo de sus productos culturales, no se sentía antinorteamericana, salvo el minoritario sector de militancia comunista.

Con esta perspectiva no resulta extraordinario que la mayoría del pueblo cubano asumiese la confrontación económica-política con los Estados Unidos como un tardío ajuste de cuentas que la nacionalidad cubana necesitaba para alcanzar su propia identidad. Ámbito éste, el ético-político, al que posteriormente se añadieron la amenaza militar y el embargo económico, circunstancias éstas que los dirigentes cubanos han sabido mantener encendidas con el evidente propósito de alinear en su favor a amplios sectores de la población, depositando en EE. UU. la culpa de sus fracasos, aun cuando, al menos desde 1970, se hizo patente que la responsabilidad primera de esos fracasos se debían a la ineficaz gestión del régimen y a su aislamiento de las corrientes dominantes en el escenario mundial.

A la supresión de la cuota azucarera en el mercado norteamericano siguió la sorpresa de que los recién adquiridos amigos de la Unión Soviética se hacían cargo de la misma, al tiempo que se firmaba en La Habana un generoso convenio de intercambio comercial, que habría de ser seguido por los que se firmarían con las repúblicas socialistas de Europa Oriental y con la República Popular China. Convenios contra natura que precipitaban la economía cubana hacia mercados distantes y desconocidos, y del que provendría una tecnología muy por debajo de los niveles alcanzados en el 58, al tiempo que se comenzaba a repetir el esquema de dependencia económica de un único mercado que tan funestas consecuencias había provocado en la pasada vida republicana.

Es el período en el que el Che Guevara, después de una gestión desastrosa en el Banco Nacional, primero desde la Dirección de Industria del INRA y desde 1961 como ministro del ramo, encabeza una funesta política de industrialización forzada y de rechazo al azúcar como centro motor de la economía cubana.

Pero Castro, además de la cobertura económica soviética, necesitaba el amparo de una ideología cohesionadora que justificase su vocación totalitaria, además de requerir de la eficacia del Partido Socialista Popular para consolidar una férrea estructuración del país. Sin embargo, el acceso de Castro al comunismo no puede ser restringido a las siguientes simplificaciones que se han hecho: una, separar el castrismo del movimiento comunista internacional; y otra la de reducirlo a una identidad absoluta con dicho movimiento. No puede afirmarse que Castro no fuera comunista entonces porque era "castrista", pues sería igual que afirmar que Mao Tse-tung no podía serlo porque era "maoísta" o que Tito no podía serlo porque fuera "titoísta". La realidad es que Castro representó una tendencia singular dentro del comunismo internacional. En primer lugar la fuente de autoridad del castrismo, durante el período revolucionario, es el propio Castro, y no proviene vicariamente de un poder externo. En segundo lugar, el castrismo fue la única experiencia del comunismo internacional que llegó al movimiento desde fuera, y que no creció orgánicamente dentro del mismo. Castro necesitaba al comunismo para que le diera una doctrina, un sistema económico y social, y ayuda material, pero estaba convencido de que el comunismo mundial lo necesitaba en el exterior para lograr su expansión en América Latina, al tiempo que procurará durante varios años mantener una posición autónoma dentro del movimiento comunista internacional.

No es de extrañar, pues, que desde los comienzos del proceso revolucionario el núcleo duro de sus dirigentes se preocupara por provocar una transformación profunda de la conciencia nacional. El cambio que lenta y gradualmente se produce en la conciencia de la mayor parte de la población no fue espontáneo, sino que surge como resultado de la obsesión primera de algunos de sus dirigentes, fundamentalmente el propio Castro y el Che Guevara. Desde el año 59, Castro comienza a insistir en esta idea y en 1961 Guevara profundiza y explicita su concepción al respecto. Para ellos no es suficiente la apropiación de los medios de producción y de las instituciones del Estado si éstas no iban acompañadas de la forja de una conciencia revolucionaria. Era el germen de la concepción del "hombre nuevo". Para lograr estos objetivos, la revolución necesitaba apoderarse de la totalidad de los medios formativos de la sociedad: la escuela, la prensa, los medios radiofónicos y televisivos, los sindicatos... La educación ideológica debía disponer de todos los recursos para un sólo y único propósito.

Así, a la campaña de alfabetización de 1961 siguió la nacionalización de la escuela privada y la expulsión del país de las órdenes religiosas que, en gran medida, las atendían. Con ello se ponía fin a una enseñanza pluralista y el Estado se reservaba para sí la formación de las nuevas generaciones.

Por otra parte, el mismo golpe servía para detener el empuje de la Iglesia Católica que desde 1960 había asumido una actitud crítica ante la progresiva radicalización del proceso. Sus programas de radio y televisión ya habían sido suprimidos en 1960. Gran parte del clero era de origen español, formado en la intransigencia franquista y una rígida ortodoxia, lo que favoreció que en su momento algunas de sus posiciones no encontrasen eco entre la mayoría de una población que tampoco se caracterizaba por una acendrada fe católica. Silenciando a la Iglesia, denostando a sus sectores democráticos bajo el amparo de la persecución a los elementos más reaccionarios, el régimen eliminaba una indeseada competencia ideológica. La estrategia no fue la de aplastar la Iglesia, sino más bien la de aislarla y reducirla al silencio.

El proceso de desmembramiento del antiguo orden también llegó a la universidad, cuya autonomía era una antigua conquista del país. La primera violación se produjo en 1959 cuando Castro se inmiscuyó personalmente en las elecciones a los cargos directivos de la Federación de Estudiantes Universitarios (FEU) para favorecer la candidatura del comandante Rolando Cubela en desfavor del candidato católico Pedro Luis Boitel. Poco después Boitel fue enviado a prisión, donde murió en 1972 a consecuencias de una huelga de hambre. Con el tiempo, Cubela se vería envuelto en una conspiración para asesinar a Castro. Después de estar encarcelado marcharía al exilio. Mientras, la nueva directiva estudiantil llevó a cabo una depuración de profesores que afectaría a la casi totalidad de su claustro. En diciembre del 60 se anuló la autonomía universitaria y se creó el Consejo Superior de Universidades, dependiente del Ministerio de Educación, y a cuyo frente se situó a Juan Marinello, intelectual militante del viejo partido comunista.

Los sindicatos tampoco escaparon de la meticulosa mediatización que la estrategia revolucionaria reclamaba. Cuando en mayo de 1959 los dirigentes electos de las federaciones que integraban la Confederación de Trabajadores de Cuba (CTC) resultaron elementos afines a la revolución, pero enconadamente anticomunistas, Castro entendió que esto era un obstáculo para la radicalización del movimiento obrero. Por ello hizo convocar el X Congreso de la CTC en noviembre de 1959. De los tres mil delegados, sólo 260 eran comunistas. A pesar de la intervención personal de Castro para violentar el resultado de las elecciones, el Comité Ejecutivo resultante prácticamente excluyó a los comunistas. Castro reservó su próxima jugada para los primeros meses de 1960, cuando convocó a una nueva asamblea que, de hecho, se convirtió en una verdadera purga de los dirigentes anteriormente electos, considerados ahora como traidores al movimiento obrero. Su secretario general, David Salvador, debió pasar a la clandestinidad. Para reemplazarlos se designó una nueva ejecutiva, a cuyo frente se impuso al sindicalista comunista Lázaro Peña. Una de las primeras decisiones de esta nueva directiva fue la renuncia al derecho de huelga de los trabajadores.

En cuanto a la prensa, desde mediados del mes de agosto de 1959 comienzan a surgir los primeros tropiezos, pues si bien durante los primeros meses del régimen revolucionario todas las voluntades parecen estar acordes, a pesar de las críticas desde algunos medios a los fusilamientos indiscriminados, a medida que el proceso se radicaliza y asume nuevas y cada vez más discutibles medidas económicas que ponen en riesgo la estabilidad del país, el régimen se muestra más intransigente ante cualquier tipo de crítica. Cuando la prensa quiso enfrentarse al rumbo que dictaba la alta cúpula del poder, aparecieron, a partir de octubre de 1959, las célebres "coletillas", verdaderos comentarios contraeditoriales que los trabajadores del sector gráfico, aparentemente de manera espontánea, imponían a cada artículo, editorial o pie de foto dispuesto por la redacción del periódico. El conflicto estaba servido y para finales de 1960 ya habían desaparecido todos los órganos de prensa que no estuvieran directamente al servicio del nuevo poder.

Todo había comenzado en los primeros días de 1959 con la estatalización de los órganos de prensa directamente vinculados a la dictadura de Batista. A ello siguió el enfrentamiento directo con figuras independientes del periodismo, como Sergio Carbó, Carlos Castañeda, Gastón Baquero y Agustín Tamargo, entre otros. Ya en 1960 los directores de la prensa independiente, de la radio y de la televisión se ven forzados al exilio. En julio del mismo año le tocó su turno a la prestigiosa revista *Bohemia*, que durante la etapa insurgente sirvió de soporte a la consolidación de la mística heroica de Castro y hasta entonces al servicio de la revolución. *Bohemia*, con una circulación de 250.000 ejemplares, era el semanario más influyente de la lengua. Su director, Miguel Ángel Quevedo, amigo personal de Castro durante años, debió marchar al exilio. Junto a ella cayó la revista *Carteles*, la segunda en importancia en el país. En enero de 1961 se clausura la revista católica *La Quincena* y se deja el camino despejado para la instauración de lo que el propio Castro llamó "el surgimiento de una prensa positiva y constructiva". Como buque insignia de la nueva relación de dependencia entre la prensa y el poder quedaba el periódico *Revolución*, cabecera que fuera del órgano fundado por Carlos Franqui para los guerrilleros de la Sierra Maestra. Bajo su amparo apareció el suplemento cultural *Lunes de Revolución*, cuya dirección fue encargada al joven periodista y crítico de cine, Guillermo Cabrera Infante.

Desde *Lunes de Revolución* habría de surgir el primer encontronazo entre la revolución y los intelectuales. Durante sus tres primeros años la dirigencia revolucionaria había estimulado la multiplicación de las manifestaciones culturales. Se creó un poderoso movimiento teatral y cinematográfico, se multiplicaron las ediciones de los libros de autores nacionales y extranjeros. Los intelectuales jóvenes, en su mayoría cercanos a la revolución, disfrutaban del amparo de un régimen que los dejaba hacer sin mayores exigencias a cambio. Sin embargo, en 1961, el enfrentamiento de criterios revolucionarios entre el sector más liberal y menos ideológico de *Lunes de Revolución* con los dirigentes culturales comunistas del ICAIC, Alfredo Guevara y Santiago Alvarez; del Consejo Nacional de Cultura, Vicentina Antuña, Edith García Buchaca; y desde las páginas culturales del periódico comunista *Hoy*, se recrudeció peligrosamente. La excusa para poner fin al conflicto fue la prohibición por parte del ICAIC de la exhibición de un cortometraje, *PM*, una muestra de *free cinema* que ponía en pantalla la forma espontánea en que se divertían las clases populares en La Habana nocturna. Acusado el filme de licencioso y obsceno –esa preocupación moral bajo la que suelen esconderse los comisarios–, los comunistas lo tacharon de ofrecer una imagen negativa del sano pueblo trabajador.

Para dirimir el conflicto Castro citó a los intelectuales más renombrados en la Biblioteca Nacional, y allí, durante varias sesiones, fijó la nueva política cultural del proceso, que se resumía en una oscura y amenazadora consigna: "Dentro de la revolución, todo; fuera de la revolución, nada". Después de clausurar *Lunes de Revolución* se decidió la fundación de la Unión de Escritores y Artistas (UNEAC), y como presidente de la misma se designó a Nicolás Guillén. Con ello quedaron bajo control los intelectuales durante el proceso revolucionario. Diez años después, finalizado el período revolucionario e instaurado el régimen totalitario, en 1971 la crispación con los intelectuales llegaría a su punto culminante cuando el poeta Heberto Padilla fue detenido y forzado a una grotesca autoinculpación, remembranza de los procesos de Moscú de los años treinta. En el mismo año, la política cultural habría de sufrir una nueva vuelta de tuerca con la celebración del Primer Congreso Nacional de Educación y Cultura. En su discurso de clausura Castro dejó establecidos los nuevos principios que habrían de substituir su anterior mensaje a los intelectuales. Su primera consigna resume con bastante eficacia las restantes: "El arte es un arma de la revolución".

El 15 de abril de 1961 los aeropuertos militares de La Habana y de Santiago de Cuba fueron atacados por una inesperada incursión aérea. Al día siguiente, durante los funerales de las víctimas, Castro, taumaturgo siempre, aprovecha el clímax emocional que la ocasión propiciaba para declarar el carácter socialista de una revolución que hasta entonces y por sus propias declaraciones se había definido como nacionalista, humanista y ajena a los intereses de bloques. En este sentido vale subrayar el carácter herético del comunismo cubano que en su desarrollo violaba algunas de las normas fundamentales trazadas por Lenin. En primer lugar, la revolución comunista se reconocía como tal sin haber estado dirigida por un "partido guía", entendido ortodoxamente como la vanguardia de la revolución proletaria, lo que venía a darle a la cubana un sello de espontaneísmo poco grato a las unívocas interpretaciones marxistas-leninistas. Otra herejía de los cubanos fue el quebrantamiento del catecismo comunista en cuanto al "camino al poder", que considera la violencia revolucionaria como la última y no la primera etapa de la lucha revolucionaria. Según la tradición debían ser las condiciones objetivas las que aceleraran el fermento revolucionario, y no a la inversa. Pero la realidad cubana era distinta y Castro supo adecuarse a ellas. La saludable economía cubana de los años 50 correspondía a un país de desarrollo desigual, con una extensa clase media y grandes bolsones de miseria localizados principalmente en las zonas rurales más alejadas, con una sociedad civil activa y vital, pero fracturada por una clase política que no estaba a la altura del país. Engrosando su heterodoxia, Castro, de nuevo invirtiendo el orden de los manuales revolucionarios, antes de poner la etiqueta adecuada a su revolución, había culminado el proceso de nacionalización de los medios de producción, de las finanzas, de los órganos de prensa y de la educación. Aquéllo sólo precisaba un nombre, y él se lo dio en el momento adecuado a su estrategia.

Al bombardeo de los aeropuertos siguió una invasión planeada desde los Estados Unidos. La expedición, desembarcada en Playa Girón, en la bahía de Cochinos, fue derrotada en pocas horas de enconado combate. Decenas de miles de potenciales enemigos fueron detenidos durante esos días; si bien, todavía, la mayor parte de la población prestaba su entusiasmo al proceso revolucionario.

Si Castro era o no comunista antes de llegar al poder es algo en lo que los analistas no se han puesto de acuerdo. La realidad fue que desde los primeros meses de 1959, quizá necesitado de establecer una rígida estructura de poder y de apropiarse de una doctrina que legitimase su voluntad autocrática, permitió y alentó la presencia masiva de los antiguos comunistas dentro del proceso. Es probable que pensase que en el campo socialista podría encontrar la ayuda para la realización de sus sueños de redención social y para poner en marcha sus ideales mesiánicos, que pronto desbordarían sus propias fronteras.

Pero Castro no resultó a los soviéticos –como tampoco a los norteamericanos– un peón de fácil manejo. En octubre de 1961 Castro fundó una peculiar institución, las Organizaciones Revolucionarias Integradas, un organismo donde se fundieron todas las organizaciones revolucionarias de la insurgencia, incluido el Partido Socialista Popular, que no lo fue. Era el primer paso para borrar la identidad de cada una de ellas. Al frente de la misma situó a Aníbal Escalante, un viejo comunista. Desde las ORI, los comunistas históricos se creyeron dueños de la situación y los intermediarios en las relaciones con la Unión Soviética. En este contexto Carlos Rafael Rodríguez, un comunista histórico de marcada tendencia fidelista, fue nombrado presidente del todopoderoso INRA –la agencia gubernamental más abarcadora de estos años, que a fines de 1960 controlaba más de la mitad del tejido industrial y a comienzos de 1961 casi sus tres cuartas partes.

En 1962 –el mismo año en que se implantó la cartilla de racionamiento con carácter provisional, pero que habría de perpetuarse– Castro se enfrentó a lo que llamó "ambiciones sectarias" del antiguo aparato comunista, depuso a Escalante y despojó a sus camaradas de su creciente influencia en las Fuerzas Armadas y otros organismos del Estado. Sólo sobrevivieron los que de manera ostensible hicieron profesión de fe castrista, entre ellos Carlos Rafel Rodríguez. Castro fijaba las reglas del juego. El se instalaba en los principios del marxismo-leninismo, él pactaría la ayuda soviética y atendería a los consejeros soviéticos que le enviaban. Quedaba sentado que el líder indiscutible era él, y que no estaba dispuesto a compartir esa posición con nadie. Pragmáticos, los soviéticos encajaron la maniobra de Castro y en mayo de 1962 firmaron un convenio comercial ventajoso para los cubanos.

Las ORI fueron sustituidas por el Partido Unificado de la Revolución Socialista (PURS), ensayo previo a la fundación del Partido Comunista en 1965.

Frente al avance de la influencia china en el tercer mundo, los soviéticos se congratulaban de tener de su parte al díscolo, pero útil Fidel Castro. Eran los tiempos exultantes de Jrushov, del Sputnik y de la esperanzadora recuperación económica de la Unión Soviética. Disponer de una avanzada comunista a 90 millas de EE. UU. era una ventaja que no podía regatear coste alguno. Así se llegaron a instalar en la isla cohetes de mediano y largo alcance.

La situación creada desembocó en la Crisis de Octubre de 1962, resuelta con el Pacto Kennedy-Jrushov, del que Castro fue excluido y su orgullo peligrosamente herido. Entre 1963 y 1968 –caída de Jrushov y ascenso de Bréznev– las relaciones soviético-cubanas pasan por su peor momento. Y aunque los soviéticos mantuvieron los niveles de ayuda económica, Castro respondió con una política internacional en abierta contradicción con los intereses de Moscú: dedica todos sus esfuerzos y enormes recursos al desarrollo continental de la guerrilla. La disputa chino-soviética estaba en su máximo grado y Castro, junto al Che Guevara, opta por las tesis chinas. Se desarrolla la teoría del foquismo, expuesta por Régis Debray, otra herejía del leninismo ortodoxo. Castro, recordando su experiencia, predicaba que la vanguardia de la lucha revolucionaria no tenía necesariamente que ser el partido comunista. Principio éste que provoca una grave confrontación con los partidos comunistas latinoamericanos. En 1967 La Habana es sede de la Conferencia Tricontinental, centro del radicalismo más belicoso y heterodoxo.

En enero de 1968 Castro recibe una severa advertencia de la URSS al comunicársele que no podrían hacer frente al incremento de la cuota de petróleo esperada. Era la época de Bréznev, gobernante pragmático y de mano dura –lejos los tiempos condescendiente de Jrushov– dispuesto a imponer al derrochador e indócil gobernante cubano algunas lecciones de economía política. La severidad de Bréznev y el fracaso de la guerrilla, muerto el Che en Bolivia, unido al desastre de la producción nacional señalaron a Castro la necesidad de imponerse un replanteamiento político y económico del régimen.

Después de atravesar por distintos sistemas alternativos en la búsqueda de una eficacia productiva, tales como el fomento de los estímulos morales, regreso a los incentivos materiales, nuevo énfasis en las tesis guevaristas de los estímulos morales, desarrollo de una política económica antiazucarera y fracaso de los planes de diversificación agrícola, descuido de las normas de producción, derroche de energía y costes desmedidos del sistema de trabajo voluntario, aumento de la militarización laboral mediante brigadas especiales, después de todo ello la productividad continuaba bajando. La revista oficial cubana, *Bohemia*, llegó a afirmar que el obrero cubano malgastaba entre un cuarto y medio día de trabajo y René Dummont confirmó que en las granjas agrícolas se trabajaba 3 o 4 horas mientras se cobraba por 8. Así las cosas, el entusiasmo generalizado disminuía. La reducción de la producción generó un aumento del racionamiento. Para empeorar la situación, el 13 de marzo de 1968 Castro anunció la Gran Ofensiva Revolucionaria que se saldó con la nacionalización de todo tipo de comercio y de servicios privados. Por otra parte, las sucesivas reformas agrarias –dos– terminaron por concentrar la mayor parte de la tierra en manos del Estado, desposeyendo al pequeño campesino de la propiedad de la tierra al forzarlo a integrarse en cooperativas y granjas estatales. Como toda sociedad autoritaria, se perfeccionó un poderoso aparato represivo, heredero de las más sofisticadas técnicas provenientes de la Europa del Este. El éxodo se multiplicó y no dejó de incrementarse. Sólo que ahora no se exiliaban cómplices de la dictadura batistiana, financieros ni ricos empresarios, ni siquiera la clase media que ya había comenzado su exilio masivo. Ahora era el pueblo llano, los que habían permanecido en el país ilusionados y entusiastas, y que se sentían defraudados.

Ante este escenario, el pragmatismo de Castro se impuso y recomenzó un creciente y definitivo acercamiento a la URSS, no sin antes, febrero de 1968, acudir a un gesto dramático que asegurase a los soviéticos que en esta nueva fase él continuaría siendo el dirigente e interlocutor indiscutible. Se trata del proceso a la "microfracción", en la que Castro, de nuevo, carga contra algunos de los viejos comunistas acusados esta vez de criticar a Castro, de haberlo señalado como un dictador ajeno a las enseñanzas del marxismo-leninismo y de conducir la economía cubana al desastre. Argumentos éstos en los que la historia habría de darles la razón. Aníbal Escalante fue nuevamente la cabeza de turco.

Una vez hecha la catarsis, en agosto de 1968 un nuevo Castro aparece en los televisores cubanos. Esta vez para justificar la invasión soviética a la Checoslovaquia que en la Primavera de Praga había anunciado un socialismo con rostro humano, y que era visto con simpatía por grandes sectores de los revolucionarios cubanos. Desaparecido el incómodo Che

Guevara, reconocido antisoviético y que se atreviera a denunciar en Argel (1965) la falta de solidaridad de la URSS con los movimientos de liberación nacional, Castro podía iniciar un período de dependencia explícita entre Cuba y la URSS. La ya decisiva influencia soviética impone a Castro una serie de cambios radicales y con la grisura retórica del lenguaje oficialista soviético Castro proclama la amistad imperturbable entre Cuba y la URSS. Con la domesticación de Castro termina la etapa revolucionaria del proceso. La revolución ha muerto y su lugar lo ocupará un régimen totalitario monolítico, monótono y sin relieve distintivo alguno.

Uno de los últimos gestos del voluntarismo económico de Castro fue el reto lanzado para alcanzar una zafra de 10 millones de toneladas en 1970. Después de movilizar a la población productiva y de emplear la mayor parte de los recursos del país, el despropósito condujo a un sonado fracaso. Con una producción de 8.5 millones de toneladas quedaba lejano el sueño de elevar al doble la producción de azúcar en la década del 70. El fiasco del Plan Azucarero hizo fracasar tanto la estrategia de desarrollo como el modelo de organización aplicados a la segunda mitad de los 60.

En un esfuerzo por tratar de detener el caos los soviéticos exigieron del régimen una rápida institucionalización. Para ello el régimen se dotó de una Constitución aprobada en referéndum por la mágica cifra del 95% de la población en 1976. No obstante la voluntad de imponerse un marco constitucional, el carácter autocrático de Castro quedó reflejado no tanto en las instituciones generadas por el texto constitucional, como por las funciones de las que quedó dotado.

La Constitución socialista debió aprobarse en el I Congreso del Partido Comunista que fue postergado desde 1966 hasta 1975. Esta Constitución fue elaborada sobre el modelo soviético establecido por Stalin en 1936. Un analista cubano ha comprobado que el 32% del articulado proviene del texto soviético; un 36 % de la Constitución cubana de 1940; un 18% de ambas, con predominio de la soviética; y un 13% es innovador. En el preámbulo de la Constitución, hasta fecha reciente, se mencionaba por su nombre a la URSS, quizá el único caso en que un país aparece en la carta magna de otro.

Castro se reservó los órganos supremos del poder estatal establecidos por la Constitución. Así es el presidente del Consejo de Estado y como tal le corresponde la jefatura de las fuerzas armadas. Las facultades del presidente del Consejo de Estado son prácticamente omnímodas: puede asumir la dirección de cualquier organismo central del Estado, al tiempo que fiscaliza el sistema judicial y el trabajo de los Órganos del Poder Popular.

Castro preside el Consejo de Ministros, el principal órgano ejecutivo y administrativo del país. Como por su dimensión –43 organismos de la administración estatal– el Consejo de Ministros resulta un aparato poco dinámico, para solventar las cuestiones urgentes, la Constitución prevé un Comité Ejecutivo del Consejo de Ministros, presidido por Castro.

Y Castro es el Secretario General del Partido Comunista de Cuba, para el que se reserva todo el poder político.

Desde los tiempos de Stalin nunca antes se había visto en los países del Este una concentración mayor de poder. Una concentración agravada por la circunstancia de que Raúl Castro es el segundo en jerarquía en cada uno de los órganos mencionados.

Para 1976 se consideraba que la ayuda anual de la URSS a Cuba oscilaba en créditos por 4 mil millones de dólares, a la que habría que añadir los beneficios que arrojaban los precios subsidiados del azúcar y el níquel, más los precios también subsidiados del petróleo que Cuba importaba y del que reservaba una parte para el consumo y otra para revender en el mercado exterior, y el equipo militar no reembolsable, cerca de 1.500 millones de dólares en la década del 60 al 70. A esta ayuda habría que añadir los casi 300 millones de dólares en créditos de los países occidentales en los 70. Pero antes, en la década anterior, Cuba pudo disponer de créditos en el mercado occidental por cerca de cuatro mil millones de dólares, provenientes de países como Argentina, España, Gran Bretaña, Suecia, Japón, Francia y Canadá, entre otros.

Ningún otro país latinoamericano recibió un impulso tan fuerte para su recuperación económica. Y, efectivamente, entre 1971 y 1975, el país pudo mostrar una importante regeneración económica, resultado en parte, de los siguientes factores, la mayor parte de ellos gracias a la supervisión soviética:

– Una organización económica más eficiente y mayor racionalidad en la gestión productiva.
– Utilización más eficaz de las inversiones.
– Predominio de la conciencia económica sobre la política.
– Énfasis en el entrenamiento gerencial.

- Alza de los precios del azúcar.
- Postergación del pago de la deuda a la URSS y apertura de nuevos créditos.
- Flujo de créditos de las economías de mercado.

Si bien la producción industrial creció entre los años 71 y 75, la producción agrícola no sobrepasó los índices prerrevolucionarios, debido a la estatalización del 80% de la tierra cultivable y al incremento de las áreas agrícolas dedicadas a la caña de azúcar (1.600.000 ha. en 1952 frente a 1.800.000 ha. en 1984).

Ahora bien, cuando Castro quiso poner a prueba un plan de mercado libre campesino se encontró con que las ciudades se vieron abastecidas de los alimentos básicos. Su reacción fue de soberbia y decretó su disolución, razonando que los campesinos se enriquecían rápidamente y de manera excesiva, alimentando en ellos ansias burguesas y capitalistas.

A partir de 1976 el país comienza a dar muestras de una desaceleración económica debida a las siguientes incidencias:

- Caída de los precios del azúcar.
- Las plagas que azotaron los dos cultivos de mayor importancia industrial: el azúcar y el tabaco.
- Reducción drástica del flujo de créditos provenientes de las economías de mercado como resultado de la dilación cubana en el pago de los anteriores.
- Fallos en la gestión administrativa que debía implantar el Sistema de Dirección y Planificación de la Economía.
- Alto coste de la intervención en Africa (Argelia, Etiopía, Angola, Namibia y otros países, donde la tropa cubana llegó a los 60.000 soldados).

En la década del 80 se sucede una serie de acontecimientos que traerían consecuencias irreversibles para el régimen. En abril, y en menos de 48 horas, alrededor de once mil personas penetraron en la embajada del Perú en La Habana. Para amainar el escándalo internacional el régimen habilitó el puerto del Mariel y permitió que los exiliados recogiesen a sus familiares en Cuba. Durante este éxodo salieron del país cerca de 125.000 personas y la cifra de los que solicitaron permiso para abandonar la isla llegó a los dos millones. Lo significativo de este nuevo flujo migratorio fue su composición social, integrada por ciudadanos en su mayoría entre 18 y 35 años, procedente de la clase trabajadora, con un número sustancial de negros y mestizos. También resultó significativa la cifra proporcional de jóvenes escritores y artistas. No menos sorprendente resultó el número de cuadros políticos, así como de disidentes de izquierda que no renunciaban a su ideación del país, profundamente impregnada de una conciencia social, pero también profundamente frustrados por la realidad del Estado totalitario cubano. El régimen, en su afán por desacreditar el golpe moral del Mariel, pretendió confundir a la opinión pública internacional mezclando entre los emigrantes a presos comunes, enfermos mentales y marginales de todo tipo. Por primera vez el régimen lleva la violencia represiva a las calles y se dan casos de verdaderos linchamientos públicos. En este contexto habría de producirse el suicidio de Haydée Santamaría, una de las figuras emblemáticas del proceso. El esfuerzo propagandístico sobre la "escoria" fue inútil, y este flujo migratorio terminó por asentarse en el exilio con el reconocimiento general.

La crisis económica, irrecuperable ya, condujo a la dirigencia a tomar nuevas medidas desesperadas. Entre ellas a la reimplantación de los incentivos materiales en detrimento de los morales; se experimenta con una leve permisividad de trabajadores autónomos, si bien rápidamente controlada; y se llega a la autorización de inversiones extranjeras siguiendo el modelo de las "joint ventures" o empresas mixtas.

Como era habitual en el régimen, en épocas de crisis se incrementa la militarización y ahora se crean las Milicias de Tropas Territoriales, al tiempo que se busca un alivio a la tensión interior con la tolerancia a la emigración. En 1981 Carlos Rafael Rodríguez se entrevista en México con Alexander Haig para prefigurar un acuerdo de emigración de cubanos que habría de consolidarse por breve tiempo en 1984.

En 1983 el régimen sufre una desastrosa derrota en su estrategia de expansión de influencias en el Caribe. Se trata de la invasión norteamericana de la isla de Granada y la práctica la rendición de la tropa cubana asentada en la isla.

Sucesivamente, el II y el III Congreso del Partido Comunista cubano insisten en posiciones extremas de carácter numantino, sin dejar entrever la menor fisura con respecto a cambios liberalizadores.

Por su parte el exilio cambia de estrategia y con la creación de la Fundación Nacional Cubano Americana (1981) se da por terminada la etapa de buscar amparo bajo distintas agencias norteamericanas, para dar paso a la creación de un poderoso grupo de presión cuyo objetivo era influir de manera directa en la administración de EE. UU. con respecto a la política cubana. Resultado de su acción fue la salida al aire de Radio y Tele Martí y la aprobación de dos controversiales leyes: la Torricelli y la Helms-Burton, ambas relativas al embargo norteamericano al régimen cubano.

Entretanto, desde la Unión Soviética comienzan a llegar signos alarmantes. Mientras Bréznev, Andropov y Chernenko gobernaron la URSS debieron enfrentarse a la línea dura preconizada por los dos períodos presidenciales de Ronald Reagan. En el curso de esta guerra fría, Cuba representaba un favorable papel de avanzadilla comunista a 90 millas de EE. UU. y desempeñaba las tareas ingratas que ni los soviéticos ni sus aliados deseaban desempeñar. Castro es el complaciente ejecutor de las campañas de Africa y del Medio Oriente, y siempre se podía contar con sus puertos para bases de submarinos atómicos soviéticos.

A partir de 1985 asume el gobierno de la URSS Mijail Gorbachov, quien con 54 años resultaba más joven que el ya fatigado Castro. Con sus aires de novedad, Gorbachov pronto haría evidente la diferencia generacional. En 1987 con la implantación de las reformas de Gorbachov, la *perestroika* y la *glasnost*, comienza el principio del fin de una carrera armamentista que los soviéticos no podían soportar. Se avizora una flexibilidad inusual en la política nacional soviética, que asume una nueva posición ante los derechos humanos, al tiempo que favorece un acercamiento a Occidente con el propósito de incrementar el comercio y adquirir tecnología avanzada.

A partir de la configuración de esta nueva estrategia soviética, Castro comienza a ser prescindible, y, aún más, a convertirse en un estorbo.

A Castro le llegaron los aires renovadores del Moskova, pero no se identificó con ellos. Era comprensible desde su óptica. La tarea resultaba más cómoda para el pragmático Gorbachov. El podía mirar tranquilamente hacia atrás y señalar culpables, responsables por el fracaso y las frustraciones de la vida soviética. Allí estaban Stalin, Jrushov, Bréznev, Andropov y Chernenko para depositar en ellos los errores históricos. Castro no poseía esa coartada. Durante tres década había sido el único legislador y ejecutor de los sucesivos fracasos económicos del régimen. Aceptar los aires de la perestroika, significaba para Castro reconocer un juicio crítico de la historia y a ello se resistió su voluntad autocrática y mesiánica.

A partir de la caída del bloque soviético, Castro ha quedado reducido a un selecto club al que únicamente pertenecen Corea del Norte y Cuba, pues la lenta, pero continuada reforma china se aleja de la tozudez castrista.

En este contexto (1986) Castro inaugura el Proceso de Rectificación de Errores y Tendencias Negativas, que no es más que un regreso a la ortodoxia, reducción de los incentivos materiales y ampliación de los estímulos morales; reintroducción del trabajo voluntario y aparición de brigadas de construcción de corte militar; masivo llamado a la movilización laboral en la agricultura; vuelta a los programas voluntaristas con metas decididas personalmente por Castro; aplicación de técnicas de gestión militar a la producción civil; expulsión del director de la JUCEPLAN, Humberto Pérez, y de los reformistas moderados, acusados de copiar mecánicamente de los países socialistas un modelo no apto para Cuba, y sobre los que recayó la responsabilidad del fracaso.

Castro actuó con celeridad pues estaba convencido de que la descentralización económica preconizada por los antiguos gestores implicaba una delegación del poder político, algo a lo que se resistía; al tiempo que entendía que el incremento de los incentivos materiales y la corrupción desatada habrían producido un debilitamiento en el esquema ideológico del régimen. Su rechazo a cualquier tipo de cambios o de reformas en profundidad habría de hacerse público en enero de 1989 cuando sustituye la fórmula ritual del cierre de sus discursos, "Patria o muerte", por un empecinado "Marxismo-leninismo o muerte".

Pero el panorama interior se movía también por otros rumbos. A la deserción del general Rafael del Pino en 1987, seguirá, en 1989, el proceso al también general Arnaldo Ochoa, veterano de la lucha guerrillera en América Latina y vencedor de las principales campañas africanas, así como a varios de sus colaboradores. Tras la acusación de tráfico de drogas y de bienes del Estado se ocultaba un conato de complot dirigido contra la resistencia de Castro a iniciar las reformas que los nuevos tiempos exigían. Los fusilamientos del caso Ochoa y las largas condenas fueron calculadas como escarmiento y advertencia de que no se toleraría la menor fisura en el bloque monolítico que Castro representaba. Meses después, el general José Abrantes, ministro del

Interior, fallece en prisión después de ser implicado en la misma trama. Se produce una profunda depuración entre los altos cargos del Ministerio del Interior, reemplazados por oficiales del Ejército cercanos a Raúl Castro.

Al desmantelamiento del llamado comunismo real, Castro habrá de sumar en 1990 la derrota sufrida por los sandinistas. Poco antes les había advertido a los comandantes nicaragüenses que el poder político nunca debe someterse al escrutinio de los votos. Además deberá sufrir ahora la incomodidad que los rusos manifiestan abiertamente sobre una deuda que asciende a los 25.000 millones de dólares. Y todavía en 1991 deberá soportar otro fracaso, esta vez en la propia Unión Soviética donde se frustra el golpe de los comunistas ortodoxos y el surgimiento de una figura aún más intolerable que Gorbachov, Boris Yeltsin.

En el interior las tensiones crecen y se manifiestan con revueltas callejeras de carácter popular que son aplastadas por las Brigadas de Acción Rápida de reciente creación. En 1991, en el curso del IV Congreso del Partido Comunista, Castro se refiere a la democracia como "verdadera basura" y al pluripartidismo como "pluriporquería". El único asomo de cambio en este congreso, celebrado a puertas cerradas, fue el de la invitación a los cristianos para afiliarse al partido, invitación declinada por la Iglesia. El V Congreso mantendría la misma retórica numantina y el desprecio a cualquier tipo de cambio democratizador.

Mientras, la Iglesia Católica preparaba un documento que haría conocer más adelante. Se trata de "El amor todo lo puede", un texto severo en su análisis que serenamente invita al reencuentro de todos los cubanos y a la reconciliación nacional. Callada y lentamente la Iglesia, a medida que el régimen se debilita y crece su descredito, se vuelca en una acción más decidida y abierta. Con discreción vaticana, se convierte de manera moderada en la única expresión de sociedad civil en la isla. La reciente visita del Papa a Cuba habría dejado una huella de la que todavía no podemos extraer todas sus consecuencias.

La quiebra del bloque soviético y la consecuente crisis económica provocaron la adopción de un programa nacional de emergencia, eufemísticamente llamado "Período Especial en Tiempos de Paz", que ha desatado duras medidas de ajuste. Resumo en apretada síntesis el escenario económico que Carmelo Mesa Lago dibuja de la actual realidad económica cubana:

- La producción media de azúcar ha descendido en los 90 debido a la carencia de combustible, piezas de recambio, abono y otras causas.
- La producción de la mayoría de las manufacturas estuvo en 1989 por debajo de los niveles anteriores y la situación se ha agravado en la década actual.
- El fomento de exportaciones no tradicionales como la biotecnología y el turismo tienen buen potencial pero la primera tropieza con considerables obstáculos para penetrar en el mercado mundial, y la segunda sólo incide mínimamente en la economía nacional.
- El volumen de inversión de 1986-1989 fue superior al del anterior quinquenio, pero disminuyó fuertemente en los 90 y la eficiencia del capital ha sido muy baja durante todo el período.
- Los déficits presupuestarios han crecido enormemente debido a los subsidios del Estado a empresas, bienes de consumo y servicios sociales.
- El suministro ruso de petróleo se redujo en un 76% entre 1987 y 1993, y son escasas las posibilidades de que Cuba obtenga fuentes alternativas para cubrir este desfase.
- El desesperado intento del régimen de diversificar sus socios comerciales –con China y las economías de mercado– está seriamente limitado por su continuada dependencia del azúcar, el descenso en producción de otras exportaciones, la ineficiencia interior y el endurecimiento del embargo norteamericano.
- En 1990 la deuda exterior total de Cuba superaba los 37.000 millones de dólares.
- La apertura a la inversión extranjera ha resultado reducida y en su mayor parte está concentrada en un turismo que genera magros ingresos a la economía nacional.
- La crisis económica está deteriorando seriamente los más importantes logros sociales del régimen, alcanzados gracias a los subsidios soviéticos: por una parte la asistencia sanitaria, extendida a toda la isla y con un notable incremento del personal médico y la reducción de los índices de mortalidad infantil, se ve afectada por la escasez de alimentos y medicinas; la seguridad social se muestra también dañada por la devaluación acelerada de los sa-

larios y pensiones; y la educación, también extendida a toda la isla y especialmente mimada por el régimen, muestra signos de deterioro por la falta de recursos.

– El racionamiento se ha ampliado a todos los bienes de consumo y han disminuido las cuotas mensuales de racionamiento, que apenas alcanzan para cubrir las necesidades alimenticias de dos semanas.

– La despenalización del dólar y el trabajo autónomo, aunque severamente controlado, han creado serias desigualdades.

Según Mesa Lago: "Las políticas vigentes no parecen tener capacidad para hacer frente a la crisis, al menos a corto y medio plazo, y la dirigencia revolucionaria no ha logrado diseñar un programa de reforma profunda para hacer frente a la crisis".

Sólo quedaría por añadir que existe un sector creciente de cubanos, dentro y fuera de la isla que, de manera independiente, ha comenzado a reflexionar con rigor y serenidad sobre la crisis actual de la nación cubana y de sus posibles escenarios futuros, pero también a problematizar sus orígenes históricos y la redefinición cultural de la nación desde el siglo XVII. A nuestro entender se trata de un esfuerzo revelador de la voluntad de una nueva sociedad cubana en ciernes dirigida a la reconstrucción de la Nación cubana. Cuarenta años de régimen totalitario han borrado minuciosamente toda huella de sociedad civil, de organismos intermedios entre la nación y sus gobernantes, y la ha sustituido por su propia estructura ortopédica. Durante los años 50 la sociedad cubana se caracterizó por una sólida y activa sociedad civil, si bien defraudada una y otra vez por los políticos. Habrá que recuperar, alentar y poner al día ese tejido en la nueva Cuba; habrá que formar primero una sólida sociedad civil y reintegrarle su papel protagónico. Y una de sus funciones habrá de ser el de la intermediación para limitar el poder de los partidos políticos, al tiempo que idear una Nación moderna, tolerante, integradora, solidaria y democrática. Garantía única para dar fin a los discursos excluyentes y dar paso a una cultura de la diferencia.

BIBLIOGRAFÍA

Domínguez, Jorge, *Cuba: Order and Revolution,* Harvard University Press, 1978.

Draper, Theodor, *Castrismo. Teoría y práctica,* Buenos Aires, Ediciones Marymar, 1965.

García, María Cristina, *Havana. USA. Cuban Exiles and Cuban Americans in South Florida, 1959-1994,* Los Angeles, University of California Press, 1996.

Instituto de Estudios Cubanos, *Razón y pasión. Veinticinco años de estudios cubanos,* Miami, Universal, 1996.

Karol, K. S., *Les guérrilleros au pouvoir,* París, Editions Robert Laffont, 1970.

Mesa Lago, Carmelo, *Breve historia económica de la Cuba socialista,* Madrid, Alianza Editorial, 1994.

Oppenheimer, Andrés, *Castro's Final Hour,* New York, Simon & Schuster, 1992.

Pérez-Stable, Marifeli, *La revolución cubana,* Madrid, Colibrí, 1998.

Serrano, Pío E., "La Habana era una fiesta" en *La Habana. 1952-1961,* editor Jacobo Machover, Madrid, Alianza Editorial, 1995.

Thomas, Hugh, *Historia contemporánea de Cuba,* Barcelona, Grijalbo, 1971.

Timerman, Jacobo, *Un viaje a Cuba,* Barcelona, Tusquets, 1990.

LOS AUTORES

Ricardo Bofill Pagés. Abogado cubano. Ex profesor de la Universidad de la Habana. Fundador y presidente del Comité Cubano pro Derechos Humanos.

Leonel A. de la Cuesta. Profesor universitario cubano en EE. UU. Autor, entre otros, de *Constituciones cubanas. Desde 1812 hasta nuestros días* (New York, 1974).

Leopoldo Fornés Bonavía. Historiador y ensayista cubano. Ha publicado, entre otros, *Historia de América* (Madrid, 1980).

Manuel Moreno Fraginals. Historiador, investigador y profesor universitario cubano. Destacan entre sus obras: *El ingenio: el complejo económico social cubano del azúcar* (La Habana, 1964) y *Cuba/España. España/Cuba* (Madrid, 1995).

José Luis Prieto Benavent. Historiador español. Especialista en historia de España del siglo XIX. Entre sus obras más recientes la edición y estudio preliminar de *Obras Políticas* de Nicomedes Pastor Díaz.

Adolfo Rivero Caro. Abogado cubano. Ex profesor de la Universidad de La Habana. Miembro fundador del Comité Cubano pro Derechos Humanos.

Rafael Rojas. Historiador y ensayista cubano. Ha publicado, entre otros, *El arte de la espera. Notas al margen de la política cubana* (Madrid, 1998).

Javier Rubio García-Mina. Diplomático e historiador español. Su obra más reciente: *La cuestión de Cuba y las relaciones con los Estados Unidos durante el reinado de Alfonso XII* (Madrid, 1995).

Pío E. Serrano. Ensayista cubano. Fue profesor del Departamento de Filosofía de la Universidad de La Habana. Entre otros, ha publicado "La Habana era una fiesta", en *La Habana. 1952-1961* (Madrid, 1995).

José Varela Ortega. Historiador, investigador y profesor universitario. Entre sus obras, sobresalen: *Los amigos políticos* (Madrid, 1977) y *España/México desde una perspectiva comparada: elecciones, alternancia y democracia* (Madrid, 2000).

 ENSAYO

Títulos publicados:

JOSÉ LEZAMA LIMA:
La Habana.

PEDRO AULLÓN DE HARO:
La obra poética de Gil de Biedma.

JEAN PAUL RICHTER:
Introducción a la Estética.

CONSUELO GARCÍA GALLARÍN:
Vocabulario temático de Pío Baroja.

ELENA M. MARTÍNEZ:
Onetti: Estrategias textuales y operaciones del lector.

PEDRO AULLÓN DE HARO:
Teoría del Ensayo.

ANTONIO DEL REY BRIONES:
La novela de Ramón Gómez de la Serna.

MARIANO LÓPEZ LÓPEZ:
El mito en cinco escritores de posguerra.

ANTONIO MARTÍNEZ HERRARTE:
Ana María Fagundo: Texto y contexto de su poesía.

PALOMA LAPUERTA AMIGO:
La poesía de Félix Grande.

CARLOS JAVIER MORALES:
La poética de José Martí y su contexto.

EMILIO E. DE TORRE GRACIA:
Proel (Santander, 1944-1959): revista de poesía/revista de compromiso.

JAVIER MEDINA LÓPEZ:
El español de América y Canarias desde una perspectiva histórica.

KARL C. F. KRAUSE:
Compendio de Estética.

FRIEDRICH SCHILLER:
Sobre Poesía ingenua y Poesía sentimental.

ROSARIO REXACH:
Estudios sobre Gertrudis Gómez de Avellaneda.

GEORG HENRIK VON WRIGHT:
El espacio de la razón. (Ensayos filosóficos.)

JOSÉ MASCARAQUE DÍAZ-MINGO:
Tras las huellas perdidas de lo sagrado.

SEVERO SARDUY:
Cartas.

JOSÉ MANUEL LÓPEZ DE ABIADA Y JULIO PEÑATE RIVERO (EDITS.):
Exito de ventas y calidad literaria. Incursiones en las teorías y prácticas del best-séller.

WALTHER L. BERNECKER, JOSÉ M. LÓPEZ DE ABIADA Y GUSTAV SIEBENMANN:
El peso del pasado: Percepciones de América y V Centenario.

JUAN W. BAHK:
Surrealismo y Budismo Zen. Convergencias y divergencias. Estudio de literatura comparada y Antología de poesía Zen de China, Corea y Japón.

MARÍA DEL CARMEN ARTIGAS:
Antología sefaradí: 1492-1700. Respuesta literaria de los hebreos españoles a la expulsión de 1942.

MARIELA A. GUTIÉRREZ:
Lydia Cabrera: Aproximaciones mítico-simbólicas a su cuentística.

IRENE ANDRES-SUÁREZ, J. M. LÓPEZ DE ABIADA Y PEDRO RAMÍREZ MOLAS:
El teatro dentro del teatro: Cervantes, Lope, Tirso y Calderón.

LAURA A. CHESAK:
José Donoso. Escritura y subversión del significado

ENRIQUE PÉREZ-CISNEROS:
En torno al "98" cubano

José L. Villacañas Berlanga:
Narcisismo y objetividad.
Un ensayo sobre Hölderlin.

Concepción Reverte:
Fuentes europeas. Vanguardias
hispanoamericanas.

José Olivio Jiménez:
Poetas contemporáneos de España e Hispanoamérica.

José Lezama Lima:
Cartas a Eloísa y otra
correspondencia.

Ramiro Lagos:
Ensayos surgentes e insurgentes.

Cirilo Flórez y
Maximiliano Hernández (Edits.):
Literatura y Política en la época
de Weimar.

Irene Andrés-Suárez (editora):
Mestizaje y disolución de generos
en la literatura hispánica
contemporánea.

Antonio Enríquez Gómez:
Sansón Nazareno (ed. crítica de
María del Carmen Artigas).

Raquel Romeu:
Voces de mujeres en las letras
cubanas.

G. Areta, H. Le Corre, M. Suárez y
D. Vives (editores):
Poesía hispanoamericana: ritmo(s)
/ métrica(s) / ruptura(s).

José Manuel López de Abiada y
Augusta López Bernasocchi
(editores):
Territorio Reverte. Ensayos sobre
la obra de Arturo Pérez-Reverte.

José Lezama Lima:
La posibilidad infinita
Archivo de José Lezama Lima

Alejandro Herrero-Olaizola:
Narrativas híbridas: Parodia y posmodernismo en la ficción
contemporánea de las Américas.

Manuel Moreno Fraginals,
José Varela Ortega, Rafael Rojas,
Javier Rubio, José Luis Prieto Benavent, Leonel A. de la Cuesta,
Leopoldo Fornés, Ricardo Bofil,
Adolfo Rivero Caro y Pío E. Serrano
Cien años de historia de Cuba
(1898-1998).